**Carl-Auer**

*Die Veröffentlichung dieses Buches wurde unterstützt durch die Breuninger Stiftung GmbH.*

Fritz B. Simon
Margarete Haaß-Wiesegart
Zhao Xudong

# »Zhong De Ban« oder Wie die Psychotherapie nach China kam

Geschichte und Analyse eines interkulturellen Abenteuers

2011

Mitglieder des wissenschaftlichen Beirats des Carl-Auer Verlags:

Prof. Dr. Rolf Arnold (Kaiserslautern)
Prof. Dr. Dirk Baecker (Friedrichshafen)
Prof. Dr. Bernhard Blanke (Hannover)
Prof. Dr. Ulrich Clement (Heidelberg)
Prof. Dr. Jörg Fengler (Alfter bei Bonn)
Dr. Barbara Heitger (Wien)
Prof. Dr. Johannes Herwig-Lempp (Merseburg)
Prof. Dr. Bruno Hildenbrand (Jena)
Prof. Dr. Karl L. Holtz (Heidelberg)
Prof. Dr. Heiko Kleve (Potsdam)
Dr. Roswita Königswieser (Wien)
Prof. Dr. Jürgen Kriz (Osnabrück)
Prof. Dr. Friedebert Kröger (Heidelberg/Schwäbisch Hall)
Tom Levold (Köln)
Dr. Kurt Ludewig (Münster)
Dr. Burkhard Peter (München)
Prof. Dr. Bernhard Pörksen (Tübingen)

Prof. Dr. Kersten Reich (Köln)
Prof. Dr. Wolf Ritscher (Esslingen)
Dr. Wilhelm Rotthaus (Bergheim bei Köln)
Prof. Dr. Arist von Schlippe (Witten/Herdecke)
Dr. Gunther Schmidt (Heidelberg)
Prof. Dr. Siegfried J. Schmidt (Münster)
Jakob R. Schneider (München)
Prof. Dr. Jochen Schweitzer (Heidelberg)
Prof. Dr. Fritz B. Simon (Witten/Herdecke)
Dr. Therese Steiner (Embrach)
Prof. Dr. Dr. Helm Stierlin (Heidelberg)
Karsten Trebesch (Berlin)
Bernhard Trenkle (Rottweil)
Prof. Dr. Sigrid Tschöpe-Scheffler (Köln)
Prof. Dr. Reinhard Voß (Koblenz)
Dr. Gunthard Weber (Wiesloch)
Prof. Dr. Rudolf Wimmer (Wien)
Prof. Dr. Michael Wirsching (Freiburg)

Umschlaggestaltung: Uwe Göbel
Satz u. Grafik: Drißner-Design u. DTP, Meßstetten
Lektorat: Veronika Licher
Printed in Germany
Druck und Bindung: Freiburger Graphische Betriebe, www.fgb.de

Erste Auflage, 2011
ISBN 978-3-89670-791-8
© 2011 Carl-Auer-Systeme Verlag
und Verlagsbuchhandlung GmbH, Heidelberg
Alle Rechte vorbehalten

Die Abbildung auf S. 116 stammt von der Titelseite
des Buches von Zhao Xudong, »Die Einführung
systemischer Familientherapie in China als ein kulturelles Projekt«,
welche der Herausgeber der Buchreihe
»Das transkulturelle Psychoforum«,
PD Dr. Dr. Thomas Heise, für diesen Band 6 entwarf
(http://www.vwb-verlag.com/fkat_r.html).
Wir danken für die Erlaubnis zum Abdruck.

Bibliografische Information der Deutschen Nationalbibliothek:
Die Deutsche Nationalbibliothek verzeichnet diese Publikation
in der Deutschen Nationalbibliografie; detaillierte bibliografische
Daten sind im Internet über http://dnb.d-nb.de abrufbar.

Informationen zu unserem gesamten Programm, unseren Autoren
und zum Verlag finden Sie unter: www.carl-auer.de.

Wenn Sie Interesse an unseren monatlichen Nachrichten aus der Vangerowstraße haben,
können Sie unter http://www.carl-auer.de/newsletter den Newsletter abonnieren.

Carl-Auer Verlag GmbH
Vangerowstraße 14
69115 Heidelberg
Tel. 0 62 21-64 38 0
Fax 0 62 21-64 38 22
info@carl-auer.de

# Inhalt

1. Einleitung: Das »Projekt« ............................ 8

2. Der Anfang .......................................... 13
2.1 Unsicherheit und Machtkampf nach Maos Tod .......... 13
2.2 Der schwierige Zugang zur Psychiatrie ............... 18

3. Das analytische Werkzeug:
   systemische Organisationstheorie ..................... 23
3.1 Warum Organisationstheorie? ......................... 23
3.2 Entscheidungsprämissen ............................. 25
3.2.1 Strukturen ........................................ 26
3.2.2 Programme ........................................ 28
3.2.3 Personen .......................................... 30
3.2.4 Kultur ............................................ 31
3.3 Entscheidungsprämissen des »Anfangs« des
    deutsch-chinesischen Psychotherapieprojektes .......... 32

4. Die (Vor-)Geschichte der chinesischen
   Psychologie und Psychiatrie .......................... 34
4.1 Der politische Kontext ............................... 34
4.2 Die Entwicklung der Psychologie und
    Psychiatrie in China ................................ 38

5. Die Symposien ....................................... 47
5.1 Die Wiedererweckung der chinesischen Psychologie
    und Psychiatrie .................................... 47
5.2 Die erste Reise chinesischer Psychiater und
    klinischer Psychologen nach Deutschland .............. 53
5.3 Das Symposium in Kunming (1988) .................... 55
5.3.1 Vorbereitung und Planung ......................... 55
5.3.2 Die Veranstaltung ................................ 61
5.3.3 Erstinterview eines deutschen Therapeuten
      mit einer chinesischen Familie .................... 67
5.3.4 Nachwirkungen – erste Institutionalisierungsschritte .... 78
5.4 Das Symposium in Qingdao (1990) .................... 81

5.4.1 Vorbereitung und Planung ........................ 81
5.4.2 Die Veranstaltung ................................ 83
5.4.3 Nachklang ....................................... 87
5.5  Das Symposium in Hangzhou (1994) ................. 91
5.6  Der Wandel der Entscheidungsprämissen ............. 99

**6. Der Wandel ökonomischer, sozialer und psychischer Strukturen** ............................. 104
6.1 Vom Mao-Anzug zur Designer-Jeans ................. 104
6.2 Der Staat zieht sich aus der öffentlichen Fürsorge zurück .. 105
6.3 High-Context- und Low-Context-Selbst ............... 108
6.4 Exkurs: Chinesische Sprache und Schrift ............. 113
6.5 Individuum oder soziales System als Überlebenseinheit ............................... 116
6.6 Die chinesische Familie – von der Großfamilie zur staatlich verordneten Ein-Kind-Familie ................ 128

**7. Die »Chinesisch-Deutsche Klasse«** .................. 132
7.1 Die Gründung der »Deutsch-Chinesischen Akademie für Psychotherapie« ............................... 132
7.2 Die »Zhong De Ban« ............................... 133
7.3 Die verhaltenstherapeutische Ausbildungsgruppe ....... 138
7.4 Die psychoanalytische Ausbildungsgruppe ............ 149
7.5 Die Ausbildungsgruppe in systemischer Familientherapie ......................... 153
7.6 Finanzierung ...................................... 156
7.7 Abschluss ......................................... 158
7.8 Orte und Zeiten ................................... 160

**8. Chinesen in Deutschland, Deutsche in China – (Er-)Leben in einer fremden Kultur** .................. 164

**9. Ausdifferenzierung und Integration** .................. 171
9.1 Örtliche, zeitliche und methodische Differenzierung ..... 171
9.2 Internationale Integration – Kongresse und Auszeichnungen .................... 174
9.3 Prozessphasen .................................... 179
9.4 Professionelle Netzwerke ........................... 183
9.5 Organisationen und staatliche Regelungen ............ 186

9.5.1 Fachorganisationen .............................. 186
9.5.2 Lizensierung für psychologische Beratung ............. 186
9.5.3 Lizensierung für ärztliche Psychotherapeuten .......... 187
9.5.4 Registrierung nach Qualität ........................ 188
9.5.5 Auf dem Weg zur Verrechtlichung der Psychotherapie ... 189

**10. Konflikte** .......................................... **191**
10.1 Konfliktvermeidung ............................... 191
10.2 Die Organisatoren als vermittelnde Dritte .............. 196
10.3 Unentscheidbarkeit und Ausdifferenzierung ........... 200

**11. Verwestlichung der chinesischen Heilkunde
oder Chinisierung der westlichen Psychotherapie?** ......... **202**
11.1 Was gelehrt wird vs. was gelernt wird ................. 202
11.2 Zwei Erdbeben und drei Plagen: Feuer, Plünderung
und Psychologen .................................. 210
11.3 Sowohl als auch, aber kein dritter Weg ................ 214

**12. Die Logik der künftigen Entwicklung** ................... **220**
12.1 Wirtschaft und Staat .............................. 220
12.2 Familie und Individuum .......................... 223
12.3 Ausklang: Welche Zukunft hat das
deutsch-chinesische Psychotherapieprojekt? ............ 227

**Anhang: Bisherige Ausbilder der »Zhong De Ban«** ............. **232**
**Anmerkungen** ......................................... **237**
**Literatur** .............................................. **247**
**Über die Autoren** ...................................... **250**

# 1. Einleitung: Das »Projekt«

> »[...] man kann sich eine von außen kommende Denkweise nur aneignen, indem man sie missversteht [...]«
> François Jullien (1996, S. 152)

Am 10. September 1976 besteigt eine Gruppe von 14 Deutschen in Karatschi das Flugzeug nach Peking. Es ist die dritte Gruppe von Stipendiaten, die seit der Aufnahme diplomatischer Beziehungen zwischen der Bundesrepublik Deutschland und der Volksrepublik China vom Deutschen Akademischen Austauschdienst (DAAD) nach China geschickt wird. Die deutschen Studenten sind bester Stimmung, ein wenig aufgeregt angesichts des Abenteuers, das auf sie wartet. Ihr Hochgefühl steht offensichtlich im Kontrast zur Stimmungslage der anderen Fluggäste: viele hochrangige chinesische Funktionäre, die eine schwarze Armbinde tragen. Vor drei Tagen ist Mao Zedong gestorben, und sie sind zurückberufen nach China.

Aber es sind wahrscheinlich nicht nur Ernst und Trauer, die ihren Gesichtsausdruck versteinern lassen, sondern auch die Sorge und Ungewissheit, wie es nach dem Tod Maos in China weitergehen wird. Der Tod Maos, dieser idealisierten Führungsfigur, schafft ein Machtvakuum, sodass mit Auseinandersetzungen über den weiteren politischen Kurs Chinas zu rechnen ist. Ein Machtkampf zwischen den verschiedenen Fraktionen der Kommunistischen Partei Chinas steht bevor, und sein Ausgang ist völlig offen ...

Eine der Teilnehmerinnen der deutschen Studentengruppe ist Ann Kathrin Scheerer, eine junge Sinologiestudentin. Eine andere Teilnehmerin ist die Psychologin Margarete Haaß-Wiesegart. Sie hatte sich um das Stipendium bemüht, nachdem sie mit einer Kommilitonin für ihre Diplomarbeit »Die Behandlung von psychisch Kranken in China« (Haaß u. Feigenbutz 1975) alles aktuell verfügbare Material gesichtet hatte. Voller Idealismus will sie in China erleben, wie ein humaner und menschenwürdiger Umgang mit psychisch Kranken gelingen kann. In China, so denkt sie, wird sie ein gelungenes Gegenbild zur westlichen Psychiatrie finden, die trotz der seit einigen Jahren mit Energie betriebenen sozialpsychiatrischen Reformen immer noch überwiegend darin besteht, die

Patienten medikamentös ruhigzustellen, statt psychotherapeutisch mit ihnen zu arbeiten.

Es dauert lange Zeit – Monate, Jahre –, ehe es ihr gelingt, einen Einblick in die tatsächliche Praxis der chinesischen Psychiatrie und in den Zustand ihrer Institutionen zu gewinnen. Ein Kulturschock, aber auch eine harte Landung auf dem Boden der traurigen Realität der chinesischen Psychiatrie. Von den ursprünglichen Idealisierungen bleibt nichts, außer der Sympathie für China und seine Menschen.

Dies ist der Anfang.

> »Any Westerner who was raised outside the Far East and claims he really understands and can communicate with either the Chinese or the Japanese is deluding himself.«
> Edward T. Hall (1976, S. 2)

Im August 2009 – ziemlich genau 33 Jahre nach dieser Reise von Frankfurt über Karatschi nach Peking – und noch einmal im Juli 2010 treffen sich auf einer kleinen Insel, Wasan Island[1] in Kanada, zweieinhalb Autostunden nördlich von Toronto, chinesische Psychiater und Psychologen, die allesamt seit Jahren westliche Formen der Psychotherapie in China praktizieren, mit deutschen Psychotherapeutinnen und Psychotherapeuten. Sie wollen gemeinsam den in den letzten drei Jahrzehnten vollzogenen rasanten und komplexen Entwicklungsprozess der Psychotherapie in China analysieren. Alle zwanzig Personen waren innerhalb der letzten Jahrzehnte im Rahmen des sogenannten »Deutsch-Chinesischen Psychotherapie-Projektes« an dieser Entwicklung aktiv beteiligt, sind es zum Teil immer noch. In China genießt die »Zhong De Ban« (»Chinesisch-Deutsche Klasse«) inzwischen einen sagenhaften Ruf, und ihr Einfluss auf die Entwicklung der Psychotherapie in China kann kaum hoch genug eingeschätzt werden.

Für die Beteiligten war und ist dies ein persönliches Abenteuer, eine interkulturelle Herausforderung, ein emotionales und intellektuelles Wagnis, das Durchleben und Durchleiden – aber auch Genießen – eines Kulturschocks besonderen Ausmaßes. Einige der Deutschen waren Monate, ja Jahre in China, um dort Psychotherapie zu lehren, einige der Chinesen ebenso lang in Deutschland, um westliche Psychotherapie zu lernen. Beides war weit mehr als nur Vermittlung oder Erwerb technischer Fähigkeiten und Methoden, denn beides war – wie Psychotherapie ja generell – unvermeidlich mit persönlichen Entwicklungsschritten, Krisen, Enttäuschungen und Bereicherungen verbunden. All dies zeigt sich in den Erzählungen und Beschreibungen, den unglaublichen Geschichten, in denen sich ein »Clash of Cultures« spiegelt.

Aber das, was in solchen jahre- und jahrzehntelangen Prozessen geschehen ist, lässt sich auch theoretisch erfassen, rekonstruieren und analysieren. Beide – Theorie und Praxis – zusammenzubringen, um eine andere Art interkultureller Sozialforschung zu beginnen, ist das Ziel der Treffen auf Wasan Island. Eines ihrer Resultate ist dieses Buch.

Seine drei Autoren gehörten von früh an zu den Trägern der Zhong De Ban: Margarete Haaß-Wiesegart ist die oben genannte Psychologin, die sich 1976 auf den Weg machte, die chinesische Psychiatrie zu studieren; Zhao Xudong[2] war einer der Teilnehmer des ersten Symposiums für Psychotherapie in der Volksrepublik China in Kunming 1988, und Fritz B. Simon führte im Rahmen dieses Symposiums die ersten Sitzungen systemischer Familientherapie in China durch – mit Familien, von deren Mitgliedern sich damals gerade eines bei Zhao Xudong in stationärer Behandlung befand. Seither waren alle drei – in unterschiedlichem Maße – an der Organisation des Deutsch-Chinesischen Psychotherapie-Projektes beteiligt und haben sich – unvermeidlich – immer wieder auch theoretisch reflektierend mit dem Projekt auseinandergesetzt.[3]

Heute findet man in China Psychotherapie der unterschiedlichsten Formen, und es gibt nicht nur anerkannte Ausbildungen in Psychoanalyse, Verhaltenstherapie, systemischer Familientherapie und anderen Methoden, sondern es haben sich auch institutionelle und organisatorische Infrastrukturen für Ausbildung und Anwendung dieser Methoden herausgebildet. Eine Entwicklung, die in Europa und den USA mehr als 100 Jahre in Anspruch genommen hat, ist in China in etwa 25 Jahren vollzogen worden. So wurden Psychotherapiestationen in psychiatrischen Kliniken, Universitätsabteilungen, Beratungsstellen gegründet, private Praxen eröffnet und professionelle und wissenschaftliche Organisationen geschaffen, die für Standardisierung und Qualitätssicherung von Ausbildung und Forschung sorgen. Seit 2011 gibt es Masterstudiengänge für Psychotherapie an fünf Universitäten. Auch die Politik hat die Notwendigkeit der Psychotherapie zur Kenntnis genommen und ist dabei, ein Mental Health Law auf den Weg zu bringen (mit einigen zur Ironie einladenden Nebenwirkungen: dass z. B. die Sicherung der Patientenrechte in China nach einem Entwurf dieses Gesetzes nicht nur weiter reicht als im Westen, sondern darüber hinaus auch noch viel weiter geht als die sogenannten »allgemeinen Menschenrechte«, die nach Ansicht westlicher Kritiker in China ja keineswegs als garantiert betrachtet werden können).

Was vor 30 Jahren noch ein Tabu war, nämlich die Tatsache, dass Individuen psychische Probleme haben und an ihnen leiden können, ist heute in der chinesischen Öffentlichkeit akzeptierte Realität, ja, im Fernsehen bekennen sich populäre Stars dazu, psychotherapeutische Hilfen in Anspruch zu nehmen. All diese Entwicklungen sind in ihrer konkreten Gestaltung von der Zhong De Ban maßgeblich mit geprägt worden. Natürlich wäre es auch ohne das deutsch-chinesische Projekt nach der Kulturrevolution zum Import westlicher Therapiemethoden nach China gekommen. Aber warum es gerade das deutsche Modell war und ist, das solch einen Einfluss gewonnen hat, ist erklärungsbedürftig.

Der nach Ende der Kulturrevolution entstehende Bedarf an psychotherapeutischen Behandlungsmethoden ist sicher eine der Nebenwirkungen der rasanten Veränderung der sozioökonomischen Verhältnisse, die sich in China vollzogen haben – von der Einführung von Marktstrukturen bis hin zur Ein-Kind-Politik. Gemeinsamer Nenner ist eine zunehmende Individualisierung, d. h., der Einzelne wurde und wird immer mehr zur ökonomischen Überlebenseinheit. Dies ist eine Entwicklung, die auch im Westen stattgefunden hat und stattfindet, wenn sie auch schon lange Zeit früher begonnen und sich langsamer vollzogen hat. Und wahrscheinlich war die Erfindung der Psychotherapie und die Entwicklung ihrer unterschiedlichen Methoden auch im Westen Folge eines analogen Wandels der gesellschaftlich-wirtschaftlichen Bedingungen.

Grund genug, die chinesische Entwicklung zeitnah zu analysieren. Denn China stellt ja so etwas wie ein großes soziologisches Labor dar, in dem gesellschaftliche Umbauprozesse, die im Westen nur noch anhand historischer Dokumente rekonstruiert werden können, »live« und »im Zeitraffer« beobachtet werden können. Prozesse, die sich andernorts über mehrere Generationen hinweg erstrecken, haben sich hier innerhalb einer Generation ereignet. Bezogen auf die Evolution der Psychotherapie eröffnet diese Schnelligkeit die Chance, die beteiligten Akteure – die in dieser Analyse als Zeitzeugen Subjekt und Objekt sind – zu befragen und die Logik und Dynamik dieses hochkomplexen Entwicklungsprozesses zu analysieren.

Schaut man auf die Geschichte der Zhong De Ban, so sieht man ein extrem erfolgreiches Projekt. Es ist einmalig und nicht nur deshalb der genaueren Analyse wert, sondern auch und gerade, weil es als Beispiel für interkulturelle Projekte generell betrachtet werden kann. Die Lehren daraus sind eigentlich für jeden, der – sei es als Wissenschaftler, Politiker, Unternehmer, Manager oder Berater – in interkulturellen Kontexten und Projekten arbeitet (speziell natürlich in China), unverzichtbar.

Aber, und hier kann schon die erste Lehre gezogen werden: Es handelte sich eigentlich um gar kein Projekt, denn niemand hatte irgendwelche langfristigen Ziele festgelegt, geplant, Meilensteine definiert oder all das unternommen, was man gemeinhin erwartet, wenn ein Projekt startet. Wie meistens im Leben wurde auch hier erst gehandelt, und hinterher wurden die rationalen Gründe dafür ge- oder erfunden. Wollten wir den Mythos der rationalen Planung aufrechterhalten, so könnten wir – vom Ergebnis her betrachtet – eine wunderbare Geschichte verfassen, nach der eine Handvoll Leute zusammensaß und sagte: »Lasst uns mal in ein größeres System intervenieren – nehmen wir doch einfach China!« Denn China zeigt Spuren dieser Intervention, obwohl sie auf der Initiative von einigen wenigen entschlossenen Menschen beruhte. Hier erfasst die chinesische Weisheit, die weniger die Idee der Planung verfolgt, sondern ihre Aufmerksamkeit auf die Nutzung aktueller Möglichkeiten fokussiert, viel eher, was geschehen ist: Der Weg, der gegangen wurde, entstand beim Gehen.

Es war ein abenteuerlicher Weg, und wie er gefunden/erfunden/gebahnt/gegangen wurde, wie an welchen Abzweigungen zwischen den unterschiedlichen Optionen und Weggefährten gewählt wurde, soll im Folgenden beschrieben und analysiert werden. Dass dabei systemtheoretische – speziell organisationstheoretische – Konzepte genutzt werden, sei vorausgeschickt. Allerdings werden sie so verwendet, dass keine theoretischen Vorkenntnisse erforderlich sind, weil die jeweiligen Modelle gegebenenfalls skizziert und erklärt werden. Denn das Ziel dieser Untersuchung ist, auch dem interessierten Laien und demjenigen, der – in welcher Gegend der Welt auch immer – die Lehren aus diesem Projekt für sich und seine Arbeit bzw. sein Leben in einem interkulturellen Kontext verwenden will, praxis- und erlebnisnah zu vermitteln, worum es bei solchen Projekten geht. Auch wenn wir kein Rezeptbuch schreiben konnten oder wollten, so ist unsere Hoffnung doch, dass jeder Leser für seine aktuelle – unverwechselbare – Situation angemessene Schlüsse und Handlungskonsequenzen aus unserer Darstellung ziehen kann.

## 2. Der Anfang

> »Nun entdecken wir ganz in der Ferne, in China, eine Konzeption von Wirksamkeit, die lehrt, die Wirkung geschehen zu lassen, sie also nicht (direkt) anzuvisieren, sondern sie (als Konsequenz) einzubeziehen. Das heißt, sie nicht anzustreben, sondern sie aufzunehmen – sie sich ergeben zu lassen. Wie uns die alten Chinesen sagen, genügt es, vom Ablauf der Situation zu profitieren, um sich von ihr ›tragen‹ zu lassen. Wenn man sich nicht anstrengt, wenn man sich weder bemüht noch etwas erzwingt, so geschieht das nicht, um sich von der Welt zu lösen, sondern um in ihr mehr Erfolg zu haben. Diese Intelligenz, die sich nicht über das Verhältnis von Theorie und Praxis vermittelt, sondern sich ausschließlich auf die Entwicklung der Dinge stützt, werden wir *strategisch* nennen.«
> 
> François Jullien (1996, S. 7 f.)

### 2.1 Unsicherheit und Machtkampf nach Maos Tod

Der Machtkampf, der 1976 in der Kommunistischen Partei Chinas tobt, zeigt sich nach dem Tod des beliebten Außenministers Zhou Enlai (Tschou Enlai; am 8. Januar 1976). Trotz Trauerverbots kommen am 5. April, dem chinesischen Totentag, Zehntausende auf den Tian'anmen, den »Platz des Himmlischen Friedens« im Zentrum Pekings. Sie legen Papierblumen am Heldendenkmal ab, an denen Gedichte befestigt sind, voller Anspielungen auf die erstarrte politische Lage. Sie zeugen von der Hoffnung auf Veränderung. Es folgt eine Kampagne gegen »rechte Abweichler«, in deren Folge Deng Xiaoping wieder einmal entmachtet wird.

Die ökonomische Situation ist gekennzeichnet von großer Armut. Alle Lebensmittel sind rationiert und werden nur gegen Bezugsmarken ausgegeben. Das durchschnittliche Monatseinkommen im verhältnismäßig reichen Peking beträgt 30 Yuan, was damals etwa 15 DM entspricht. Chinesische Studenten erhalten ein Stipendium von 15 Yuan. Davon schicken viele 10 Yuan zur Unterstützung ihrer Familien nach Hause.

Das Land drängt nach Veränderung. Am 28. Juli 1976 erschüttert ein Erdbeben die Millionenstadt Tangshan in der Provinz Hebei. Schätzungsweise 650.000 Menschen finden dabei den Tod. Schwere

## 2 Der Anfang

Erdbeben gelten seit Jahrhunderten in China als Vorzeichen eines Dynastiewechsels. Die Spannung im Land steigt. Und am 9. September 1976 stirbt Mao Zedong.

Das Erste, was die deutsche Studentengruppe in Peking macht – noch am Tag ihrer Ankunft, dem 13. September 1976 –, ist die Teilnahme an der offiziellen Trauerveranstaltung. Es ist der Tag, an dem die Ausländer der Stadt, meist Botschaftsangehörige, an Maos Glassarg, der in der »Großen Halle des Volkes« aufgebahrt ist, kondolieren. Die wenigen ausländischen Trauergäste marschieren an ihm vorbei. Die deutsche Gruppe verbeugt sich tief, um dem Verstorbenen den Respekt zu erweisen, die Albaner erheben die zur Faust geballte Hand ... Die Kondolenzbezeugungen werden u. a. von den später »Viererbande« genannten Mitgliedern der Regierung entgegengenommen. Auf der linken Seite des Glassarges hängen große Kränze an eigens dafür aufgestellten Gestellen. Darunter ist ein großer Kranz mit weißen Blumen, der im Namen Jiang Qings, der Witwe Maos, dort platziert worden ist. Dass die weißen Blumen Symbol der »Viererbande« bzw. ihres Programms sind, erfahren einige der Studentinnen, als sie mit der erschreckten Reaktion einer Lehrerin konfrontiert werden: Sie haben in naiver Unkenntnis der Symbolik die gleichen Papierblumen wie auf dem Kranz der Mao-Witwe gekauft, um ihr Zimmer zu schmücken ...

Die allgemeine Unsicherheit in der Bevölkerung ist groß, was sich unter anderem darin zeigt, dass die ahnungslos aus Deutschland eingereisten Studenten von ihren chinesischen Kommilitonen am Spracheninstitut drängend befragt werden, welche Informationen sie über ausländische Radiosender erhalten. Es herrscht ein innerparteilicher Machtkampf, dessen Ausgang völlig offen ist. Die Nachfragen werden drängender, als die ersten Nachrichten aus Shanghai durchsickern.

Die Miliz in Shanghai hat sich, anders als befürchtet, auf die Seite des gemäßigten Reformflügels der Partei gestellt. Das Militär in Alarmbereitschaft hält sich zurück. Vier Mitglieder der Regierung, die den extremen Linkskurs der Partei bestimmt hatten, Zhang Chunqiao, Yao Wenyuan, Wang Hongwen und Jiang Qing, die Witwe Maos, werden am 7. Oktober 1976 verhaftet. Sie gelten fortan als »Viererbande«. In Shanghai demonstrieren Hunderttausende für die Regierung.

Wenig später kommt es dann auch in Peking zu Aufmärschen. Auch hier Hunderttausende in geordneten Reihen von jeweils hundert Leuten, unterbrochen von riesigen Trommeln und Trägern bunter

Fahnen. Sie sollen die Vielfalt des Volkes symbolisieren. Tagelang marschieren sie über die Prachtstraße Chang'an, um ihre Unterstützung für die Niederschlagung der »Viererbande« zu zeigen.

Es ist offensichtlich, dass dies keine spontanen Demonstrationen sind. Alles ist perfekt choreografiert. Alle Betriebe, Krankenhäuser, Hochschulen, Verwaltungseinrichtungen Pekings usw. schicken ihre Belegschaft zum Marschieren. Die Kontrolle ist perfekt, niemand kann sich entziehen. Was sich nicht organisieren lässt, ist die erwartungsvolle, für Pekinger ungewöhnlich heitere Stimmung der Demonstranten.

Am 24. Oktober 1976 ist der Machtkampf weitgehend entschieden. Die Armee hat sich – nach internen Konflikten – gegen Maos Witwe und ihre Gruppe gestellt. Vor einer Million Menschen, die auf dem Platz des Himmlischen Friedens versammelt sind, erklärt Hua Guofeng, der als Kompromisskandidat Maos Nachfolger als Parteichef wird, von der Empore des Tors des Himmlischen Friedens, dem Eingangstor zum Kaiserpalast in Peking, offiziell die Kulturrevolution für beendet. Vom gleichen Ort hatte Mao 1949 die Volksrepublik China ausgerufen und 1966 die Kulturrevolution eingeleitet.

Die deutschen Studenten, die aus Begeisterung für China ihren Aufenthalt begonnen hatten, verstehen nichts, außer dass »irgendetwas Wichtiges« passiert. Einer ihrer Lehrer, mit dem auch sie auf dem Platz des Himmlischen Friedens versammelt sind, kommentiert, dies sei ein historischer Tag, nur vergleichbar mit dem der Gründung der Volksrepublik 1949. Eine Einschätzung, die für sie vollkommen überraschend ist, sich im Rückblick aber als treffend erweisen sollte.

Bis zu diesem Zeitpunkt ist das Leben jedes einzelnen Chinesen bis ins Kleinste organisiert, normiert und kontrolliert. Jeder ist, wie beim Militär, Mitglied einer Danwei (»Einheit«), d. h. in ein formal streng hierarchisches System eingebunden, und daher in seiner Handlungsfreiheit beschränkt.

Die Danwei ist der Betrieb, die Hochschule, das Krankenhaus, die Verwaltungsstelle, in der jemand arbeitet. Sie übernimmt nahezu alle Fürsorgeaufgaben, d. h., sie stellt die Wohnung zur Verfügung, den Kindergarten, die Krankenversicherung, die Altersrente. Einer Danwei kann man zugeteilt werden, zum Beispiel nach einer Schulausbildung. Einer Danwei gehört man lebenslang an. Jeder wird beobachtet und hat bestimmte Pflichten zu erfüllen. So muss er oder sie jede Woche an Kleingruppen, sogenannten »Kritik- und Selbstkritikgruppen«, teilnehmen und politische Fragen diskutieren. Die Familien sind zum Teil

## 2 Der Anfang

auseinandergerissen, Scheidungen werden aus politischen Gründen durchgesetzt, Eltern von ihren Kindern getrennt und aufs Land oder in ferne Gegenden Chinas verschickt. Alle öffentlichen Einrichtungen stehen unter der Aufsicht von Revolutionskomitees[4], und bei fast allen Entscheidungen sind politische Prinzipien wichtiger als sachliche Kriterien. An den Universitäten werden die Abschlusszeugnisse von Arbeiter- und Bauernkomitees ausgestellt. Dies gilt auch für die Auszubildenden in den Krankenhäusern. Bis 1972 waren bis zu einem Drittel des ursprünglichen Krankenhauspersonals auf dem Land. Die Armut ist in den Städten allgegenwärtig. Ohne offizielle Erlaubnis kann niemand seinen Wohnort verändern.

Jetzt aber ist die »Viererbande« verhaftet, und dies wird in der Öffentlichkeit als Zeichen einer Richtungsentscheidung verstanden. Deshalb ist überall, wenn auch sehr vorsichtig, Hoffnung zu spüren. Die Unsicherheit ist riesig, das Land ist erschüttert – nicht nur politisch, sondern auch physisch. Denn nach dem großen Beben am 28. Juli 1976 in Tangshan kommt es bis November immer noch zu heftigen Nachbeben. Die Erwartung eines erneuten schweren Bebens mit Epizentrum in Peking Ende Oktober führt dazu, dass nicht nur die ausländischen Studenten des Spracheninstituts Peking helfen, wattierte Militärzelte aufzubauen, in denen sie tagelang, einige für Wochen, wohnen, sondern die ganze Stadt in Aufruhr ist. Auf den nicht asphaltierten, breiten Gehwegen der Stadt werden in nicht einmal 14 Tagen für etwa 4 Millionen Menschen von den Bürgern der Stadt sogenannte »Erdbebenhütten« gebaut – in Bodenmulden eingelassene einfache Lehmhütten. Sie bestimmen das Stadtbild etwa zwei Jahre lang. Als klar ist, dass es keine Nachbeben mehr geben wird, kein Epizentrum in Peking, bleiben die Hütten und erweitern den knappen Wohnraum der Familien. Die meisten mehrköpfigen Familien leben in nur einem Zimmer. Mehrere Familien teilen sich Toiletten und Küchen. In vielen Städten, wie auch in Hutongs, den typischen Gassen der Altstadt Pekings, gibt es nur öffentliche Toiletten.

Die überall spürbare, politisch begründete, diffuse Angst der Bevölkerung erhält aufgrund der Erdbebengefahr eine Konkretisierung. Im Erdbeben wird eine Nichtkontrollierbarkeit erlebt, die auch auf gesellschaftlicher Ebene droht. Die Erdbebenfurcht eröffnet aber wenigstens Handlungsmöglichkeiten, Schutzmaßnahmen.

In dieser Zeit beginnen auch die Verhaftungen der Anhänger der »Viererbande«. Die Verfahrensweisen der sozialen Kontrolle haben sich nicht geändert, aber die Vorzeichen. Über die nächsten zwei Jahre bestimmt die Kritik an der »Viererbande« und ihren Unterstützern die öffentlichen, sorgfältig orchestrierten Kampagnen. Wandzeitungen mit Karikaturen sind überall zu sehen. Die Viererbande personifiziert alle Wirren und das Chaos der Kulturrevolution, in der etwa 1 Million Menschen starben. Solch eine Fokussierung gibt die Möglichkeit des Neuanfangs ohne Aufarbeitung.

Es sollte Jahre dauern, bis in der sogenannten Opferliteratur eine erste Auseinandersetzung mit der Kulturrevolution stattfand. Eine Aufarbeitung des letzten Jahrhunderts der Kriege, des Bürgerkrieges, der 30 Millionen Hungertoten nach der verfehlten Politik auf dem Land und der Kulturrevolution fand nicht statt. Die Auswirkungen sind in den sozialen Beziehungen und in den Familien über Generationen bis heute spürbar.

Innerhalb der Partei schwelt 1977 derweil weiter der Machtkampf zwischen den Linken und den Modernisierern um Deng Xiaoping. So gibt es Kampagnen für Deng Xiaoping, gegen ihn, um dann doch wieder zu Kundgebungen für ihn zu führen. 1977 wird Deng Xiaoping auf dem 3. Plenum des 10. Parteitages rehabilitiert.

Erst 1978 ist der Machtkampf jedoch endgültig zugunsten Dengs entschieden: Der auch heute noch unvermindert andauernde, rasante ökonomische Aufstieg Chinas beginnt. Zunächst sehr vorsichtig, indem in der Umgebung der großen Städte der Landbevölkerung erlaubt wird, in kleinem Rahmen private Landwirtschaft zu betreiben und in den Städten ihre Erzeugnisse anzubieten. Das verändert die bis dahin prekäre Versorgungslage der Bevölkerung sehr schnell zum Besseren. Mit den »Vier Modernisierungen« greift Deng Xiaoping einen Begriff der frühen 50er-Jahre auf, den Zhou Enlai 1975 wiederbelebt hatte. Der radikale Umbau der Gesellschaft beginnt.

Jugendliche kehren vom Land zurück, was neue Probleme in der Versorgung schafft. Familienmitglieder, die als Akademiker in der Kulturrevolution als die »Stinkende Nummer Neun« denunziert worden waren, kommen aus ihren Umerziehungslagern auf dem Land zurück. Lehrer, die in fernen Provinzen leben und unterrichten mussten, kehren dem Land den Rücken und in die Städte zurück.

Der Lehrermangel auf dem Land führt nun zu einer ansteigenden Analphabetenrate, die durch das Gesetz zur Schulpflicht aber wieder gesenkt wird. Viele Paare leben nach Jahren der Trennung plötzlich wieder auf engstem Raum zusammen. Die Akademiker werden reha-

## 2 Der Anfang

bilitiert. Darunter sind auch namhafte Wissenschaftler, die seit den 50er-Jahren als sogenannte »Rechtsabweichler« nicht mehr unter ihrem Namen veröffentlichen durften. Mit der Rehabilitation wird das Schicksal der kollektiv verurteilten Wissenschaftler individualisiert. Sie erhalten zwar ihre Bürgerrechte zurück, aber es gibt keine Entschuldigungen. Viele, die in ihre Einheiten zurückkehren, sind mit Kollegen oder Vorgesetzten konfrontiert, die sie denunziert oder gar gezwungen hatten, Toiletten zu putzen etc. Die Fraktionen in den Einheiten, die sich bekämpft hatten, bleiben noch Jahre als Seilschaften bestehen.

So bringt die Rehabilitation zwar dem Einzelnen neue Freiheiten, aber mit der Individualisierung seines Schicksals und der gleichzeitigen Bindung an die Einheit erlebt er eine erneute Hilflosigkeit. Viele der Rehabilitierten reagieren mit depressiven oder psychosomatischen Symptomen. Manche beginnen erst jetzt, über sich mit ihren Kindern zu sprechen. In vielen Familien bleibt jedoch eine emotionale Sprachlosigkeit, wie wir sie auch in Deutschland nach dem Zweiten Weltkrieg kannten.

Die Arbeiter, Bauern und Soldaten, die zur Auszeichnung als Studenten an die Universität geschickt wurden, werden als »verlorene Generation« bezeichnet. Es rücken bald wieder besser gebildete, jüngere Leute nach, die über neu eingeführte Zulassungsprüfungen[5] an die Universitäten kommen. Unter ihnen auch Zhao Xudong, einer der Autoren dieses Buches. Ein junger Mann, der sich u. a. vorgenommen hatte zu verstehen, wie man Konflikte unter Menschen ohne Gewalt lösen kann.

Unter Deng Xiaoping wird der Prozess der Privatisierung in China in großer Radikalität eingeleitet. Allerdings behält die Partei dabei stets die politische Kontrolle. Diese Kombination aus staatlicher Kontrolle und Förderung der Eigeninitiative im kapitalistischen Sinne bildet auch heute noch die Grundlage der wirtschaftlichen Erfolgsgeschichte Chinas.

### 2.2 Der schwierige Zugang zur Psychiatrie

Im Jahr nach Maos Tod ist im Alltag der deutschen Studenten in Peking noch nicht viel von den politischen Umwälzungen zu spüren. Obwohl ihnen eine bessere Behandlung zugutekommt als den chinesischen Studenten, müssen auch sie in dick wattierten Mänteln im Seminar sitzen, da aus Brennstoffmangel trotz Minusgraden nur in der Nacht geheizt wird, um die außen liegenden Heizungsrohre vor dem Einfrieren zu bewahren. Tagsüber bleibt nur die Hoffnung, dass die Sonne die Räume ein wenig erwärmt. Auch das Vorhaben, die vermeintlich vorbildliche chinesische Psychiatrie zu studieren, stößt auf keine warmen Reaktionen. Denn die Psychiatrie zeigt man nicht so gerne. Alle Anträge – über die Botschaft, über die Universitätsleitung usw. –, irgendeine psychiatrische Einrichtung besuchen zu dürfen, werden abgelehnt. Es dauert mehr als ein Jahr, bis Margarete Haaß-Wiesegart 1978 schließlich die Erlaubnis erhält, zusammen mit einer australischen Delegation die psychiatrische Abteilung der *Ersten Medizinischen Hochschule Peking* zu besuchen. Nicht alles, was der prominente chinesische Psychiater bei dieser Führung erzählt, entspricht der Wahrheit. Dies ist für die australischen Gäste offenbar nicht durchschaubar, jedoch wohl für die deutsche Psychologin, die ein Jahr Zeit hatte, sich mit den Verhältnissen in China vertraut zu machen. So wird von Familientherapie gesprochen, aber es sind lediglich Gespräche mit Angehörigen gemeint. Die Patienten, mit denen die ausländischen Gäste in Kontakt kamen, waren ausgewählte Personen, welche sie in gestreiften Schlafanzügen mit Liedern und Musik unterhielten.

Im Jahre 1978 taucht überraschend in der Universität Peking eine Wandzeitung auf, die sich gegen eine Psychologieprofessorin, Frau Xu Zhengyuan, richtet. Frau Xu soll Dekanin der neuen Fakultät für Psychologie werden. Sie hatte in der Kulturrevolution viel gelitten, war mit einem sogenannten Schandhut durch die Straßen geführt worden. Später war sie für die Betreuung ausländischer Philosophiestudenten zuständig. Eine schwierige Aufgabe in einer Zeit, in der die oft in amerikanischen Universitäten ausgebildeten Professoren nicht wagten, Englisch mit ihren Studenten zu sprechen, um nicht als Klassenfeinde denunziert zu werden. Frau Xu wird 1978 tatsächlich die erste Dekanin. Die erste psychologische Vorlesung nach der Kulturrevolution über die Arbeiten Pawlows kennzeichnet den Beginn der akademischen Rehabilitation einer ganzen wissenschaftlichen Disziplin in China, der Psychologie.

Erst jetzt, als auch andere Psychologieprofessoren erfahren, dass eine deutsche Psychologin an der Universität ist, nehmen Psychologen von der *Academia Sinica*[6] Kontakt zu Margarete Haaß-Wiesegart (genannt »Ma«) auf. Unter ihnen sind Jing Chichen, der später Präsident der *Chinese Psychological Association* wird, und Liu Fan, Entwicklungspsychologe am *Instiute of Psychology* der *Academia Sinica*. Von der »Beida«, wie die Peking-Universität (chin. *Beijing Daxue*) kurz genannt wird, treten Chen Zhonggeng und Zhang Boyuan mit Margarete Haaß-Wiesegart in Verbindung. Beide sollen beim Aufbau der Psychologieausbildung die klinische Psychologie übernehmen.

Durch die 10 Jahre, in denen es in China keine akademische Psychologie gab, war der Anschluss an die internationale Entwicklung verloren gegangen. Es existierte keine klinische Psychologie mehr. Auch nach ihrer Rückkehr nach Deutschland reißt der Kontakt zwischen der deutschen Psychologin und den beiden chinesischen Psychologen nicht ab. Man schreibt sich. Doch ihr ursprüngliches Ziel, mehr über die chinesische Psychiatrie zu erfahren, hat Margarete nicht wirklich erreicht – es bleibt die offene Gestalt, ein unfertiges Projekt ...

Seit ihrer Rückkehr 1978 nach Deutschland arbeitet sie in psychiatrischen Kliniken. 1982 lässt sie sich für ein halbes Jahr beurlauben und fährt erneut nach China, wieder vom DAAD gefördert. Sie ist die erste westliche Psychologin, die an der neu gegründeten psychologischen Fakultät in Peking als Postgraduierte angenommen wird. Zhang Boyuan spielt nun eine Schlüsselrolle, indem er Kontakte zu chinesischen Kollegen herstellt. Um nun endlich einen genaueren Einblick in die Psychiatrie zu gewinnen, muss Margarete wieder Anträge über Anträge stellen. Insgesamt wird die Zustimmung von sechs Ämtern unterschiedlicher Hierarchieebenen benötigt: des Ausländeramts der Universität Peking, der Universität Peking, der psychologischen Fakultät, des Gesundheitsbüros der Stadt Peking, der Abteilung für ausländische Beziehungen der psychiatrischen Klinik, des Chefs der psychiatrischen Klinik (womöglich sind es noch mehr).

Im Laufe dieses Antragsmarathons kommt es zum Kontakt mit Dr. Yang Huayu, einem erfahrenen Oberarzt am Anding-Krankenhaus in Peking, der analytisch sehr interessiert ist. Er ist einer der wenigen, die bereits ambulante psychotherapeutische Einzelgespräche mit Patienten führen – und das bei geschlossener Tür (geschlossene Türen sind nicht nur im damals noch kontrollierenden System in China eine Seltenheit, sondern auch in anderen asiatischen Ländern eher ungewöhnlich).

Um nicht jedes Mal das aufwendige und viel Zeit fordernde Genehmigungsverfahren durchlaufen zu müssen, findet Yang eine – sehr chinesische – Lösung. Es wird für den Kontakt eine andere Überschrift gefunden: Aus dem »Besuch einer ausländischen Psychologin« wird ein »Gespräch unter Kollegen«. Um solche Gespräche führen zu können, muss kein Genehmigungsverfahren durchlaufen werden. Auf diese Weise wird es Margarete möglich, regelmäßig an Visiten teilzunehmen und über Patienten und ihre Behandlung zu diskutieren. Nur in der Kantine zusammen mit den anderen essen darf sie nicht.

Zu derselben Zeit versucht ein amerikanischer Kollege Zugang zur Psychiatrie in Peking zu erlangen, aber er schafft es nicht. Der Unterschied ist offenbar, dass Margarete in Peking studiert hat, bekannt ist und einen guten Leumund hat.

Auch die Klinik für chronisch psychisch Kranke außerhalb von Peking kann aufgrund der Vermittlung von Zhang Boyuan besucht werden. Er gibt Margarete auch die Möglichkeit, Einblick in ambulante Versorgungseinrichtungen zu gewinnen. All dies kann er nicht tun, ohne dafür politisch heftig kritisiert zu werden.

Ein Empfehlungsbrief von ihm öffnet Margarete schließlich die Tore zur psychiatrischen Klinik in Shanghai. Sie bleibt eine Woche im *Mental Health Center Shanghai* und lernt hier u. a. Xu Taoyuan kennen, einen der Väter der Verhaltenstherapie in China und später aktiv Beteiligter an dem Projekt.

Da Margarete eine Freundin in Kunming, der Hauptstadt Yunnans, besucht, schreibt Zhang Boyuan einen Empfehlungsbrief an Wan Wenpeng, einen befreundeten Kollegen. Er ist zu der Zeit Vizepräsident der dortigen psychiatrischen Klinik. Als er Margarete im Hotel besucht, erklärt er ihr, ein Besuch in der Klinik sei nicht möglich, weil der Weg dorthin zu beschwerlich sei. Etwas genervt angesichts der kaum glaubhaften Ausreden, entgegnet Margarete ihm, er solle doch einfach sagen, dass es für Ausländer nicht erlaubt sei, die Klinik zu betreten.

Seine Antwort: Er lacht und sagt: »Ja, so ist es!«

Dies ist der Beginn einer außerordentlich vertrauensvollen und erfolgreichen Zusammenarbeit. Beide kommen ins Gespräch miteinander: über Psychotherapie, den Sinn und Unsinn der Medikation psychisch Kranker usw. Wan Wenpeng berichtet auch über seine Erfahrungen bei den Minderheiten Yunnans. Vor allem die Tatsache, dass es Ethnien gibt, die eine Alkoholabhängigkeit aufweisen, während andere ihm eher glücklich und zufrieden scheinen, fasziniert ihn.

Seine Affinität zu den Völkern in Yunnan mag mit seiner eigenen Herkunft zusammenhängen. Wan Wenpeng ist Halb-Manschu. Als sein Vater starb, sorgte er für die beiden Frauen seines Vaters und seine Geschwister. Seine Übersetzung eines russischen Neurologiebuches machte ihn schlagartig berühmt. Nach seinem Studium an der renommierten *Tongji-Universität* in Wuhan hatte er dort ein halbes Jahr in der psychiatrischen Klinik gearbeitet, bevor er während der Antirechtskampagne 1958 freiwillig nach Yunnan ging. Er war der erste ausgebildete Arzt in Yunnan, einer Provinz mit 40 Millionen Einwohnern, der Erfahrung mit psychisch Kranken hatte. Er arbeitete in der einzigen Klinik, die – auf dem Land, an der Straße nach Burma (heute Myanmar) – für vom Krieg schwer traumatisierte Soldaten errichtet worden war.

Für chinesische Verhältnisse ist das Gespräch von Wan Wenpeng und Margarete eine ungewöhnliche, die Hierarchiegrenzen missachtende Konstellation: Eine junge Psychologin unterhält sich »auf Augenhöhe« mit einem älteren, angesehenen Professor.

Nach ihrem zweiten Aufenthalt in China 1983 entwickelt Margarete die Idee, einige chinesische Kollegen nach Deutschland einzuladen, um mit ihnen deutsche Psychiatrien und psychotherapeutische Einrichtungen zu besuchen. Sie erzählt diese Idee Ann Kathrin Scheerer, ihrer Mitstudentin aus der DAAD-Gruppe von 1976. Sie ist gerade Vorsitzende der »Hamburger Stiftung zur Förderung von Wissenschaft und Kultur« geworden.

Rechnet man Ann Kathrin Scheerer hinzu, die Sinologiestudentin, die mit Margarete Haaß-Wiesegart das Zimmer im Pekinger Studentenwohnheim teilte, so sind die wichtigsten Personen genannt, die gemeinsam die Grundlage für das deutsch-chinesische Psychotherapieprojekt legen.

Personen, das sei vorweggenommen, spielen die entscheidende Rolle bei der Initiierung und Durchführung dieses Projekts, das gar kein Projekt ist, sondern ein evolutionärer Prozess, dessen Verlauf weder geplant noch vorhersehbar ist. Doch Personen sind es nicht allein, die ihn bestimmen: Seinen Kontext bilden gesellschaftliche Faktoren, die der genaueren Analyse wert sind.

## 3. Das analytische Werkzeug: systemische Organisationstheorie

### 3.1 Warum Organisationstheorie?

Es mag auf den ersten Blick verwundern, wenn hier zur Analyse des Prozesses, der zur Einführung der westlichen Psychotherapie in China führte, organisationstheoretische Modelle verwendet werden. Denn China als Staat entspricht ja nicht unbedingt den Vorstellungen, die man mit dem Begriff Organisation verbindet. Im Gegensatz zu Wirtschaftsorganisationen (Unternehmen), Wissenschaftsorganisationen (Universitäten) oder Erziehungsorganisationen (Schulen) usw., bedarf es keiner Entscheidungen und keines Vertrags, ob eine Person Mitglied der »Volksrepublik China« wird oder nicht: Man wird in der Regel mit der chinesischen Staatsangehörigkeit geboren. Und ein Kündigungsrecht besteht auch nur begrenzt. Die Aufgaben eines Staats sind darüber hinaus viel weiter reichend als die jeder Organisation im engeren Sinne, die immer nur sehr begrenzte und spezielle gesellschaftliche Funktionen übernimmt.

Dennoch spricht einiges dafür, in Bezug auf die VR China und die Analyse der hier dargestellten Veränderungsprozesse Konzepte der Organisationstheorie zu verwenden. Denn China als Staat war bis zum Ende der Kulturrevolution totalitär durchorganisiert, sodass jeder einzelne Bürger immer auch Mitglied einer vom Staat getragenen Organisation (der »Einheit«) war. Die Trennung zwischen öffentlich und privat, an die wir uns im Westen gewöhnt haben, gab es nicht, d. h., nicht einmal das Familienleben fand unbeeinflusst von derartigen Organisationsstrukturen statt. Das alltägliche Leben jedes Einzelnen war eingebettet in vorgegebene Organisationseinheiten und die damit verbundenen Verhaltenserwartungen; und er hatte keine Wahlmöglichkeiten, sich ihnen zu entziehen. Wie weit dieser Einfluss reichte, zeigte sich dem außenstehenden Beobachter wohl am augenfälligsten in der Einheitlichkeit der dunkelblauen oder olivfarbenen Kleidung (»Mao-Anzüge«), die jeder zu tragen hatte.

Die *systemische Organisationstheorie* – besser gesagt: die Systemtheorie der Organisation – ist eine Anwendung der neueren soziologischen Systemtheorie auf Organisationen (Luhmann 1984, 2000;

Simon 2007). Soziale Systeme, so die grundlegende These, entstehen und erhalten sich dadurch, dass Menschen miteinander kommunizieren. Ohne Kommunikation kein soziales System. Dabei ist jeder Teilnehmer an der Kommunikation autonom, d. h., er kann nicht von außen im Sinne einer geradlinigen Ursache-Wirkungs-Beziehung gesteuert werden. Sein Verhalten ist stets innengesteuert: durch interne (physische und psychische) Prozesse und Strukturen bestimmt. Wie kann – dies alles vorausgesetzt – erklärt werden, dass eine große Zahl von Menschen in Organisationen ihre Handlungen koordinieren, sodass dabei Produktiv- und Kreativkräfte entfaltet, erhöht oder auch verringert werden, die sich bei Weitem von den Handlungsmöglichkeiten jedes Einzelnen unterscheiden? Denn, nüchtern betrachtet, ist die Koordination solch einer großen Anzahl autonomer Akteure und Aktionen höchst unwahrscheinlich. Das spontane Zustandekommen solch organisierter, hochkomplexer Prozesse ist nicht zu erwarten.

Die Antworten der Organisationstheorie können auf andere soziale Systeme übertragen werden, bei denen sich ebenfalls die Frage nach der Koordination einer Vielzahl von Akteuren und Aktionen ergibt. In dem uns interessierenden Fall lautet die Frage: Wie kann die Einführung der Psychotherapie in China erklärt werden, und welches waren dabei entscheidende, die Entwicklung steuernde Faktoren? Dazu soll (so weit das möglich ist) historisch rekonstruiert werden: Welche *Wirkungen* hatten welche *Entscheidungen*? Von *wem*? In welcher *Position*? *Wann*? Aus welchen *Gründen*? Unter welchen *Kontextbedingungen* usw.? – Und wie führten diese Entscheidungen und Prozesse zu Folgeentscheidungen und -prozessen, die ihrerseits Weichen für weitere Entwicklungen stellten?

Ein weiterer Grund zur Anwendung eines organisationstheoretischen Modells besteht darin, dass nicht nur von Beginn des Projektes an bereits bestehende Organisationen (im engeren Sinne) in China wie auch in Deutschland betroffen waren, sondern im Verlauf der Jahre auch neue Organisationen oder Organisationseinheiten – von Fachgesellschaften über Kliniken bis zu Universitätsabteilungen etc. – gegründet wurden. Neben Personen wurden so auch Organisationen zu Akteuren. Um die Logik ihres Verhaltens zu durchschauen, scheint es ebenfalls nützlich, sich mit den Funktionsprinzipien und Spielregeln von Organisationen zu beschäftigen. Denn es handelte sich bei der Einführung der Psychotherapie in China nicht nur um die Ausbildung und Entwicklung einzelner Personen bzw. ihrer Professionalität, sondern auch und vor allem um einen Evolutions- und Ausdifferenzierungsprozess von Institutionen und Organisationen, die Schaffung von Regelungen und Einrichtungen, die Kreation von Curricula, die Festlegung von Standards, von Rechten und Pflichten usw.

Die systemische Organisationstheorie kann einen Reflexionsrahmen liefern, mit dessen Hilfe die Analyse und Bewertung solch eines komplexen historischen Geschehens möglich wird – so ist zumindest die Hoffnung.

## 3.2 Entscheidungsprämissen

Die Erklärung, die von der systemischen Organisationstheorie für das Verhalten der beteiligten Akteure gegeben wird, lautet: Sie nutzen ihren – theoretisch unbegrenzten, autonomen – Handlungsspielraum nicht aus, sondern orientieren ihre Entscheidungen an spezifischen Prämissen (= Entscheidungsprämissen). Mit anderen Worten: Obwohl jeder Einzelne über seine Aktionen autonom und innengesteuert entscheidet, hält er sich an bestimmte Spielregeln. Er weiß, dass dies von ihm erwartet wird, d. h., er *erwartet* bestimmte *Erwartungen* und versucht, ihnen gerecht zu werden. Diese Prämissen für Entscheidungen sind teilweise formal definiert, d. h. explizit und offen kommuniziert, teilweise informell entstanden und mehr oder weniger unbewusst. Dafür, dass die Mitglieder einer Organisation sich an diese Erwartungen halten, haben sie in der Regel individuell gute Gründe: Sie haben mit Sanktionen zu rechnen, wenn sie dies nicht tun. In Organisationen, in denen man arbeitet, um seinen Lebensunterhalt zu verdienen, fügt man sich in gegebene Machtstrukturen, weil man nicht seine Stelle oder Karriere riskieren will, in Organisationen, die sich Ideen verpflichtet fühlen, droht bei Regelverletzung der Ausschluss und damit oft der persönliche Identitätsverlust, und in Staaten ist das Nichtbefolgen der Spielregeln (z. B. Gesetze, Verordnungen etc.) mit Strafe bedroht.

Diese Spielregeln sind in Organisationen nicht primär in Form von Geboten oder Verboten zu finden – die gibt es auch –, sondern in Form unterschiedlicher Typen von *Entscheidungsprämissen*, die jedes Mitglied stillschweigend zur Grundlage seiner eigenen Entscheidungen macht. Sie konterkarieren sich gegenseitig zum Teil, manchmal widersprechen sie sich sogar logisch. Auf diese Weise ist – anders als bei reinen Geboten und Verboten – der Handlungsspielraum jedes

Einzelnen nicht nur eingeschränkt, sondern es eröffnen sich ihm auch neue Handlungsmöglichkeiten. Er kann nicht nur wählen, an welchen der gegebenen Entscheidungsprämissen er sich aktuell jeweils orientieren will, sondern er kann auch die Tatsache, dass andere sich an diesen Prämissen orientieren, nutzen, um seinen Zielen näher zu kommen, indem er Kooperationen initiiert, die außerhalb eines organisationalen Rahmens nicht zustande kämen.

Auf vier Typen von Entscheidungsprämissen richtet die systemische Organisationstheorie ihr Augenmerk:

### 3.2.1 Strukturen

Unter Strukturen sind *Kommunikationswege* zu verstehen, die nicht nur einmal, sondern regelmäßig durchlaufen werden. Mit anderen Worten: repetitive Muster der Kommunikation, die für die Erhöhung bzw. Erniedrigung der Wahrscheinlichkeit sorgen, dass bestimmte Akteure miteinander kommunizieren oder eben nicht kommunizieren. Sie steuern zu einem guten Teil die Selektion der Kommunikationen und damit – wie der Name nahelegt – die Struktur des sozialen Systems. Dass diese immer wieder aufs Neue zu inszenierenden Kommunikationsmuster sich tatsächlich als Routinen etablieren können, ist dadurch zu erklären, dass die Teilnehmer an der Kommunikation erwarten, dass sie stattfinden. Wenn z. B. ein Vorgesetzter erwartet, dass sein Mitarbeiter ihm über irgendeinen Sachverhalt Bericht erstattet, so erwartet dieser Mitarbeiter, dass sein Vorgesetzter dies erwartet. Auf diese Weise schaffen und erhalten Erwartungs-Erwartungen soziale Strukturen.

> »Über Entscheidungsprämissen können auch Kommunikationswege vorgeschrieben werden, die eingehalten werden müssen, wenn die Entscheidung als eine solche der Organisation Anerkennung finden soll. Dabei kommt es auf die als Entscheidungsprämissen festgelegten Kompetenzen an; vor allem auf das Recht, bindende Weisungen zu erteilen, aber auch auf das Recht, angehört zu werden. Oft nennt man gerade diesen Ausschnitt der Selbstregulierung eines Organisationssystems ›formale Organisation‹.«
> 
> Niklas Luhmann (2000, S. 225)

#### 3.2.1.1 Formale Strukturen

Es gibt formal vorgeschriebene Kommunikationswege, durch die vorgegeben ist, wer wem »etwas zu sagen« hat und wer wem – im

Extremfall – zu »gehorchen« hat. In hierarchischen Systemen sind so klare und formalisierte Über- und Unterordnungsbeziehungen definiert. Entscheidungskompetenzen des Einzelnen werden dadurch begrenzt, dass er für bestimmte Maßnahmen die Zustimmung seines Vorgesetzten einholen muss, und manchmal erhält er von ihm auch Anweisungen, was er zu tun hat. Auf diese Weise ist nicht jeder mit jedem kommunikativ gekoppelt, sondern die Kontakte sind hoch selektiv. Man muss nicht auf jeden »hören«, sich nicht von jedem »was sagen« lassen, und man kann auch nicht jedem »was sagen«, und es »hört« auch nicht jeder im gleichen Maße auf einen, wenn man informiert oder etwas anordnet. Denn dies hängt davon ab, welche formale Position man zueinander hat.

Durch formale Strukturen werden vor allem komplementäre Oben-unten-Beziehungen sowie symmetrische Peer-Beziehungen definiert. Mithilfe dieses einfachen Bauprinzips lassen sich komplexe Organisationsformen von nahezu unbegrenzter Größe konstruieren.

Über diesen Typus von Entscheidungsprämissen kann *entschieden* werden, d. h., von einem Moment zum anderen kann eine neue Struktur beschlossen werden, Über- oder Unterordnungsbeziehungen können verändert oder aufgelöst, aus formaler Symmetrie der Beziehung formale Asymmetrie werden etc.

### 3.2.1.2 Informelle Strukturen

Neben solchen (meist bewusst) konstruierten, formalen Strukturen entwickeln sich aber immer auch informelle Strukturen. Auch sie sind als Kommunikationswege zu verstehen, durch die Personen, Abteilungen oder andere soziale Einheiten miteinander gekoppelt werden. Man trifft sich immer wieder zufällig, versteht sich, verabredet sich ... Und so entstehen persönliche Beziehungen, die nicht direkt und explizit irgendeinem organisationalen Zweck oder Ziel dienen, sondern lediglich dem der Beteiligten. Sei es, dass Sympathie bestimmte Menschen miteinander verbindet oder ähnliche Interessen und gemeinsame Ziele. Man bildet Freundschaften oder Seilschaften, Gruppen und Grüppchen.

All dies erfolgt selbstorganisiert, d. h., über informelle Strukturen kann *nicht entschieden* werden, nicht einmal von den beteiligten Individuen selbst. Denn um solch ein erwartbares Muster zu etablieren, bedarf es ja immer mehrerer Teilnehmer an der Kommunikation, sodass ein Einzelner nur darüber entscheiden kann, ob er mitspielt oder nicht, nicht aber, welche Strukturen sich de facto entwickeln.

### 3.2.2 Programme

Unter Programmen sind Schemata relativ fest gekoppelter Aktionen zu verstehen, die am besten mit Kochrezepten verglichen werden können. Sie bestehen aus Handlungsanweisungen, die – wenn sie befolgt werden – dafür sorgen, dass ein wohlgeordneter Prozess stattfindet, bei dem Aktionen gleichzeitig oder ungleichzeitig so geordnet sind, dass ein erstrebtes Ergebnis oder Ziel erreicht wird.

Wer einen Kuchen backen will, der muss Eier, Mehl und die übrigen Zutaten in einer bestimmten Reihenfolge mischen und bearbeiten, bevor er alles in den Backofen schiebt, wenn er ein genießbares Ergebnis servieren will. Wenn er erst alles in den Ofen schiebt, bevor er die Zutaten mischt, so wird aus alledem kein Kuchen.

> »Programme sind Erwartungen, die für mehr als nur eine Entscheidung gelten. Sie zwingen zugleich das Verhalten in die Form der Entscheidung, das Programm anzuwenden oder dies nicht zu tun.«
> Niklas Luhmann (1997, S. 842)

Solche Programme lassen den beteiligten Akteuren nur wenig Freiraum für eigene Entscheidungen. Sie handeln zwar immer noch autonom, denn sie haben im Prinzip die Freiheit, unterschiedliche Programme anzuwenden oder eines auch gar nicht anzuwenden, aber wenn sie es anwenden und als Entscheidungsprämisse verwenden, dann ist ihr Handlungsspielraum sehr begrenzt. Und das ist auch der Sinn solcher Programme. Sie dienen dazu, bewährte *(erlernte)* Prozessmuster zu sichern und auf Dauer zu gewährleisten. So können z. B. alle Therapiemethoden als Programme verstanden werden. Im Idealfall sollten sie unabhängig davon, wer sie anwendet, ihre Wirksamkeit erweisen können.

#### 3.2.2.1 Zweckprogramme

Das Beispiel eines Kochrezeptes zeigt anschaulich, wozu Zweckprogramme gut sind: Sie sollen das Erreichen eines Zwecks gewährleisten. Sie sind nach dem Schema konstruiert: *Um ... zu ... muss ... getan werden.* Fast immer, wenn es um Fragen der Technik geht, sind Zweckprogramme die Antwort. Ihre Entwicklung und Verbesserung ist das, was üblicherweise Lernen genannt wird. Um dies durch eine andere Metapher zu illustrieren: Man versucht ein Ziel zu erreichen, schlägt einen bestimmten Weg ein, verirrt sich, ändert die Route und landet schließlich glücklich am Ziel. Beim nächsten Mal vermeidet man den Irrweg und wählt, ohne lange zu überlegen, den bekannten Weg zum Ziel. Der Weg ist das Programm. Findet man einen besseren, schöneren, kürzeren, preiswerteren Weg, so lässt er sich optimieren, je nachdem, welche Qualitätskriterien dabei zugrunde gelegt werden.

Alle technischen Verfahren, vor allem bei der Herstellung materieller Produkte, aber auch in der Psychotherapie, lassen sich als Zweckprogramme verstehen. Allerdings unterscheiden sich die verschiedenen therapeutischen Schulen in der Definition ihres Ziels: Die einen streben Symptombeseitigung an, die anderen einen Reifungsprozess usw.

### 3.2.2.2 Konditionalprogramme

Beispiele für den zweiten Typ von Programmen sind Notfallpläne: Wenn der Feueralarm ausgelöst wird, dann haben alle Bewohner das Hotel über die Treppe zu verlassen und dürfen nicht den Fahrstuhl verwenden. Das Schema, nach dem sie konstruiert sind, lautet: *Wenn ..., dann muss ... getan werden*. Es geht auch hier um einen Zweck, aber er ist durch die Umstände definiert. Wenn das Schiff leck geschlagen ist, dann haben alle Fahrgäste eine Schwimmweste anzulegen und sich in die Rettungsboote zu begeben. Auch dieses Programm dient einem Zweck: dem Überleben. Aber es ist eben nur anzuwenden, wenn die definierten Umstände eintreten. Es wäre nicht wirklich sinnvoll, während der gesamten Schiffsfahrt die Schwimmweste anzulegen und vorbeugend die Kreuzfahrt im Rettungsboot zu verbringen.

Im Bereich der unterschiedlichen therapeutischen Schulen sind – vor allem, wenn sie prozessorientiert arbeiten – vielerlei Techniken vom Typus Konditionalprogramm. Patienten sind – wie Menschen und/oder soziale Systeme generell – in ihrem Verhalten nicht vorhersehbar. Daher ist es gut, Methoden für den Fall zu entwickeln, dass ... geschieht. Sie müssen zum jeweils übergeordneten Zweck passen, ohne dadurch zu Zweckprogrammen im engeren Sinne zu werden.

Über Programme kann, wie über formale Strukturen, entschieden werden. So können Zweckprogramme ausgetauscht werden, frei nach dem Prinzip: Bis heute haben wir x getan, um y zu erreichen, ab morgen werden wir z tun, um y zu erreichen; oder auch: Wenn das Phänomen a auftaucht, dann musste bislang b getan werden, ab jetzt wird auf c umgestellt.

### 3.2.3 Personen

Sich in seinen Entscheidungen an Personen zu orientieren, ist außerhalb von Organisationen sicher die am weitesten angewandte Prämisse für Entscheidungen. Das Privatleben der meisten Menschen findet in Gemeinschaften von Personen statt (z. B. Familien, Paarbeziehungen). Durch ihre persönlichen Eigenarten, Vorlieben und Begrenzungen bestimmen sie, welche Spielregeln der Kommunikation sich in solch einer Gemeinschaft entwickeln. Mütter richten ihr Verhalten nach den (unterstellten) Bedürfnissen ihrer Kinder, Partner versuchen sich und ihre Wünsche gegenseitig zu verstehen und ihr Handeln darauf einzustellen usw.

> »Der Begriff *Person* soll uns unter Rückgriff auf einen alten Sprachgebrauch dazu dienen, sowohl Autor, als auch Adresse, als auch ein Thema in *Kommunikationssystemen* zu bezeichnen.«
> 
> Niklas Luhmann (2000, S. 89)

Auch in Organisationen kann – trotz aller formalisierten Strukturen und Programme – nicht von den Unterschieden der Personen bzw. der ihnen zugeschriebenen Charaktere und Persönlichkeitsstrukturen abgesehen werden. Einen stadtbekannten Choleriker wird man als Kollege anders behandeln als einen ebenso bekannten Konfliktvermeider. Dieselben Rollen und Funktionen werden von unterschiedlichen Personen unterschiedlich ausgeübt. Ja sogar Programme werden von ihnen unterschiedlich umgesetzt (Speisen, die von unterschiedlichen Köchen zubereitet werden, sind niemals vollkommen identisch, auch wenn diese nach demselben Rezept kochen; es ist ihr »persönlicher« Geschmack, der eine programmatische »Prise Salz« größer oder kleiner werden lässt).

Daher können konkrete Personen bzw. die ihnen in der Kommunikation zugeschriebenen Charakteristika ebenfalls als Entscheidungsprämissen für alle, die mit ihnen zu tun haben, betrachtet werden.

In Organisationen kann auch über Personen *entschieden* werden, indem z. B. Stellen neu besetzt werden, Einzelne versetzt, befördert oder entlassen werden. Im Privatleben ist diese Austauschbarkeit nicht in gleichem Maße gegeben. In emotionalen Beziehungen steht eben nicht die ausgeübte sachliche Funktion im Vordergrund, sondern die Person als Person, d. h. ihre Einzigartigkeit und Nichtaustauschbarkeit.

### 3.2.4 Kultur

Kulturelle Muster entstehen in der Regel (selbstorganisiert) immer dann und dort, wo und wenn Menschen miteinander leben müssen, ohne dass dieses Zusammenleben einem übergeordneten sachlichen Zweck untergeordnet ist. Schon wenn Fremde sich auf einem engen Fußweg begegnen, brauchen sie ein Repertoire von Regeln bzw. Prämissen (Erwartungen), die ihnen erlauben, den Zusammenstoß zu vermeiden. Man begegnet sich wahrscheinlich nie wieder, aber für diesen Moment müssen beide ihr Verhalten koordinieren, um sich erfolgreich ausweichen zu können. Solche Alltagsregeln bilden auch den Rahmen für zweckgerichtetes Handeln. Ihre Funktion besteht darin, eine für alle Beteiligten verbindliche Ordnung herzustellen und aufrechtzuerhalten, mit der alle irgendwie leben können bzw. müssen.

Die so im Laufe einer längeren Tradition entwickelten Spielregeln gewinnen für den Einzelnen eine weitere Funktion: Ihr Befolgen oder Nichtbefolgen zeigt die Zugehörigkeit oder Nichtzugehörigkeit zur jeweiligen sozialen Einheit. Wer aus einer fremden Kultur kommt, kennt diese den Alltag bestimmenden Prämissen des Verhaltens und die damit verbundenen Erwartungen nicht. Kultur ist immer ein Ergebnis eines Differenzierungsprozesses mit Einfluss auf die Identität und Selbstkonstruktion einer Person.

So dienen kulturelle Muster auf der Beziehungsebene der Regulation von Zugehörigkeit. Wer sich an die kulturellen Regeln eines sozialen Systems hält, wird als »einer von uns« von den anderen identifiziert, wer gegen sie verstößt, wird als »Fremder« kategorisiert und ist von Ausgrenzung bedroht. Und da seine verschiedenen Zugehörigkeiten zu unterschiedlichen sozialen Einheiten zu einem großen Teil bestimmen, welche persönliche Identität ein Individuum entwickelt, kommt es auf diese Weise zur Kopplung zwischen sozialen und psychischen Systemen.

Es geht, um das noch einmal zu unterstreichen, bei kulturellen Spielregeln primär um die Beziehungs- oder Sozialdimension der Kommunikation, ganz unabhängig von allen sachlichen Fragen, Zielen und Umständen.

Da diese Muster – wie die der Grammatik einer Sprache – sich selbstorganisiert im Laufe der Zeit entwickeln, hat niemand die Macht, über sie zu entscheiden. Da sie nicht zielgerichtet geändert werden können, muss mit ihnen gerechnet werden. Das heißt allerdings nicht, dass man sich ihnen unterwerfen muss. Doch ist der Verstoß gegen sie aus den genannten Gründen (Ausgrenzungsdrohung) riskant. Dies gilt es bei einer interkulturellen Kooperation (wie der hier analysierten) zu bedenken. Kulturelle Muster – deutsche, chinesische – engen jeweils den Handlungsspielraum für diejenigen, die sich ihnen verpflichtet fühlen, ein – wenn auch in jeweils sehr verschiedener Weise. Und sie engen die Möglichkeiten des gegenseitigen Verstehens ein bzw. eröffnen weiten Raum für Missverständnisse.

## 3.3 Entscheidungsprämissen des »Anfangs« des deutsch-chinesischen Psychotherapieprojektes

Wenden wir das dargestellte Analyseschema auf die skizzierte Anfangszeit bzw. die Vorgeschichte des Projektes an, so ist klar, dass hier vor allem *Personen* wirksam wurden. Das persönliche Engagement der Stipendiatin Margarete Haaß-Wiesegart führte zunächst nicht zum Erfolg. Die *Programme* der staatlichen chinesischen Einrichtungen, die über den Zugang von Ausländern zur Psychiatrie wachten, ließen dies nicht zu. Sie blieb hermetisch abgeschlossen. Erst nach mehr als einem Jahr gelang es 1978, zusammen mit einer australischen Gruppe eine psychiatrische Einrichtung zu besuchen.

Voraussetzung dafür war ein Wechsel im politischen Umfeld bzw. ein *personeller* Wechsel im Machtgefüge der kommunistischen Partei. Deng Xiaoping hatte an Einfluss gewonnen, was in ganz China auf den unterschiedlichsten Ebenen zu einer Liberalisierung führte.

Auf der Ebene der Strukturen kam es zur Rehabilitierung der Psychologie und der Wiedereinrichtung einer psychologischen Fakultät an der Universität Peking. Dadurch geriet die deutsche Psychologin, die gerade in Peking weilte, in den Fokus der Aufmerksamkeit interessierter chinesischer Psychologen: Zhang Boyuan und Chen Zhonggeng. Es entwickelte sich eine persönliche, vertrauensvolle Beziehung, die auch nach der Rückkehr von Frau Haaß-Wiesegart nach Deutschland nicht abbrach.

So führte dieser Kontakt zu ihrem zweiten China-Aufenthalt 1982–83. Auch hier waren wiederum die Universität Peking, die psychologische Fakultät und der DAAD im Spiel. Der DAAD *(Deutscher Akademischer Austausch Dienst)* finanzierte diesen Aufenthalt. Da er bzw. die dort zuständigen Personen zu den ehemaligen Stipendiaten einen engen Kontakt hielten, entsprach dies nicht nur der offiziellen Politik des DAAD, Kontinuität zu ermöglichen, sondern die Kooperation wurde auch durch die gegenseitige Kenntnis und Sympathie der Beteiligten erleichtert.

## 3.3 Entscheidungsprämissen des »Anfangs« des Projektes

Aus der Zwei-Personen-Beziehung zu Zhang Boyuan wurde nun ein Netzwerk persönlicher Beziehungen, oder anders formuliert, die deutsche Psychologin wurde an ein bereits bestehendes kollegiales Netzwerk chinesischer Psychiater angekoppelt. Dies wurde dadurch möglich, dass Zhang Boyuan Empfehlungsbriefe an Kollegen schrieb. Das Vertrauen, das ihm von seinen Kollegen gegeben wurde, wurde so gewissermaßen auf Margarete Haaß-Wiesegart übertragen. Ein klassisches Beispiel dafür, wie Personen als Prämissen für die Entscheidungen anderer Personen wirksam werden. Wenn der eine, den man gut kennt und dem man vertraut, sich einsetzt, so ist die Komplexität reduziert, man muss mit der empfohlenen Person keine eigene lange gemeinsame Geschichte durchlaufen, um ihr vertrauen zu können.

Dennoch reichte dies zunächst nicht, um die bürokratischen Schranken zu durchbrechen, die den Zugang zur Psychiatrie verwehrten. Die offiziellen, *formalen Strukturen* und Vorschriften *(Konditionalprogramme)* schrieben vor, wer solch einem Ansinnen zuzustimmen hatte. Und es waren viele verschiedene Stellen, die unterschiedlich hoch innerhalb der Hierarchie platziert waren. Der Dienstweg war lang und mühsam.

Als er letztlich zum Ziel führte, d. h., nachdem die Erlaubnis zum einmaligen Besuch der psychiatrischen Klinik gegeben wurde, kam wieder eine persönliche Beziehung ins Spiel. Yang Huayu fand einen *informellen*, aber mit den formalen Anforderungen kompatiblen Weg, wie der Kontakt gehalten werden konnte. Hier war es die genaue Kenntnis der eigenen Kultur wie auch der formalen Strukturen und der unterschiedlichen Programme, die den Freiraum eröffnete. Es war ein Wechsel der offiziellen Wirklichkeitskonstruktion bzw. des Etiketts – vom »Besuch eines Ausländers« zum »kollegialen Austausch« –, der zu unterschiedlichen Konsequenzen führte. Der strategische Wechsel der Definition eröffnete einen neuen Möglichkeitsraum.

Die Empfehlungsbriefe, die Zhang Boyuan schrieb, eröffneten den Kontakt zu Xu Taoyuan im *Mental Health Center* in Shanghai und Wan Wenpeng in Kunming. Auch hier entwickelte sich eine persönliche Beziehung zwischen der deutschen Protagonistin und dem chinesischen Psychiater. Sie sollte für den Fortgang des Projektes von großer Bedeutung werden, da aus dieser zufällig erscheinenden Beziehung im Laufe der Zeit ein größeres Netz geflochten werden konnte.

## 4. Die (Vor-)Geschichte der chinesischen Psychologie und Psychiatrie

### 4.1 Der politische Kontext

Mit der Abdankung des Kaiserhauses im Jahre 1911 endete eine mehrere Tausend Jahre dauernde historische Epoche. Der zunehmende Druck der europäischen Mächte im 19. Jahrhundert hatte die Öffnung Chinas für den Westen und den Welthandel – unter anderem in den zwei Opiumkriegen (1839–1842 und 1856–1860) – erzwungen. Es kam zu dem, was in China als »die ungleichen Verträge« bezeichnet wird. Der Zusammenbruch der alten ökonomischen Strukturen und die Verarmung großer Teile der Bevölkerung führten im 19. Jahrhundert vermehrt zu Unruhen und Aufständen. Mithilfe des Militärs gelang es 1911 Sun Yatsen (chin. Sun Yixian), einem in Hongkong ausgebildeten Arzt, der guten Kontakt zum Westen hatte, und seiner Gruppe von Revolutionären, die Qing-Dynastie zu entmachten und (am 1. Januar 1912) die Republik auszurufen. Die Enttäuschung über die Versailler Verträge, die China nicht die gewünschte Anerkennung und Wiedergutmachung brachten, führte zu Unruhe vor allem unter den Intellektuellen. Der jeweilige Stand der Verhandlungen war z. B. von Chen Duxiu in einer Jugendzeitung veröffentlicht worden. Er wurde einer der Gründer der *Kommunistischen Partei Chinas*.

Westliches Kapital und wesentliche Bildungseinrichtungen sowie der Kontakt mit den modernen Wissenschaften, aber vor allem die Enttäuschung über die Versailler Verträge führten zu mehreren unterschiedlichen Bewegungen: der »4.-Mai-Bewegung«, der »Neuen Kulturbewegung«, »Rettet China« ... In ihnen gewannen politische Konzepte, Werte und Modelle des Westens wie etwa Demokratie, Gleichheit, individuelle Selbstbestimmung, Nationalismus etc. in China Einfluss.

Es fand eine Diskussion über die Universalität der Werte, aber auch eine radikale »Umwertung aller Werte« im Sinne von Friedrich Nietzsche statt (Siemons 2009). Gleichzeitig blieb China ein zutiefst konfuzianisch geprägtes Land. Die Beziehungen zwischen Eltern und Kindern waren von den 24 Regeln zur Pietät der Kinder (»ershisi xiao«), die Kuo Chü-ching während der Yuan-Dynastie zusammenstellt hatte, geprägt (Koehn 1943). Die 24 Geschichten zeigen die gewünschte kindliche Haltung den Eltern gegenüber. Der Respekt und die aufopfernde Fürsorge gegenüber den Eltern bestimmt das Leben des Sohnes und kann im Extremfall das eigene Leben kosten. Körperliche Berührungen und Umarmungen waren nicht üblich.[7] Chinesen aus gebildeten Familien berichten, dass sie als Kinder noch in den 40er-Jahren vor ihren Eltern Kotau machten, d. h. sich auf die Knie warfen, um sich zu bedanken und Respekt zu zeigen. Der Umgang der Familienmitglieder war geprägt von vorgegebenen Ritualen. Die »4.-Mai-Bewegung« war daher auch eine Infragestellung der hierarchisch geprägten konfuzianischen Kultur. Erstmals erschien in dieser Zeit Literatur in Umgangschinesisch. Auch die Verbreitung sozialistischer und marxistischer Ideen ist in die Zeit zwischen 1915 und 1925 zu datieren. 1921 wurde die Kommunistische Partei Chinas in Shanghai gegründet.[8]

Die Republik bzw. ihre Institutionen und Repräsentanten verfügten nicht über hinreichende Macht, um das Reich zusammenzuhalten. Innerhalb der Armee kam es zu Spaltungen und Machtkämpfen, die in einen Bürgerkrieg mündeten. Unterschiedliche »Warlords« beherrschten unterschiedliche Provinzen und bekämpften sich mit ihren Armeen – unterstützt von jeweils anderen ausländischen Mächten – gegenseitig.

Nach dem Tode Sun Yatsens gelang es in den Jahren 1926 bis 1928 seinem Schwager Chiang Kaishek (chin. Jiang Jieshi) und dessen Armee, China wieder zu vereinen. Die Kommunisten, die ihn durch die Organisation des Aufstands der Arbeiterschaft in Shanghai maßgeblich dabei unterstützten, die von den Briten besetzte Stadt zu erobern, wurden – der »große Verrat« – beim Sturm auf die Stadt (für sie vollkommen unerwartet) verfolgt und massenweise getötet. Damit waren die künftigen innerchinesischen Frontlinien vorgezeichnet.

Der Unterschied zwischen Armen und Reichen wurde unter Chiang Kaishek vor allem auf dem Lande so stark, dass die kommunistische Partei eine neue Operationsbasis fand. Anfang der 30er-Jahre wurde China äußerlich von Japan bedroht, das die Mandschurei besetzte und noch weitergehende Besitzansprüche anmeldete. Im Innern schwelte der Konflikt zwischen Chiang Kaisheks Nationalisten und den Kommunisten. Dabei gab Chiang der Bekämpfung der Kommunisten den absoluten Vorrang: »Die Japaner sind eine Hautkrankheit, die Kommunisten sind eine Herzkrankheit (Chen 1996, S. 41)«.

1934 war die kommunistische Basis im südchinesischen Jiangxi von den Truppen Chiangs vollständig eingeschlossen, sodass die endgültige Niederlage drohte. Die »Rote Armee« ergriff die Flucht – der »Lange Marsch« begann. Er wurde zum Helden- und Gründungsmythos der Volksrepublik China. Von den 100 000 bis 300 000 Männern und Frauen, die ihn begannen, überlebten nur 30 000. Er dauerte zwei Jahre (1934–1936). Frauen spielten im Widerstand eine aktive Rolle.

1937 erfolgte der japanische Angriff auf China. Große Teile des Landes, der gesamte Osten, d. h. der wirtschaftlich entwickelte Teil des Landes, wurden besetzt. Die nationale und die kommunistische Armee vereinigten sich im antijapanischen Widerstand. Nach den Atombomben auf Hiroshima und Nagasaki war der Zweite Weltkrieg auch für Japan zu Ende, und es zog sich aus China zurück. Damit war die Bühne wieder frei für den Machtkampf zwischen den Truppen Chiang Kaisheks, der die Besatzungszeit in Chongqing überstanden hatte, und der Roten Armee. Nach ihrer militärischen Niederlage floh der von den USA unterstützte Chiang Kaishek mit seinen restlichen Truppen nach Taiwan, und Mao Zedong konnte im Namen der Kommunistischen Partei Chinas am 1. Oktober 1949 auf dem Tian'anmen-Platz die Volksrepublik China ausrufen.

In den ersten Jahren der Volksrepublik kam es zu radikalen gesellschaftlichen Veränderungen, die zentral gesteuert waren und von den ideologischen Zielen der Revolution und Modernisierungsbemühungen bestimmt waren. Was das Privatleben der Chinesen anging, dürfte die gesetzliche Festschreibung der Gleichberechtigung von Mann und Frau die nachhaltigste Wirkung gehabt haben. Dazu gehörte auch das Recht auf freie Wahl des Ehepartners. Dem Einzelnen wurden damit weitaus mehr Rechte zugebilligt, als es der Jahrtausende alten chinesischen Tradition entsprach, ein Schritt hin zur Innensteuerung des Individuums, weg von der Außensteuerung.

Der Staat übernahm Verantwortung für den einzelnen Menschen, auch unabhängig von der Familie, was sich z. B. im Umgang mit Neugeborenen zeigte, die bis dahin der Willkür ihrer Eltern ausgesetzt waren und keinen staatlichen Schutz genossen.

> »Ferner ahndete die neue Regierung endlich das Aussetzen oder Ertränken von Neugeborenen mit sichtbarem Erfolg. Es lagen keine toten Babys mehr auf den Straßen wie in früheren Jahren, als es noch einen speziellen Dienst zum allmorgendlichen Einsammeln der kleinen Leichen gegeben hatte.«
> 
> Hanne Chen (1996, S. 46)

In den Städten wurde jeder Einzelne nun einer »Einheit« als Mitglied zugeordnet, was u. a. dazu dienen sollte, die alten Familienstrukturen aufzulösen. Man war lebenslang Mitglied seiner Einheit, und sie kontrollierte auf der einen Seite das Leben ihrer Mitglieder, auf der anderen Seite garantierte sie deren Lebensunterhalt. Die Einheit bestimmte, wo und wie man lebte, von der Geburt über die Heirat bis zur Beerdigung war alles geregelt. Wenn man Verwandte in einer anderen Provinz besuchen wollte, so musste die Einheit dies genehmigen. Und diese Einheiten waren streng hierarchisch organisiert.

Es gab aber auch radikale Säuberungen unter der alten Führungsschicht. Dabei wurden nach westlichen Schätzungen Millionen von Menschen hingerichtet. Zwischen 1949 und 1952 fanden sechs große Kampagnen (»Bewegungen«) statt: zur Bodenreform, zur Ehereform, zum Widerstand gegen Amerika, gegen die Konterrevolutionäre, gegen die »drei Übel« (Korruption, Verschwendung, Bürokratie), zur Gedankenreform. Weitere Kampagnen folgten in den Jahren darauf.

Ihr gemeinsamer Nenner war, dass einem politischen Steuerungsmodell gefolgt wurde, bei dem zentral über angestrebte Änderungen entschieden und ihre Umsetzung geplant und angeordnet wurde. Auf diese Weise sollte – gewissermaßen am Reißbrett – eine neue gesellschaftliche Ordnung entworfen und hergestellt werden. Einer der Erfolge dieser Politik war, dass für die überwiegende Mehrheit der Bevölkerung nicht nur die Sicherheit zu überleben gesteigert wurde, sondern auch die Lebensbedingungen verbessert wurden. Das galt besonders für die Frauen, die nun den Männern in ihren Rechten formal gleichgestellt wurden.

Die zentral geplanten »Bewegungen«, die der Verbesserung der wirtschaftlichen Verhältnisse dienen sollten, hatten allerdings meist nicht beabsichtigte Wirkungen. So verhungerten in der Folge des »Großen Sprungs nach vorn« 1958 nach unterschiedlichen westlichen Schätzungen zwischen 18 und 30 Millionen Menschen.

Die Zeit zwischen 1966 und 1976 war die Phase der sogenannten »Kulturrevolution«. Es war ein Machtkampf der Partei, um verlorenen Einfluss zurückzugewinnen. Die Paradoxie dieser Revolution bestand darin, dass die Spitze der gesellschaftlichen Hierarchie – die Parteiführung – dazu aufrief, all die Hierarchien, die für die chinesische Kultur seit Jahrtausenden bestimmend waren, zu kritisieren, infrage zu stellen und zu entmachten: ein von etablierten Autoritäten initiierter Aufstand gegen etablierte Autoritäten, ein von den Machthabern angezettelter Kampf gegen die Machthaber. Die nahezu zwangsläufige Folge war die Auflösung der gesellschaftlichen, Unsicherheit beseitigenden und Berechenbarkeit gewährleistenden Strukturen (= Entscheidungsprämissen).

Die Mitglieder der intellektuellen Führungsschicht in nahezu allen Organisationen und Institutionen – auch in der Psychiatrie – wurden »kritisiert«, ihrer Ämter enthoben, zur Landarbeit geschickt. Sachautorität verlor jegliche Bedeutung, was für die Organisationen und die Funktionsfähigkeit des Staates und seiner Untergliederungen, ja, für den Alltag der gesamten Bevölkerung verheerende, chaotische Folgen hatte.

Mit dem Tod Maos endete diese Phase, und China begann eine neue Stufe seiner Entwicklung, die nicht nur mit einer Änderung des Wirtschaftssystems verbunden war, sondern auch mit einer Öffnung zum Westen.

In dieser Zeit begann auch, wie bereits geschildert, das deutschchinesische Psychotherapieprojekt. Doch auch während der hier skizzierten Zeiten großer politischer Umwälzungen, d. h. der Revolution und zu Beginn der Volksrepublik China, gab es bemerkenswerte Entwicklungen im Feld der chinesischen Psychologie.

## 4.2 Die Entwicklung der Psychologie und Psychiatrie in China

Die Interventionen der europäischen Staaten in China waren im 19. und zu Beginn des 20. Jahrhunderts von deren kolonialen Interessen und der Konkurrenz untereinander bestimmt. Die Reaktion der Chinesen auf den Kontakt mit dem Westen war ambivalent. Einerseits galt es, die erlittenen Demütigungen zu bewältigen, auf der anderen Seite wurden die westlichen Wissenschaften und die Literatur mit Begeisterung aufgenommen. Die reichen chinesischen Familien schickten ihre Kinder auf westliche Schulen und ließen ihre Söhne und Töchter in Europa studieren. Und diese Kinder übernahmen innovative und revolutionäre westliche Ideen und trugen sie in ihre Familien, sodass sich der Konflikt zwischen traditionellem chinesischem und westlichem Denken bzw. den damit verbundenen Vorstellungen über das Verhältnis von Individuum und Gesellschaft auch dort manifestierte.[9]

Einer der jungen Leute, die in Deutschland – bei Wilhelm Wundt in Leipzig – Psychologie studiert hatten, war Cai Yuanpei. Als Rektor unterstützte er Chen Daqi, im Jahre 1917 das erste Labor für experimentelle Psychologie an der Philosophischen Fakultät der Universität Peking zu gründen. In späteren Jahren sollte er zum Reformer des Erziehungssystems werden.

Die erste Fakultät für Psychologie wurde 1920 unter der Leitung von Chen Heqin und Lu Zhiwei in Nanjing (dt. Nanking) an der *Higher Normal University* gegründet. Der spätere Präsident der *Chinese Association for Psychology* und des *Psychologischen Instituts* der *Academia Sinica*, Pan Shu, studierte dort, bevor er zum Weiterstudium nach Chicago ging. Abteilungen für Psychologie in Peking (an der Qinghua- und der Yanjing[10]-Universität), Shanghai (an der Fudan-Universität), Tianjin, Wuchang (ein Stadtbezirk von Wuhan), Xiamen und Guangzhou (dt. Kanton) folgten kurz darauf. 1921 wurde bereits die »Chinese Association for Psychology« gegründet. Die Gründung des Psychologischen Instituts an der Academia Sinica folgte 1929.

Der Triumphzug der westlichen Medizin erreichte Ende der 20er-Jahre seinen Höhepunkt, als gefordert wurde, die traditionelle chinesische Medizin zu verbieten. Allein der Widerstand der Bevölkerung verhinderte dies, und das entsprechende Dekret musste zurückgezogen werden.

Mit der westlichen Medizin hielt auch eine andere Konzeption des Menschen Einzug. Die im Westen vorherrschende Dualität von Psyche und Körper steht im Gegensatz zur traditionellen chinesischen Medizin, die von einer sich gegenseitig bedingenden Einheit ausgeht. Dass der Begriff Seele im Westen bis heute eine eigene Daseinsform zu beschreiben sucht, ist mit klassischen chinesischen Vorstellungen unvereinbar.

> »... tatsächlich teilt das traditionelle chinesische Denken einige entscheidende Voraussetzungen mit dem traditionellen westlichen Denken nicht, wie es sich aus griechischer Philosophie, Christentum und Aufklärung herausgebildet hat. Es stellt keineswegs die Wahrheitssuche in den Mittelpunkt seiner Überlegungen, es kennt keine unveränderlichen Substanzen, und es hatte es auch nie nötig, eine Vorstellung wie die der ›Seele‹ zu dekonstruieren, weil die ihm noch nie plausibel, geschweige denn evident vorgekommen war; statt dessen drehte sich dieses Denken immer um Veränderung, Bewegung, Vielpoligkeit, die ihm als die zentralen Bedingungen des Lebens erscheinen.«
> 
> Mark Siemons (faz-net, 28.6.2008)

## 4 Die (Vor-)Geschichte der Psychologie und Psychiatrie

Die Verschiebung von der Seele zum Gehirn als Organ des Bewusstseins eröffnete den Raum für neue Konzeptionen von Psyche. Die Unterscheidung in Bewusstes und Unbewusstes sowie neurowissenschaftliche Grundlagen des Lernens und Erlebens begannen die Behandlung psychisch Kranker zu bestimmen. Die Einteilung und Klassifizierung psychischer Erkrankungen wurde die Grundlage von Diagnosesystemen bis heute.

Diese Verwissenschaftlichung der Psychiatrie führte jedoch nicht unbedingt zu einer radikalen Änderung der Behandlung psychiatrisch Kranker. In Kanton, Shanghai, Hankow (heute zu Wuhan gehörig), Harbin und Suzhou wurden psychiatrische Hospitäler von christlichen Missionaren gegründet. Allerdings dienten sie – nicht anders als im Westen – eher der Verwaltung des psychischen Elends als der Behandlung. In vielen Fällen war diese Betreuung aber allemal besser, als auf den Straßen dahinzuvegetieren. Die Ideen über psychische Erkrankungen waren in China oft mit animistischen, spirituellen Zuschreibungen verknüpft. So galt der Fuchsgeist, der in Gestalt junger Frauen Männer verführte und deren Sinne verwirrte, als Ursache vieler psychischer Auffälligkeiten. Es empfahl sich, Geister lieber nicht zu ärgern. Noch zu Beginn des letzten Jahrhunderts lebten daher in den Hutongs, zwischen den einstöckigen Hofhäusern Pekings, Füchse unbehelligt. Fuchsgeister – allgegenwärtig im Alltag der Chinesen – konnten die Sinne genauso verwirren wie der falsche Umgang mit den Ahnen.

Aus den Missionskrankenhäusern gingen später berühmte Einrichtungen hervor wie die Psychiatrische Klinik in Shanghai, die heute als »Mental Health Center« bekannt ist.

Bis zum Ausbrechen des Japanisch-chinesischen Krieges 1937 waren nicht nur viele Stipendiaten im Westen, es wurde auch viel westliche – psychoanalytische, behavioristische und philosophische – Fachliteratur ins Chinesische übersetzt.[11] Durch den Krieg wurde dieser Kontakt unterbrochen. Ganze Universitäten wurden ins Inland umgesiedelt. Teile der Pekinger Universität wurden nach Yunnan umgelagert. Die Tongji-Universität, einst von Dr. Erich Paulun und anderen Deutschen 1907 in Shanghai gegründet, wurde samt Studenten, Professoren, Bibliotheken und medizinischen Gerätschaften nach Sichuan transportiert. Die Medizinische Fakultät der Tongji-Universität wurde 1954, als die restliche Universität nach Shanghai zurückkehrte, nach Wuhan verlegt und in »Wuhan Medical College«

umbenannt. Am Wuhan Medical College hatte Wan Wenpeng studiert. Heute gibt es wieder eine neue Medizinische Fakultät an der Tongji-Universität in Shanghai.

> **Zhao Xudong zur Rolle der Tongji-Universität:**
> Als sich Sheng Xiaochun, der damals bei Prof. Dörner in Gütersloh promovierte, 1991 als Praktikant in Helm Stierlins Institut in Heidelberg aufhielt, kam es zu einem interessanten Gespräch zwischen uns – in dem Kellerzimmer des Institutes, in dem ich während meiner Promotion bei Prof. Stierlin wohnte.
> Ich wollte Sheng ermutigen, sich in Zukunft im deutsch-chinesischen Ausbildungsprojekt zu engagieren. Sheng verstand zuerst die Inhalte und die Bedeutung des Projekts nicht. Dann betonte er seine zurückhaltende Lebensphilosophie, um sich von meinem Vorschlag zu distanzieren. Ich bemühte mich lange darum, ihn zu überreden. Schließlich sagte ich spaßeshalber den Satz: »Wir sollten gemeinsam aufs Piratenschiff steigen!«
> Sheng kam schließlich drei Jahre später zu dem Projekt, und ich denke, es hatte mit dem Piratenschiff zu tun.
> 1907 haben einige deutsche Ärzte (Leiter: Dr. Erich Paulun) die »Deutsche Medizinschule für Chinesen« in Shanghai begründet. Sie wurde zur Tongji-Universität. Der Name »Tongji« hat eine doppelte Bedeutung: »deutsch« (im Dialekt von Shanghai) und »die Leute auf dem gleichen Schiff müssen zusammenarbeiten und einander helfen«.
> Es ist wahrscheinlich nicht zufällig, dass Wan Wenpeng, Zhao Xudong, Sheng Xiaochun und noch andere wichtige Leute im Projekt wie z. B. Shi Qijia, Zeng Qifeng, Xiong Wei, Wu Heming, Tong Jun, Li Xiaosi an der Tongji studiert oder gearbeitet haben, egal ob an der Medizinischen Universität in Wuhan oder an der Tongji-Universität in Shanghai.

Als 1949 die Volksrepublik gegründet wurde, gab es in ganz China 60 ausgebildete Psychiater. Es war dieselbe Zahl wie 1931. Psychologie wurde an den Universitäten gelehrt, sie war aber den physiologischen Fakultäten zugeordnet. Und ihre ideologische Ausrichtung war an der biologisch begründeten Psychologie der Sowjetunion orientiert, d. h. an der Pawlowschen Reflexologie. Ab nun wurden auch keine psychoanalytischen Bücher mehr ins Chinesische übersetzt. Der Einfluss der amerikanischen, britischen und deutschen Psychologie fand ein Ende. Ideal war eine Psychologie, die sich als Naturwissenschaft verstand.

In den 50er-Jahren wurden viele kleine psychiatrische Hospitäler auf dem Lande und in den kleineren Städten gegründet, vor allem, um mit den vielen durch den Krieg traumatisierten Soldaten umzugehen. Insgesamt war es nötig, ein neues, flächendeckendes Gesundheitssystem aufzubauen. Der Kampf gegen den weitverbreiteten Opium-Konsum und -Handel war eines der ersten Ziele der neuen Regierung, das weitreichende Auswirkungen auf den Gesundheitszustand der Bevölkerung hatte.

Als nach Stalins Tod (1953) die Psychologie in der Sowjetunion wieder mehr Freiraum gewann, hatte dies auch Auswirkungen auf China. An der *Academia Sinica* wurde ein Psychologisches Institut gegründet, das neuen wissenschaftlichen Freiraum genoss. Therapiemodelle, die auf sozialem Lernen beruhten, wurden z. B. von Li Xintian bei der Gruppenbehandlung von Studenten, die unter psychosomatischen Symptomen wie Unruhe, Schwäche, Schmerzen, Kopfweh litten, verwandt. Li Xintian, der Sohn eines der Gründer der KP Chinas, blieb der Idee verhaftet, dass soziale Faktoren zu den Problemen der Studenten führten. Er machte sie für sich selbst verantwortlich. Die Vorgaben an die Studenten folgten weniger einer psychotherapeutischen Behandlungsmethode, wie etwa der Bearbeitung bewusster oder unbewusster Konflikte oder dem Umlernen von Verhaltensmustern. Vielmehr bestand die Methode im »Shuo dao li«, d. h. den Weg zeigen (»dao« bedeutet Weg, Moral). Es ging, dem Zeitgeist entsprechend, um eine Art Umerziehung, der einige klassische Entspannungsmethoden zugeordnet waren. Das heißt, das Veränderungskonzept war nicht im Sinne eines westlichen Behandlungsmodells wie etwa einer (wie umfassend auch immer definierten) Verhaltenstherapie zu verstehen.

Die Frage, ob die Psychologie eine Sozial- oder Naturwissenschaft sei, führte zu heftigen Auseinandersetzungen. Es ist eine Frage, die über die Sowjetunion nach China importiert wurde, dann aber eine eigene chinesische Wende erfuhr. In einem Klima der politischen Bewegungen und des Ausgrenzens anderer Meinungen im ganzen Land führte dies zu einem Schwerpunkt experimenteller, neurowissenschaftlicher Forschung. Allgemein gesehen geht klinische Psychologie von einem Selbstkonzept aus, das die Eigenständigkeit eines Individuums im Denken und Handeln voraussetzt. Geht man vereinfachend von einem traditionellen konfuzianischen Lebensentwurf aus, so steht der Einzelne in einer Hierarchie von Beziehungen. Wie Beziehungen zu handhaben sind, ist normativ vorbestimmt. Rituale sind denn auch in der konfuzianischen Ethik ein zentrales Element. Der Einzelne hat eine Identität, die a priori bestimmt ist. Seine subjektiven Wahlmöglichkeiten des Handelns sind daher eingeschränkt.

> »In traditionalen Gesellschaften finden Menschen die Antwort auf die Frage nach ihrer Identität [...] durch einen ›Blick nach außen‹: Tradition, Gemeinschaft und/oder Religion, Familienform, Wohnort, ›politische Orientierung‹ etc. sind weitestgehend vordefiniert. In einer solchen Gesellschaft gibt es einerseits wenig Anlass zur Selbstthematisierung [...] und andererseits stellen mehr oder weniger alle Handlungskontexte Foren zur expressiven Realisierung und Widerspiegelung der jeweiligen Identität dar. Hier haben Subjekte sozusagen eine substantielle Identität ›a priori‹.«
> H. Rosa in: Jürgen Straub u. Joachim Renn (2002, S. 277)

Die Festlegung auf die Beziehungsgestaltung setzt ein eigenständiges, handelndes Subjekt voraus, das sich als Einheit sieht. Dies stand jedoch im Gegensatz zu dem angestrebten neuen Menschenbild der KP Chinas, die alle Handlungen in sozialen Klassen verankert sah. Abweichungen waren ideologische Anschläge auf ein soziales Ganzes. Die Psychologie war damit in einem ideologischen Dilemma. Betrachtete sie sich als Geisteswissenschaft, so wurde sie als nicht marxistisch und nicht materialistisch angegriffen. Ein Subjekt als eigenständiges, handelndes Selbst existierte unter deren Prämissen nicht.

Es fand – nur konsequent – eine Hinwendung zur Naturwissenschaft statt. Diese Schwerpunktsetzung hält bis heute an. Sie ist einer der Gründe der immer noch sehr eingeschränkten Entfaltung der klinischen Psychologie, z. B. an der Universität Peking, der führenden geisteswissenschaftlichen Universität des Landes.

Aber die Wendung zu den Naturwissenschaften blieb nicht die Lösung, war kein Schutz vor Kritik. Ende der 50er-Jahre, nach Rückschlägen während des »Großen Sprungs nach vorn«, als Millionen Menschen verhungerten, war landesweit ein basales medizinisches Versorgungssystem etabliert worden, das als beispielhaft für Länder der Dritten Welt angesehen werden konnte. Mit der Abwendung von der Sowjetunion folgte eine vorsichtige Öffnung zum westlichen Ausland. Psychologen und Psychiater begannen vermehrt, in kollegialen Austausch mit ihren westlichen Kollegen zu treten.

Auch wenn es keine klinische Psychologie gab, so wurden doch in der ersten Hälfte der 60er-Jahre, in einem Klima der vorsichtigen Liberalisierung, vereinzelt in den Ambulanzen einiger psychiatrischer Kliniken (z. B. in Peking, Shanghai, Nanjing) Versuche mit westlichen Therapiekonzepten (Verhaltenstherapie, tiefenpsychologisch geprägte Gespräche) unternommen. Sie fanden ihr abruptes Ende mit dem Beginn der Kulturrevolution.

1965 erschien unter dem Pseudonym Ge Mingren (»der Revolutionär«) in der Guangming Ribao (eine bis heute sehr einflussreiche Zeitung der kommunistischen Partei, die hauptsächlich von Intellektuellen gelesen wird und in der u. a. theoretische Artikel veröffentlicht werden), ein Artikel von Yao Wenyuan, in dem er experimentelles wissenschaftliches Arbeiten von Psychologen und die naturwissenschaftliche Fokussierung der Psychologie angriff. Damit begannen – rückblickend betrachtet – die Feindseligkeiten der Psychologie gegenüber. Ihre weitere wissenschaftliche Entwicklung kam für das nächste Jahrzehnt zu einem Stillstand.

Die Psychiatrie, bis heute dem Gesundheitsministerium unterstellt, nahm eine andere Entwicklung. Aus den nachfolgenden Tabellen ist die Zahl der Psychiater und der psychiatrischen Krankenhausbetten in China zu ersehen. Ihre Zahl hat zugenommen, ist aber für europäische Verhältnisse immer noch lächerlich niedrig.[12]

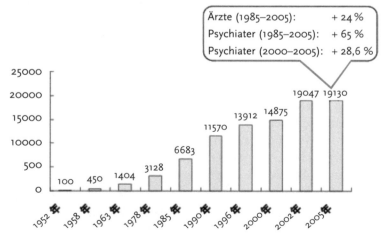

Tab. 1: Anzahl von Psychiatern in China 1952–2005

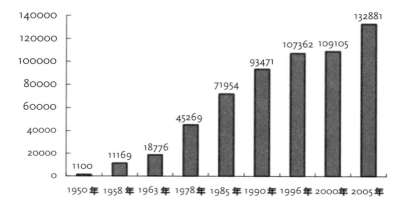

Tab. 2: Anzahl von Betten für psychiatrische Patienten in China 1950–2005

Wie die meisten Intellektuellen gerieten auch die Psychiater unter Druck. Sie wurden öffentlich angegriffen, gedemütigt, ihrer Ämter enthoben, zu entwürdigenden Arbeiten verdammt, die Familien zur Trennung gezwungen, aufs Land zur Feldarbeit geschickt. Etliche begingen Selbstmord. Aber die psychiatrischen Hospitäler blieben offen.

Da das ganze Leben, öffentlich wie privat, politisiert war, wurden auch die psychiatrischen Kliniken den Revolutionskomitees der Arbeiter, Bauern und Soldaten unterstellt und von ihnen kontrolliert. Wie jeder chinesische Bürger hatten auch die Patienten an Kritik- und Selbstkritik-Gruppen teilzunehmen und die Schriften von Mao Zedong zu studieren (»Woher kommen die richtigen Gedanken?« oder »Yu Gong versetzt Berge«).

Bei all dem ging nur zu oft die medizinische Perspektive verloren. In manchen Hospitälern wurde die Medikation eingestellt, und politische Agitation stand auf der Tagesordnung, aber die Psychiatrie wurde nicht – wie in anderen Gegenden der Welt – zum Instrument politischer Verfolgung gemacht. Im Gegenteil: Einige politisch Verfolgte wurden dadurch geschützt oder gar gerettet, dass sie als Patienten in die Psychiatrie eingewiesen wurden und dort Asyl fanden. Dies war möglich, weil sie vollkommen vernachlässigt wurde und nicht im Fokus der Aufmerksamkeit stand. Anfang der 70er Jahre wurden jedoch, zunehmend auch offiziell, wieder Medikamente gegeben. In dieser Zeit begann auch die chinesische Produktion von z. B. Barbituraten und Chlorpromazin. Die Mehrzahl der Patienten litten unter

Psychosen. Die Zahl der Betten war knapp. Nur schwer depressive Patienten, aber mehr noch Psychotiker, die sich auffallend verhielten, waren hospitalisiert. 1972 begann auch die Gruppe der Psychologen an der Academia Sinica wieder zu arbeiten. So wurde, beispielsweise, deren Expertise im Bereich der Wahrnehmungspsychologie genutzt, um das Mausoleum für Mao farblich zu gestalten ...

Die meisten Ärzte kehrten in die psychiatrischen Hospitäler zurück: viele von ihnen traumatisiert, einige stigmatisiert, weil sie den Status der »Kritisierten« hatten. Die Diskussion über die soziale oder biologische Verursachung psychischer Störungen radikalisierte sich. Das hatte zwangsläufig Auswirkungen auf die Behandlungsmethoden.

In einigen Gegenden wurden innovative Behandlungskonzepte entwickelt, die Ähnlichkeiten mit sozialpsychiatrischen Konzepten hatten, mit denen zur selben Zeit in westlichen Ländern experimentiert wurde. So begann die psychiatrische Klinik in Shanghai ein Therapieprogramm für Patienten, die als schizophren diagnostiziert waren, das nicht dem Hospital allein die Verantwortung und Fürsorge für die Patienten überantwortete, sondern gemeinsam mit der Einheit, der Gesundheitsstation des Straßenkomitees (einer Art Blockwart) und der Familie. Arbeitstherapie-Einrichtungen wurden geschaffen, und in Peking wurde ein ambulantes Programm gestartet, bei dem die Patienten zu Hause blieben und die Ärzte Hausbesuche machten.

Nach dem Besuch des US-Präsidenten Richard Nixon in China 1972 wurde auch die Beziehung zwischen der VR China und den europäischen Ländern entspannter. Es wurden diplomatische Beziehungen aufgenommen, wirtschaftliche Kontakte geknüpft, Studenten ausgetauscht. 1973 wurde China Mitglied der Weltgesundheitsorganisation (WHO).

Die erste deutsche Studentengruppe kam 1974 nach China. Mitglieder der dritten Gruppe, die vom Deutschen Akademischen Austausch Dienst (DAAD) finanziert und vorbereitet nach China geschickt wurde, waren dann, wie bereits erwähnt, Ann Kathrin Scheerer und Margarete Haaß-Wiesegart, die für die Entwicklung der deutsch-chinesischen Kooperation im Bereich der klinischen Psychologie und Psychotherapie eine zentrale Rolle einnehmen sollten.

# 5. Die Symposien

## 5.1 Die Wiedererweckung der chinesischen Psychologie und Psychiatrie

Ein erster Schritt zur Rehabilitation der Psychologie ist die Wiedereröffnung des *Instituts für Psychologie* der *Academia Sinica*. Mit der Öffnung zum Westen beginnt auch der Kontakt zu deutschen Kollegen. Es dauert zwar noch etliche Jahre, aber 1980 findet mit finanzieller Unterstützung der Max-Planck-Gesellschaft die erste Studienreise von Mitgliedern der Academia Sinica ins Ausland, nach Deutschland, statt.[13]

Sie besuchen unterschiedliche klinische Einrichtungen in der Bundesrepublik und anschließend einen internationalen Psychologenkongress in Leipzig. Eines der wichtigsten Ergebnisse dieser Reise: Die chinesischen Psychologen sind von der Bedeutung, die in Deutschland der klinischen Psychologie gegeben wird, erstaunt und beeindruckt. Aber, das muss betont werden, die Psychologen, die diese Reise machen, sind nicht primär an klinischen oder therapeutischen Themen interessiert, sondern akademische Forscher. Trotzdem: Die damals jüngeren Reiseteilnehmer spielen eine zentrale Rolle in der Entwicklung der Psychologie in China und werden Vorreiter bei der internationalen wissenschaftlichen Kooperation vor allem mit den USA.

Die lange unterbrochenen Kontakte zu Wissenschaftlern im Westen, vor allem den USA und Australien, werden wieder aufgenommen. Einige Psychologen gehen als Gastwissenschaftler und -professoren für längere Zeiten in diese Länder. Chinesischen Studenten besuchen amerikanische Universitäten, die wissenschaftliche Kooperation beginnt. Allerdings bezieht sich dies nicht auf den klinischen Bereich, denn den gibt es zu der Zeit in China praktisch nicht.

Im Jahre 1981 findet der erste internationale Psychologenkongress[14] in der Volksrepublik China statt. Eine deutsche Fast-Teilnehmerin ist Margit Babel, eine Psychologin, die gerade in China am Spracheninstitut studiert, um sich auf transkulturelle Studien vorzubereiten. »Fast-Teilnehmerin« ist sie deswegen, weil ihr die Teilnahme nicht erlaubt wird (siehe nachstehendes Interview mit M. Babel). Sie wird im weiteren Verlauf der Entwicklung der Psychotherapie in China eine wichtige Rolle übernehmen.

**Interview mit Margit Babel**[15]

*FBS: Wann bist du zum ersten Mal nach China gekommen?*

MARGIT BABEL: Ich habe mich 1980 zum ersten Mal beim DAAD vorgestellt und bin im August 1981 nach China gereist, zusammen mit einer Gruppe von Sinologiestudenten, die im Schnitt 10 Jahre jünger waren als ich. Ich hatte die Zulassung zur Beida[16]. Wie schwierig es sein würde, ein Bein in die Psychologie zu bekommen, ahnte ich nicht ...

*FBS: Du warst damals schon fertige Psychologin ...*

MARGIT BABEL: Ich war promoviert und hatte acht Jahre Berufserfahrung als wissenschaftliche Assistentin. Ich wollte eine transkulturelle Studie machen. 1979 war in China die Ein-Kind-Politik eingeführt worden. Ich dachte: Da muss ich hin.

Als ich am Spracheninstitut war – 1981 – rief mich die Botschaft an und sagte: »Kurt Pawlik, der Psychologe aus Hamburg, ist in Peking, und morgen beginnt ein Kongress – der erste internationale Kongress für Psychologie in China. Schau doch, dass du da hinkommst!«

Es gibt ein großes Bild – ich habe es der *Deutsch-Chinesischen Akademie für Psychotherapie* gestiftet –, auf dem alle Teilnehmer drauf sind – ohne mich. Denn ich habe es nicht geschafft – da ich keine offizielle Einladung hatte.

Ich bin bis zum Gartentor gekommen. Bis zum Sicherheitsposten. Ich habe Pawlik gesehen, bei dem ich Diplom gemacht hatte, ihm meine Situation erklärt und ihn um seine Unterstützung gebeten. Er hat alles versucht, aber er hat es auch nicht geschafft – obwohl er einer der beiden Präsidenten der Veranstaltung war.

Dann bin ich krank geworden. Habe den Doktor im Spracheninstitut erlebt, der mich durch fünf oder sechs Lagen Kleidung abgehört hat. Ich sollte dann ins Infektionskrankenhaus, obwohl ich keine Infektion hatte. Mit Mühe habe ich es nach Hongkong geschafft, aber ich wollte und sollte nach einem Monat wieder zurück.

Als ich zurück nach China kam, erhielt ich einen Brief vom Max-Planck-Institut für Psychiatrie in München, in dem mir eine Stelle angeboten wurde. Nach einem Jahr China bin ich deswegen wieder zurück nach Deutschland. Das war meine erste Begegnung mit China. Mein erster Abschied von China, mit dem Gefühl, ich komme nie wieder zurück. Meine Bekannten sehe ich nie wieder. Denn woher sollte ich die Einreisedokumente bekommen? Das war ein Abschied wie von jemandem, der gestorben ist.

## 5.1 Die Wiedererweckung der Psychologie und Psychiatrie

Obwohl der Wiederaufbau der Institute, der Klinik- und Universitätsabteilungen relativ schnell vorangeschritten ist, sind die Vorträge und Diskussionen auf den Kongressen noch weitgehend von den Erfahrungen während der Kulturrevolution bestimmt, d. h., man ist in der Themenwahl und in den Äußerungen aufgrund der politischen und ideologischen Bewertung der Psychologie eher vorsichtig.

Die wichtigste Veränderung der Psychiatrie beginnt 1978 mit dem Auszug der Arbeiter-, Bauern- und Soldaten-Komitees aus den Kliniken. Die medizinische Leitung der Krankenhäuser wird offiziell wieder in die Hände von Ärzten gegeben. Aber die Administration bleibt in der Hand der Partei. Das ist bis heute so in allen Krankenhäusern, die dem Gesundheitsministerium unterstellt sind.

Bis Mitte der 1980er-Jahre gibt es keine der Öffentlichkeit zugänglichen psychiatrischen Lehrbücher. Die medizinischen Studenten an einigen medizinischen Hochschulen besuchen zwar Psychiatrieseminare, aber sie können fachliches psychiatrisches Wissen nur dem nationalen Standardtextbuch »Innere Medizin« entnehmen. Viele andere medizinische Hochschulen bieten gar keine Seminare über Psychiatrie an. Alle Lehrmaterialien in Hospitälern und Institutionen sind als »neibu« klassifiziert, d. h., nur der interne Gebrauch ist erlaubt. Die einführenden Seiten der Lehrbücher sind geprägt von der während der Kulturrevolution üblichen ideologischen Sprache. Sitzungen zwischen Arzt und Patient sind *öffentlich* und nicht wie im Westen als intime Form der Kommunikation definiert. Da jeder Einzelne in den Städten immer Mitglied einer Einheit ist – eines administrativen, sozialen Gebildes – werden eventuelle Klinikaufenthalte von der jeweils zuständigen Einheit, d. h. dem Betrieb, der Universität, der Behörde etc., bezahlt. Sie sind insofern nie nur Angelegenheit der Familie, sondern sie betreffen, zumindest was die Kosten angeht, immer eine übergeordnete Gemeinschaft.

Auf dem Land werden die Kosten für die Gesundheitsversorgung von den Kommunen, den Genossenschaften, übernommen. Die basale medizinische Versorgung ist gewährleistet. Eine Behandlung für psychisch Kranke gibt es, wenn überhaupt, eher für leitende Personen, die zu den Landgebieten in der Nähe der Städte gehören.

Beratungsstellen oder ähnliche ambulante beratende Einrichtungen gibt es zu der Zeit nicht. Der Mut der (zum Teil im Westen) gut ausgebildeten, gerade erst rehabilitierten älteren Wissenschaftler zusammen mit dem Engagement jüngerer Psychiater und Psychologen sorgt aber in den folgenden Jahren dafür, dass die Entwicklung der akademischen Psychologie und Psychiatrie an Beschleunigung gewinnt. Um den Anschluss an die internationale Entwicklung und Diskussion zu forcieren, werden von der WHO (Weltgesundheitsorganisation) ab 1982 Seminare zu den standardisierten westlichen Diagnosesystemen DSM-III und ICD-9[17] abgehalten. Das ist aus heutiger Sicht sicher als ein Aspekt der psychologischen Kolonisierung zu betrachten oder, mit den Worten von Ethan Watters (2010), der »Globalisierung der amerikanischen Psyche«.

1980 besucht ein amerikanischer Psychiater, Arthur Kleinman, die Klinik in Hunan. Er stellt fest, dass Neurasthenie (wörtl. »Nervenschwächen«) in China, anders als in den USA, häufig als Diagnose verwandt wurde. Die Diskussion darüber beherrschte jahrelang die Fachgespräche in China. Wenig beachtet wurde bei dieser Auseinandersetzung, dass in einem Kontext extremer äußerer Kontrolle bei erlebter Hilflosigkeit nur körperliche Beschwerden die Hierarchie außer Kraft setzen und individuelle Freiräume eröffnen können.

Im Jahre 1983 nimmt der praktische Kontakt zwischen deutschen Psychoanalytikern und chinesischen Psychiatern und Psychologen seinen Anfang. Alf Gerlach hat mit seiner Kollegin Elisabeth Troje Chinesisch gelernt und will mit ihr China bereisen. Vor seiner Reise nimmt er Kontakt mit Mo Ganming, dem Präsidenten der Psychiatrischen Klinik von Guangzhou, auf. Es wird ein Fachgespräch vereinbart.

Eine erste Ahnung, dass die chinesische Seite unter »Fachgespräch« etwas anderes versteht, merkt die deutsche Gruppe, als sie in Peking einen Handzettel sieht, mit dem zu einer Tagung »Introduction in Psychoanalytical Psychotherapy« in Guangzhou eingeladen wird und auf dem ihre Namen stehen.

Zu dem angedachten fachlichen Austausch im kleinen Rahmen kommen 150 Psychiater und Psychologen aus den verschiedenen Städten Chinas. Von den deutschen Therapeuten werden Vorträge über die Grundlagen von Psychoanalyse und analytischer Kurzzeittherapie gehalten.

In Wuhan veranstaltet Gerlach zusammen mit drei weiteren deutschen Kollegen[18] 1985 und 1986 Workshops zum Thema »Psychosomatic Medicine«. In diesem Jahr beginnt auch die Zusammenarbeit zwischen ihm und Mo Ganming über die ethno-psychoanalytische Untersuchung der Koro-Epidemie[19] auf der Insel Hainan. Nach dem Tode von Mo Ganming bricht der Kontakt zu China zunächst ab (vgl. das angefügte Interview mit Alf Gerlach).

## Interview mit Alf Gerlach

*MHW: Wie kam es, dass du so früh – 1983 – in China warst?*

ALF GERLACH: Eine Kollegin von mir, Elisabeth Troje, hatte eine Ausstellung über chinesische Kunst gesehen. Ich arbeitete 1983 mit ihr bei der *Psychotherapeutischen Beratungsstelle für Studenten der Abteilung für Psychosomatik und Psychotherapie* an der *Uni Frankfurt*. Sie wollte mit ihrem Mann und vier Kindern Chinesisch lernen *(lacht)*. So eine Art familientherapeutisches Projekt. Sie fragte mich, ob ich mitmache, Chinesisch zu lernen.

*MHW: Wie habt ihr den professionellen Kontakt gefunden?*

ALF GERLACH: Im Ärzteblatt erschien ein Artikel eines chinesischen Gynäkologen. Den haben wir angeschrieben.

*MHW: Mit welcher Zielrichtung?*

ALF GERLACH: Um Kontakt zur chinesischen Psychiatrie zu bekommen. So kamen wir in Kontakt mit Prof. Mo Ganming. Er war Chef der Psychiatrie in Kanton und hatte u. a. in Würzburg studiert. Er sprach fließend Deutsch. Dann kam eine Einladung von ihm, ob wir nicht Vorträge halten könnten.

*MHW: ... zur Psychoanalyse und Psychotherapie?*

ALF GERLACH: Ja, das hat uns auch gewundert. Vor allem über Psychoanalyse. Wir dachten, es wird ein Abteilungskontakt.

*MHW: ... im kleinen Rahmen?*

ALF GERLACH: Das war unsere Vorstellung. Wir hatten ein Reisepaket gebucht über die Deutsch-Chinesische Freundschaftsgesellschaft.

*MHW: Das Reisepaket bedeutete was genau?*

ALF GERLACH: Eine Woche Peking und Shanghai mit Fahrer und Dolmetscher und Transfer nach Kanton. Wir hatten die Idee, wir reisen von Kanton aus dann auf eigene Faust weiter.

*MHW: In Peking hattet ihr keinen professionellen Kontakt?*

ALF GERLACH: Ich hatte, bevor wir losfuhren, das *Chinese Medical Journal* durchgesehen und versucht, einen Überblick über die psychiatrische Forschung zu bekommen. Zum Beispiel gab es epidemiologische Daten. Dadurch hatte ich eine Adresse. Wir trafen einen Pekinger Kollegen und sprachen über Epidemiologie und Sozialpsychiatrie. Plötzlich zog er zwei Seiten heraus – auf Chinesisch – mit unseren Namen. Er entschuldigte sich, dass er nicht nach Kanton kommen könne zu der Tagung.

*MHW: Du warst geschockt nach dieser Nachricht.*

ALF GERLACH: Es war die erste Begegnung mit etwas, was uns später oft passierte.

MHW: *Du meinst: Man hat eine klare Vorstellung davon, dass etwas abgesprochen ist, aber dann trifft man auf eine andere Situation als verabredet?*

ALF GERLACH: Ja, ich wusste nicht, dass die Chinesen etwas anderes draus machen. Später musste ich realisieren, dass Grenzen oft überschritten werden. Dass z. B. Teilnehmerzahlen nicht eingehalten werden usw.

MHW: *War dir klar, dass dies die erste Veranstaltung über Psychoanalyse in China war?*

ALF GERLACH: Nein. Das war nicht klar. Ich hatte zwar sechs Jahre Lehrerfahrung in der Abteilung für Psychotherapie der Uni Frankfurt. Aber wenn mir heute jemand erzählen würde, dass jemand, der gerade die psychoanalytische Ausbildung abgeschlossen hat, in ein fremdes Land geht, wo es keine Psychoanalyse gibt, und dort Vorträge hält, würde ich das als größenwahnsinnig empfinden.

MHW: *Denkst du, es war ganz gut, dass du etwas blauäugig in die Situation in Kanton geraten bist?*

ALF GERLACH: Ja, es war eine Herausforderung. Man muss schon Abenteuergeist haben. China war ein zufällig ausgewähltes Land. Es hätte auch die Türkei sein können. Senegal hatte mich sehr gereizt.

MHW: *Ich war damals in China und hatte von der Veranstaltung gehört. Es gab ja nur eine kleine Gruppe von Psychiatern. Zhang Boyuan, der aus Guangzhou stammt und an der Uni Peking lehrte, war auch dabei.*

ALF GERLACH: Es waren etwa 150 Leute da. Es war ja auch ein Wagnis für die Chinesen. Vielleicht war es auch eine Verkennung. Ich war ja unbekannt.

MHW: *Du hast erst später erfahren, welch historisches Ereignis dies war.*

ALF GERLACH: Ja, ich erfuhr erst später von der Situation der Psychiater und wie viele sich auch in der Kulturrevolution umgebracht hatten in Kanton.

MHW: *Haben sich denn in Kanton mehr Psychiater während der Kulturrevolution umgebracht als in anderen Landesteilen?*

ALF GERLACH: Herr Mo, zu dem ich ein gutes freundschaftliches Verhältnis entwickelte, sagte, 65 Psychiater hätten sich umgebracht. Sie waren abgestellt zum Latrinenputzen.

MHW: *Was ist dir denn noch am meisten in Erinnerung von der Veranstaltung damals?*

ALF GERLACH: Ich fühlte mich auf Abstand gehalten. Wir wollten gerne im gleichen Hotel wie die chinesischen Psychiater wohnen. Wir wären auch mit einfachen Bedingungen zufrieden gewesen. Aber wir waren in einem besseren Hotel untergebracht. Nachmittags wurden wir zu Besichtigungen gebracht. Es gab wenig Diskussion, eher Nachfragen nach den Vorträgen.

MHW: *Worüber habt ihr denn Vorträge gehalten?*

ALF GERLACH: Über »Ich und Abwehr«, »Kurzzeitpsychotherapie«, »Gruppentherapie« und über »Das psychotherapeutische Erstgespräch«.

MHW: *Habt ihr auch die Psychiatrie besucht?*

ALF GERLACH: Ja. Es war der Eindruck maroder Gebäude mit großen Verwahrstationen und mit eisern vergitterten Fenstern. Das Ganze hat einen starken Zwangscharakter ausgestrahlt. Man gab unglaublich hohe Dosen von Chlorpromazin, dem Standardmedikament.

MHW: *Was wurde denn aus dem Kontakt mit Herrn Mo?*

ALF GERLACH: Wir verabredeten, in Kontakt zu bleiben. 1985 waren wir wieder in China, 1986 luden wir ihn zu uns an die Frankfurter Universität ein.

MHW: *Um zu lehren oder mit einem anderen Ziel? Wer war dabei?*

ALF GERLACH: Elisabeth Troje, Wolfgang Leuschner, Bernd Wengler. Wir hielten ein Seminar für Kollegen aus der Provinz Guangdong. Außerdem hielten wir in Wuhan Vorträge über psychosomatische Erkrankungen wie Ulcus ventriculi und Asthma bronchiale. Wir hörten hier zum ersten Mal von der Koro-Epidemie in Guangdong. 1986 kamen dann Prof. Mo und sein Kollege aus Kanton, Prof. Chen in die Psychiatrische Klinik nach Frankfurt. Das wurde von dem Chemie- und Pharmaunternehmen *Hoechst* gesponsert.

MHW: *Wie kam es, dass Hoechst die Reise gesponsert hat?*

ALF GERLACH: Wir hatten die Einladung über Prof. Pflug organisiert, den damaligen Chef der Psychiatrischen Klinik. Herr Mo hielt einen Vortrag über psychotrope Pflanzen in der traditionellen chinesischen Medizin (TCM), und daran war Hoechst interessiert.

## 5.2 Die erste Reise chinesischer Psychiater und klinischer Psychologen nach Deutschland

In der Zwischenzeit hält Margarete Haaß-Wiesegart brieflich den Kontakt zu den chinesischen Psychiatern und Psychologen, die ihr den Einblick in die chinesische Psychiatrie eröffnet hatten. Zusammen mit Ann Kathrin Scheerer setzt sie ihre Idee um, diese Kollegen nach Deutschland einzuladen, um ihnen eine Anschauung von unterschiedlichen psychotherapeutischen Ansätzen und den dazugehörigen Institutionen und Organisationen zu vermitteln.

Diese Reise findet 1985 statt. Teilnehmer sind die Professoren Wan Wenpeng aus Kunming, Zhang Boyuan, Yang Huayu und Shen Decan[20] aus Peking. Besucht werden psychiatrische Einrichtungen in Heidelberg, Wiesloch, Tübingen, Göppingen, Frankfurt, Hamburg und Zürich (nicht zu vergessen einige touristische Abstecher an die Nordsee und in die Schweizer Alpen). Finanziert wird diese Reise von der *Hamburger Stiftung zur Förderung von Wissenschaft und Kultur*.

Das Interesse der chinesischen Besucher gilt vor allem den unterschiedlichen Behandlungsmethoden, der Struktur psychiatrischer Hospitäler und der in Deutschland praktizierten Medikation.

Eine der besuchten Einrichtungen ist die *Abteilung für psychoanalytische Grundlagenforschung und Familientherapie* der *Universität Heidelberg*, wo die Delegation hinter der Scheibe an systemischen Familientherapiesitzungen teilnimmt und anschließend mit den Therapeuten, Fritz B. Simon und Helm Stierlin, diskutiert. Das Vorgehen, das sie beobachten können, ist ihnen vollkommen fremd, aber offensichtlich mit einer gewissen Faszination für sie verbunden. Noch während des Aufenthalts in Heidelberg wird gemeinsam »gesponnen«, wie der begonnene Austausch weitergehen könnte.

Das Modell der Reise, so zeigt sich, ist ein guter Weg, wie Repräsentanten unterschiedlicher Kulturen miteinander in Berührung kommen, sich begegnen und auseinandersetzen können – nur dass man eben nicht Hunderte chinesischer Psychiater nach Deutschland holen kann. Es liegt also nahe, in die andere Richtung zu reisen.

Am Ende, als die beiden deutschen Organisatorinnen und die vier chinesischen Teilnehmer dieser Expedition Bilanz ziehen, ist man sich schnell einig: »Machen wir was in China!«

Wenn man auf das Jahrzehnt nach Maos Tod schaut, so waren die Kontakte zwischen westlichen Psychologen und Psychiatern (nicht nur deutschen) und ihren chinesischen Kollegen nahezu ausschließlich durch persönliche Beziehungen bestimmt und geleitet. In dieser Phase – gewissermaßen der Vorgeschichte – des deutsch-chinesischen Psychotherapieprojekts waren es einzelne Deutsche, die den Kontakt zu einzelnen Chinesen suchten und aufbauten. Sie wussten nichts voneinander, handelten unkoordiniert und auf eigene Faust, jeder nutzte die Möglichkeiten und Bekanntschaften, die er hatte. Wahrscheinlich hatten noch mehr als die hier genannten Personen aus Deutschland in dieser Phase Kontakt mit chinesischen Psychiatern und Psychologen[21], aber wie das bei persönlichen Kontakten generell ja der Fall ist, sie sind an das Interesse der beteiligten Personen gebunden, und wenn diese Personen nicht mehr aktiv werden, erstirbt auch der Kontakt. Jede Nachhaltigkeit der Kooperation ist an ihre Institutionalisierung gebunden.

Deswegen kommt auch dem nächsten Schritt der Entwicklung besondere Bedeutung zu, denn der Kreis der Beteiligten wird nach dieser Reise und nach dem Entschluss, »etwas in China zu machen«, erweitert und die Form der Kommunikation verändert.[22]

## 5.3 Das Symposium in Kunming (1988)

Die Vorstellung, was es sein könnte, das man in China »macht«, konkretisiert sich zunehmend: Eine Tagung zum Thema Psychotherapie könnte einer größeren Zahl von chinesischen Psychologen und Psychiatern eine Idee von westlichen Behandlungsmethoden und Standards der klinischen Psychologie vermitteln. Es wäre die erste Veranstaltung dieser Art in der Geschichte der Volksrepublik China – ein Novum im Feld der Psychiatrie (denn eine klinische Psychologie gibt es zu der Zeit ja noch nicht).

### 5.3.1 Vorbereitung und Planung

Um diese Tagung zu organisieren, wird zunächst wieder gereist. Im Jahre 1987 fliegen Ann Kathrin Scheerer und Margarete Haaß-Wiesegart nach China. In Peking treffen sie Chen Zhonggeng, bei dem Margarete in Peking studiert hatte. Seine Forschungsschwerpunkte sind u. a. Persönlichkeitstheorie und chinesische Medizin. Auch mit Yang Huayu sprechen sie über ihr Vorhaben, eine Tagung in China zu organisieren. Und schließlich besuchen sie auch noch Wan Wenpeng und seine Klinik in Kunming. Die Atmosphäre, die dort herrscht, spricht beide an, und auf dem Rückflug von Kunming nach Peking entscheiden sie – »aus dem Bauch heraus« –, Kunming sei der richtige Ort und, mehr noch, Wan Wenpeng der richtige Kooperationspartner für ihr Projekt.

## 5 Die Symposien

Diese eher einem vagen Gefühl folgende Entscheidung erweist sich als zentral für den weiteren Verlauf des Projektes und, wenn man es bewerten will, für dessen Erfolg. Denn Kunming ist weit weg von Peking und Shanghai, den beiden politischen Zentren, in denen alles, was geschieht, eine politische Bedeutung erhält. Dort wird alles fast zwangsläufig zum Spielball politischer Strategien, Taktiken und Machtspiele, die nichts mit den sachlichen Themen und Zielen zu tun haben, um die es eigentlich gehen soll. Kunming aber ist, wie es das chinesische Sprichwort sagt, »auf hohen Bergen und weit weg vom Kaiser«.

Dass solch ein Symposium überhaupt denkbar wird, liegt an der Bereitschaft der *Hamburger Stiftung*, es zu finanzieren. Später wird auch der DAAD seine Bereitschaft erklären, Geld beizusteuern, aber das ist zu der Zeit noch nicht klar.[23]

Aus der Außenperspektive lässt sich sagen, dass mit der Idee, eine Tagung oder einen Kongress zu organisieren, ein wichtiger Entwicklungsschritt von der bislang eher privaten Ebene des fachlichen Kontaktes zwischen Einzelnen zu einer öffentlichen Form der fachlichen Kommunikation ins Auge gefasst wird. Auch wenn dies wahrscheinlich bei der Planung nicht bewusst kalkuliert war, so haben Kongress oder Tagung ein Format, das in beiden Kulturen, der deutschen wie der chinesischen, institutionalisiert und vertraut ist. Denn Kongresse sind eine Art Organisation auf Zeit. Es gibt Strukturen und Programme, die jedem der Teilnehmer eine mehr oder weniger klar definierte Rolle zuweisen und auf diese Weise seine persönliche Unsicherheit, was er wann wie zu tun hat, reduzieren. Denn wer zu einem Kongress fährt, weiß in der Regel, was ihn erwartet. Der Organisator braucht nicht zu erklären, was er vorhat. Die Tagung oder der Kongress (wie immer man es nennen will) ist eine Veranstaltungsform, die Sicherheit zu bieten scheint, weil jedermann, ob nun Chinese oder Deutscher, die Spielregeln zu kennen meint. Der Rückgriff auf diese in der Fachwelt eingeführte Organisationsform der Kommunikation bietet auch auf der politischen Ebene Sicherheit, da hier keine Abweichung, kein Experiment, keine Revolution o. Ä. geplant wird, sondern nur Anschluss an die »normalen«, nicht weiter der Rechtfertigung bedürfenden, internationalen Gepflogenheiten der Wissenschaften gesucht wird.

All das heißt aber auch: Es wird nun ein Schritt in die chinesische Öffentlichkeit – zumindest die Fachöffentlichkeit – vollzogen, der mit Wagnissen verbunden ist und den es sorgfältig vorzubereiten gilt.

Dass solche internationalen Aktivitäten auch immer von politischen Gremien beobachtet werden, stellt wahrscheinlich einen wesentlichen Unterschied zwischen westlichen Kongressen und dieser speziellen Tagung im China des Jahres 1988 dar.

Nach der Entscheidung für Kunming als Ort des »Deutsch-Chinesischen Symposiums für Psychotherapie« (so der offizielle Titel, den die Veranstaltung später tragen wird) muss beschlossen werden, was dort wie präsentiert werden soll. Klar ist, dass die Methoden, die auf der Deutschlandreise vorgestellt wurden, vertreten sein sollen. Auf Wunsch von Zhang Boyuan kommt noch die *Gesprächstherapie* dazu.

Die Auswahl der Referenten, die eingeladen werden, folgt wieder der Logik persönlicher Beziehungen. »Gesetzt« sind gewissermaßen für die *systemische Familientherapie* Fritz B. Simon[24] und Helm Stierlin, die in Heidelberg an der Geburt der Idee einer Tagung in China beteiligt waren. Für die *Verhaltenstherapie* werden Inge und Arnd Tillmann, ehemalige Kommilitonen von Margarete, eingeladen. Sie sind beide als Spezialisten für Zwangsstörungen bekannt, einer Symptomatik, die in China in den 1980er-Jahren häufig anzutreffen ist. Außerdem haben beide einen Bezug zu China, da Inges Vater Militärattaché an der Deutschen Botschaft in Peking war. Sie schlagen vor, Dr. Schwarz einzuladen, einen der Väter der Verhaltenstherapie in Deutschland, Leiter einer spezialisierten verhaltenstherapeutischen Klinik in Windach. Für die *Psychoanalyse* spricht Ann Kathrin Scheerer Antje Haag, Oberärztin am Universitätsklinikum in Hamburg, an, die sie persönlich kennt. Diese schlägt ihrerseits Margarete Berger vor. Auch sie ist Psychoanalytikerin und gerade als Leiterin der Kinder- und Jugendpsychiatrie nach Eppendorf berufen worden. Fehlt also noch die *Gesprächstherapie*. Angesprochen wird Margit Babel[25]. Sie spricht Chinesisch und war schon vorher, wie bereits erwähnt, Fast-Teilnehmerin des ersten Psychologenkongresses 1980 in China (siehe das Interview auf S. 48). Sie arbeitet am Max-Planck-Institut für Psychiatrie in München und bringt eine Kollegin mit, Frau Rabaioli-Fischer. Heidi Brexendorff, eine deutsche Psychologin und Sinologin aus Heidelberg, die sich zu der Zeit in China aufhält, nimmt als Übersetzerin an dem Symposium teil.

Damit ist klar, wer außer den beiden Organisatorinnen auf deutscher Seite an der Tagung teilnehmen wird. Bleibt die Frage nach den chinesischen Teilnehmern. Hier kommt neben Yang Huayu, Chen Zhonggeng, Zhang Boyuan vor allem Wan Wenpeng ins Spiel und mit ihm sein außergewöhnliches strategisches Talent – aber vielleicht auch nur das, was das chinesische Denken im Allgemeinen charakterisiert: Er kennt alle wichtigen Leute und Einrichtungen im psychiatrischen Feld, und mit etlichen in der Hierarchie des Faches am höchsten stehenden und hohen Respekt genießenden Personen ist er befreundet. Sie schreibt er in persönlichen Briefen an, um das Vorhaben zu erklären und sie einzuladen. Seine Generation ist diejenige, die vor der Kulturrevolution die maßgebenden Wissenschaftler stellte, die an der internationalen Scientific Community orientiert war, Kontakte zum Westen hatte und Englisch sprach. Die meisten waren zum Teil schwer gedemütigt worden, zur Arbeit aufs Land geschickt oder zu untergeordneten Tätigkeiten verdammt worden, und ihre Familien waren schweren Sanktionen ausgesetzt. Jetzt, nach der Rehabilitierung, ist dies die Generation der ca. 60 Jahre alten Psychiater. Wan spricht vor allem diejenigen an, die seiner Einschätzung nach etwas in der Psychiatrie verändern und bewirken wollen. Insgesamt schreibt er 300 Personen bzw. ihre Einrichtungen an.

Da westliche Ansätze in der Psychologie politisch und ideologisch noch immer sehr umstritten sind, geht er damit ein hohes persönliches Risiko ein (von dem die deutschen Referenten und Organisatorinnen sich – wenn überhaupt, dann erst sehr viel später – nur ein unzureichendes Bild machen). Er wirft seinen Namen und seine Reputation in die Waagschale für eine Veranstaltung mit Leuten, die er nur oberflächlich kennt. Er hatte sich erkundigt, kannte einige flüchtig, aber trotzdem: ein Vertrauensvorschuss, der eines Hasardeurs würdig ist. Erst im Laufe der Zeit wird deutlich werden, was diese Veranstaltung für die Chinesen bedeutet.

Eine der genialen Ideen Wans ist, den älteren chinesischen Kollegen und Honoratioren die Rolle der Mentoren und Übersetzer der deutschen Referenten zu geben.[26] Dadurch gibt er beiden Seiten »Gesicht«, d. h. einen hohen Status. Keiner der prominenten und bekannten chinesischen Professoren braucht als einfacher Teilnehmer unter Teilnehmern an der Tagung teilzunehmen. Durch die Übersetzerrolle und den Ehrenstatus bekommt jeder von ihnen die Funktion eines Vermittlers. Er vertritt gewissermaßen die chinesischen Psychiater und Psychologen gegenüber den »westlichen Experten«, und er vertritt die westlichen Konzepte, Modelle und Methoden gegenüber den chinesischen Teilnehmern, denn die deutschen Referenten sprechen sozusagen durch seinen Mund. Was immer die Deutschen sagen, die

Chinesen hören es mit den Worten einer ihrer fachlichen Autoritäten. Ihre Reputation färbt damit zwangsläufig auf die von den deutschen Kollegen vertretenen Inhalte ab. Sie werden dadurch legitimiert. Das Vertrauen gegenüber den Rollenträgern und Autoritäten des eigenen kulturellen und institutionellen Kontextes wird auf die deutschen Experten übertragen und nicht hinterfragt. Zwischen den deutschen Experten und den chinesischen Experten besteht kein hierarchisches Gefälle, gegenüber den Teilnehmern sind sie in der übergeordneten Position, die Aktiven, diejenigen, die etwas präsentieren. Auch wenn in Bezug auf die Inhalte Ungleichheit die Beziehung bestimmt, bezogen auf den Status herrscht Gleichheit.

Diese Komposition dürfte eine der wichtigsten Voraussetzungen für den sagenhaften Ruf, den das Symposium in Kunming später einmal gewinnen sollte, sein. Auf diese sozial sehr sensible Weise wird ein Weg eröffnet, elegant das inhaltlich Neue und Überraschende mit dem formal Alten, der hierarchischen Struktur des professionellen Feldes, der Reputation der alten und erfahrenen Kollegen, zu verbinden.

Dass diese Kollegen durch die Annahme der Rolle des Übersetzers selbst auch ein politisches Risiko eingehen, muss hier ausdrücklich betont werden. Denn zu der Zeit ist es ja noch nicht lange her, dass sie aus politischen Gründen (Psychiatrie war und ist ein politisch brisantes Feld) ihrer Ämter enthoben, gedemütigt oder gar ins Gefängnis geworfen worden waren.

Als Beispiel sei hier Chen Zhonggeng genannt. Er arbeitete aufgrund seiner angeschlagenen Gesundheit als Bibliotheksgehilfe in der Universitätsbibliothek. Aber andere Kollegen traf es härter. In Interviews mit Margarete Haaß-Wiesegart berichteten sie, dass sie aufs Land geschickt wurden. Manche arbeiteten in den ärmsten Regionen Chinas. Die, die Glück hatten, konnten sich ärztlich betätigen, andere waren zur harten Landarbeit eingesetzt. Ein Kollege berichtete, dass seine Frau erst 10 Jahre nach ihrer Landverschickung wieder nach Hause kam. Ein Psychologe erzählte, dass er und seine Frau die Kinder in der Obhut von Nachbarn zurücklassen mussten. Kinder von kritisierten Intellektuellen hatten es besonders schwer. Sie mussten ihre Eltern verleugnen, waren vom sozialen Ausschluss bedroht. Die innere Zerrissenheit führte zu schweren psychischen Belastungen bis hin zum Selbstmord. Nicht alle Ehen hielten dem äußeren Druck stand. Die belastende Erinnerung war bei einigen im Gespräch spürbar nahe.

## 5 Die Symposien

Sie sahen sich nicht in der Lage, über ihre Lager- oder Gefängniserfahrung genauer zu berichten. Aber auch die Rückkehr vom Land Anfang der 70er-Jahre bedeutete für einige eine Fortsetzung von Demütigung und Arbeitsbeschränkung.

Diese Beispiele zeigen, dass die ungeheure Ignoranz der Deutschen wahrscheinlich ein Faktor ist, der zum Erfolg des Symposiums beiträgt. Hätten die deutschen Dozenten geahnt, welche Schicksale ihre Übersetzer erlitten haben und wie die tatsächliche Situation der Psychiatrie in China ist, so hätten sie wahrscheinlich nicht so ungezwungen ihre eigenen therapeutischen Modelle vorstellen können ...

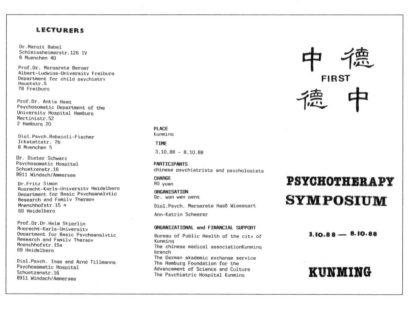

Abb.: *Programm des Symposiums in Kunming (Außenseite)*

Ein weiterer, für den Erfolg der Veranstaltung wahrscheinlich entscheidender Faktor ist ihr Design, das soll heißen: die Arbeitsform. Denn sie weicht von dem ab, was üblicherweise in China bei solch einer Tagung erwartet wird.

Die deutschen Organisatoren und Referenten legen keinen Wert darauf, Vorträge zu halten, wie dies (nicht nur in China, aber auch dort) bei wissenschaftlichen Tagungen üblich ist. Stattdessen wird eine Struktur, bei der Workshops eine zentrale Rolle innehaben, vorgeschlagen. Obwohl dies für China und die chinesischen Kongress-Verantwortlichen ein vollkommen neues Format ist, lassen sie sich schließlich darauf ein. Ziel ist, den Teilnehmern neue Erfahrungen zu vermitteln, statt auf der Meta-Ebene und erlebensfern (d. h. mehr oder weniger langweilig) Daten in Vorträgen zu präsentieren. Mit anderen Worten: Die didaktische Methode soll zu den vermittelten Inhalten passen und sie erfahrbar machen. Denn bei Psychotherapie geht es ja um die direkte Interaktion und Kommunikation zwischen konkreten Menschen und nicht primär um theoretisches Wissen. Solch ein Workshop-Format, bei dem die Teilnehmer gefordert sind, sich aktiv zu beteiligen, statt passiv zu rezipieren, widerspricht der chinesischen Lernkultur bzw. den auch in China gewohnten Strukturen wissenschaftlicher Kongresse. Deswegen ist geplant, auch hier mit Vorträgen zu beginnen, um die Abweichung von den Erwartungen nicht zu groß werden zu lassen.

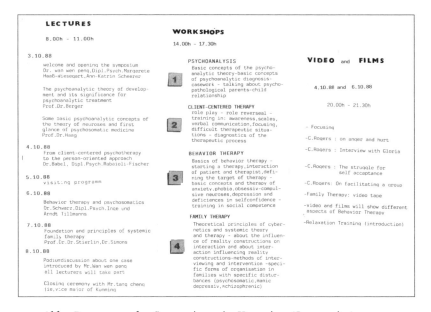

Abb.: Programm des Symposiums in Kunming (Innenseite)

### 5.3.2 Die Veranstaltung

Das Symposium beginnt mit einer formellen Zeremonie, bei der von örtlichen Honoratioren – dem Leiter des Gesundheitsbüros der Pro-

5 Die Symposien

vinz Yunnan, dem Chef des Gesundheitsbüros der Stadt Kunming, dem Repräsentanten der Medizinischen Hochschule – Reden gehalten werden. Nicht nur durch den Inhalt ihrer Reden, sondern allein durch die Anwesenheit dieser Hierarchen wird die Bedeutung der Veranstaltung demonstriert. In China wird solchen Eröffnungsritualen und ihrer Interpretation eine große Wichtigkeit gegeben. Das lokale Fernsehen ist dabei und berichtet in den Abendnachrichten. Der Auftritt der offiziellen Vertreter des Staates signalisiert die politische Akzeptanz des Vorhabens. Und das Ansehen ihrer Ämter, die Stellung innerhalb der Hierarchie, färbt auf das Ansehen der Veranstaltung ab. Insofern haben die chinesischen Organisatoren vor Ort alle Kontextbedingungen dafür geschaffen, die Tagung zu einem Erfolg bei den Teilnehmern zu machen.²⁷

Abb.: Die Eröffnungszeremonie des Symposiums 1988. Insgesamt nehmen mehr als 140 Personen teil. Sie kommen aus nahezu allen Provinzen und autonomen Gebieten Chinas und haben lange Reisen auf sich genommen, um nach Kunming zu kommen. Ein Teilnehmer aus Shihezi, Xinjiang (autonomes Gebiet), ist eine Woche unterwegs.

Die Erwartungen sind also groß, als Margarete Berger in dem Armee-Hotel, in dem die Tagung stattfindet, ihren Vortrag beginnt. Da er konsekutiv übersetzt wird, verzögert sich der Ablauf. Er scheint ewig zu dauern. Kein guter Start. Die chinesischen Organisatoren werden nervös, geraten angesichts der Tatsache, dass der Zeitplan durcheinanderkommt, in Panik.

In einer Pause wird konferiert, wie schnell das Format geändert werden könnte, um der Veranstaltung zum Erfolg zu verhelfen. Wan, der sehr unter Druck steht, schlägt vor, die Workshops am Nachmittag ausfallen zu lassen, damit alle Vorträge gehört werden können. Aber Margarete Haaß-Wiesegart besteht auf den Workshops. Stattdessen wird mit Frau Berger vereinbart, dass sie ihren Vortrag radikal kürzt. Die Zeit reicht, und die Workshops können durchgeführt werden.

Dies ist die entscheidende Weichenstellung während des Symposiums. Die Workshops verhelfen den Teilnehmern zu neuer Erfahrung. Sie sind mit einem Format von Veranstaltung konfrontiert, das sie nicht kennen, das sie aber offensichtlich sehr genießen. Sie müssen arbeiten, sich aktiv beteiligen, in Kleingruppen Fragen diskutieren, die von den deutschen Workshopleitern vorgegeben sind, und den Fokus der Aufmerksamkeit in der Regel reflexiv auf sich selbst, ihre Geschichte, ihr Erleben und dessen Bedingungen, richten. Das hat eine deutlich energetisierende Wirkung. Niemand döst mehr.

Die Übersetzer spielen mit, auch wenn sie gelegentlich nicht das übersetzen, was die deutschen Kollegen sagen – wenn sie z. B. den Sinn einer Aufgabe nicht verstehen. Es ist für sie nicht die gewohnte Form der Didaktik. Doch da Workshops dialogisch organisiert sind, lassen sich derartige Missverständnisse im Allgemeinen aus dem Wege räumen. Denn die deutschen Dozenten, die meist langjährige Erfahrung in der Ausbildung von Psychotherapeuten haben, sind eigensinnig und machen sich wenig Gedanken über den Unterschied zwischen der in Deutschland gebräuchlichen und der in China üblichen Didaktik (»Frontalunterricht«). Sie tun einfach das, was sich für sie zu Hause in dieser Art von Arbeit bewährt hat. Und von den Workshopteilnehmern wird dies mit Begeisterung angenommen. Sie werden in die Innenperspektive dessen, der mit einer Methode oder Sichtweise konfrontiert ist, versetzt und können selbst fühlen, was mit einem Klienten passiert, dem die jeweilige Art der Therapie angetan wird.

Es muss wohl als eine der entscheidenden Leistungen von Margarete Haaß-Wiesegart gewertet werden, in dieser Situation den Konflikt mit den chinesischen Verantwortlichen zu wagen und auf den Workshops zu bestehen. Vor allem Prof. Wan steht unter starkem Druck und tendiert dazu, den vermeintlich sicheren Weg der Vorträge zu wählen. Als die Workshops des ersten Tages sich als Erfolg erweisen, weicht aber auch dessen Nervosität, und ein Klima der neugierigen Spannung breitet sich aus.

Am Familientherapie-Workshop, der von Helm Stierlin und Fritz B. Simon geleitet wird, nimmt auch Zhao Xudong teil, ein junger Arzt, der zur Diskussionsgruppe gehört, die sich regelmäßig mit Wan Wenpeng trifft und sich mit transkultureller Psychiatrie beschäftigt und u. a. Minderheiten in Sichuan und in Yunnan beforscht hat. Er ist von Wan nach der Beobachtung von Familientherapie-Sitzungen in Heidelberg in diese Gruppe gesandt worden. Als sich die Frage stellt, ob sich die vorgestellten Methoden tatsächlich in der Arbeit mit chinesischen Patienten und ihren Familien anwenden lassen, schlagen Helm Stierlin und Fritz B. Simon vor, chinesische Familien zu interviewen. Zhao Xudong, Stationsarzt an der örtlichen psychiatrischen Klinik des 1. Allgemeinen Krankenhauses, das der Medizinischen Hochschule von Kunming angeschlossen ist, lädt zwei Familien zu solchen Gesprächen ein. Sie finden an einem der Nachmittage in einem Durchgangszimmer des Hospitals statt, immer wieder unterbrochen durch Personal, das durch den Raum gehen muss. Die Gespräche werden auf Video aufgenommen. Auf diese Weise können die Sitzungen am Abend den chinesischen Teilnehmern vorgespielt werden.

Die (paradoxen) Interventionen des Therapeuten (Fritz B. Simon) führen zu lebhaften Diskussionen, die bis spät in die Nacht den Teilnehmern den Schlaf rauben (siehe im nächsten Abschnitt die Ausschnitte aus dem Transkript der Sitzung).

In der Plenarveranstaltung wird ebenfalls ein Fall vorgestellt. Die Vertreter der einzelnen Schulen entwerfen ein Behandlungskonzept. Was im Westen noch unüblich ist, der Dialog der Schulen anhand eines Falles, schafft eine weitere offene Atmosphäre. Der offene Dialog unter den Deutschen hat Auswirkungen auf die Diskussionsfreude im Plenum. Die präsentierten Patienten klagen fast alle über Schlafstörungen oder körperliche Beschwerden, d. h. über Symptome, die üblicherweise als organisch verursacht angesehen werden und daher frei von einem eventuellen sozialen Makel sind. Während die älteren Teilnehmer, noch geprägt von ihren Erfahrungen in der Kulturrevolution, vorsichtig agieren, stellen die jungen Teilnehmer offen ihre Fragen.

5.3 Das Symposium in Kunming

Abb.: Die Teilnehmer und Teilnehmerinnen des ersten deutsch-chinesischen Symposiums 1988 in Kunming

Als das obligatorische Gruppenfoto gemacht wird, sind alle, die chinesischen Teilnehmer wie die deutschen Dozenten, einigermaßen inspiriert. Am Schluss der Tagung haben sie das Gefühl, Zeugen eines Neubeginns, der Entwicklung der Psychotherapie in China, gewesen zu sein.

> **Interview mit Xu Youxin**
>
> Xu Youxin ist heute in China einer der bekanntesten Vertreter psychoanalytischer Therapie. Er war einer der Übersetzer in Kunming. Anschließend wurde er zum Mitgründer und 2. Präsidenten des *Committee for Psychotherapy and Counseling* der *Chinese Association for Mental Health*.
>
> *ZX: Wir sind gerade dabei, ein Buch über die Entwicklung der Psychotherapie in China bzw. die Rolle der »Zhong De Ban« dabei zu schreiben. Die Stimme der ersten Generation wollen wir auf jeden Fall darin aufnehmen. Könnten Sie etwas zum kulturellen und historischen Hintergrund sagen?*
>
> Xu Youxin: Am Anfang hatten wir keine Vorstellung, was uns erwartete. Nachher entwickelte sich das Projekt immer mehr in die Tiefe und Breite, sodass es unerwarteterweise schließlich zu einem kontinuierlichen, gut geplanten und langfristigen Projekt wurde. Ausbildungsmethoden wie Supervision, Hausarbeiten usw. waren für uns früher gar nicht vorstellbar.
>
> *ZX: Prof. Wan hat mir erzählt, am Anfang hätte er die größte Angst davor gehabt, dass niemand zum ersten Symposium kommen würde. In der Tat seien die meisten Teilnehmer hauptsächlich zu den berühmten Übersetzern gekommen. Erst nachher hätten sie mit großer Freude gefunden, dass nicht nur die chinesischen, sondern auch die deutschen Experten sehr gut gearbeitet hätten. Er bedankte sich daher sehr für die Bereitschaft und das Charisma dieser Übersetzer, also seiner »alten Freunde«.*
>
> Xu Youxin: Die Deutschen waren leidenschaftlich und seriös bei ihrer Arbeit, und sie hatten eine Vision, weil sie schon an die Zukunft dachten. Das Projekt war tolerant, es konzentrierte sich nicht nur auf eine bestimmte Schule. Für die Chinesen war es sehr leicht zu akzeptieren, dass man unterschiedliche Schulen wie psychoanalytische Psychotherapie, Verhaltenstherapie und Familientherapie auf der gleichen Bühne darstellte.

### 5.3.3 Erstinterview eines deutschen Therapeuten mit einer chinesischen Familie[28]

Bei dem Indexpatienten handelt es sich um einen 17-jährigen Flughafenarbeiter. Bevor er zum ersten Mal allein in die Ambulanz des Hospitals kam, hatte er sich schon in vielen Krankenhäusern – und auch in einigen anderen Abteilungen der Klinik – untersuchen und behandeln lassen. Er war überzeugt, in seinem Körper einen Tumor zu haben, den er durch Ansteckung erworben zu haben meinte. Alle Untersuchungen konnten keine Bestätigung für seine Annahme liefern. Das hatte ihn nur noch ängstlicher gemacht. Er musste sich immer häufiger die Hände waschen, um die verdächtigen, ansteckenden Keime fernzuhalten, und seinen Urin auf Anomalien untersuchen.

Als der behandelnde Arzt, Zhao Xudong, ihn fragt, ob er und seine Familie mit einem deutschen Experten für Familientherapie sprechen möchten, der gerade zu einem Symposium in China sei, sagt er zu. Nur ist er sich nicht sicher, ob sein Vater auch mitkommen wird.

Zu dem Gespräch kommen drei Familienmitglieder: Zuerst erscheinen der Indexpatient (IP) und der Freund seiner Schwester (F) und ca. 30 Minuten nach Beginn der Sitzung die Mutter (M). Der Vater kommt nicht mit.

Ein chinesischer Professor für Psychiatrie, Zuo Chengye (P), dolmetscht das Interview, wobei der behandelnde Arzt, Zhao Xudong (Z), auch ab und zu hilft, weil es zwischen dem Hochchinesisch und dem in Kunming gesprochenen Dialekt Unterschiede gibt.

(Im folgenden Protokoll wird die Bezeichnung »FBS« benutzt, wenn der Dolmetscher ohne große Änderung dolmetscht, was der Therapeut sagt, sonst werden die Aussagen getrennt gekennzeichnet. Wenn auf eine anwesende Person verwiesen ist und aus dem Text nicht ersichtlich ist, wer gemeint ist, so ist jeweils in Klammern benannt, über wen gesprochen wird.)

Nach der höflichen, gesellschaftlich üblichen Vorstellung stellt Fritz B. Simon (FBS) zirkuläre Fragen zur Abwesenheit des Vaters:

FBS (an F): Sie sind der Freund der Familie, speziell seiner Schwester. Was glauben Sie, warum der Vater nicht gekommen ist?
F: Fragen Sie, warum der Vater nicht kommt? Ich bin mir darüber noch nicht im Klaren.
P: Er fragt nicht unbedingt nach der Wirklichkeit, sondern nur danach, was Sie vermuten, warum der Vater nicht kommt.

## 5 Die Symposien

F: Wenn er (der IP) ein Patient ist, sollte er (der Vater) mitkommen.
FBS: Hofft er (der IP), dass der Vater auch kommt? Was glauben Sie?
F: Ich glaube, dass er (IP) hofft, dass der Vater kommen wird.
FBS (an IP): Weiß Ihr Vater nicht, dass wir heute dieses Gespräch führen?
IP: Er weiß es nicht.
FBS: Käme er gerne mit, wenn er es wüsste? Was schätzen Sie?
IP: Es ist schwer zu schätzen. Wenn die anderen kommen, aber er nicht kommt, kann er sich nicht rechtfertigen. Aber trotzdem ist es schwer zu sagen, was er in seinem Herzen denkt. Vielleicht möchte er gerne kommen.
FBS: Glauben Sie, dass Ihre Mutter möchte, dass Ihr Vater auch kommt?
IP: Ja, sie möchte es bestimmt.
FBS: Wie viele Schwestern haben Sie?
IP: Zwei.
FBS: Möchten die Schwestern auch, dass der Vater kommt?
IP: Nein, sie möchten es nicht, weil sie befürchten, dass dadurch Probleme erzeugt würden und wir uns untereinander wieder streiten würden.
FBS: Worüber würden Sie streiten?
IP: Über meine Angelegenheiten, einschließlich meiner Krankheit, und andere Probleme, wie meine Arbeit.
FBS: Befürchtet die Mutter solche Streitereien auch?
IP: Ja. Sie macht sich auch viele Sorgen und versucht immer, meinen Vater und mich zu trennen. Aber zur Therapie zu kommen, ist natürlich eine andere Sache.
FBS: Was erwartet sich Ihre Mutter von den Ärzten?
IP: Seelisch meine Probleme zu lösen, wenn es um psychiatrische Probleme geht.
FBS: Angenommen, dass Sie und Ihr Vater sich hier streiten würden. Was würde die Mutter dann tun? Würde sie sich einmischen und Sie und Ihren Vater trennen, oder möchte sie, dass die Ärzte Sie beide trennen?
IP: Selbstverständlich würde sie uns miteinander versöhnen. Sie kann aber auch nichts machen, wenn es ihr nicht gelingt.
FBS: Sind alle Streitereien von der Mutter versöhnt worden?
IP: Meistens. Aber in der Tat wird jeder hineingezogen.
FBS: Angenommen, Sie hätten 100 Mal gestritten. Wie viele Male würde von Ihrer Mutter, wie viele Male von der ersten Schwester und wie viele Male von der zweiten Schwester vermittelt?
IP: Jeder vermittelt, wenn alle anwesend sind.
FBS (an F): Wann haben Ihrer Beobachtung nach die Beziehungsprobleme angefangen zu entstehen?
F: Schon vor einigen Jahren.
FBS: War die Beziehung früher gut?
F: Früher war es gut, aber ich weiß nicht genau.
FBS: Wann war es ungefähr? Wie alt sind Sie jetzt?

IP: Es begann wohl von der ersten Klasse in der Mittelschule an, ich war ungefähr 12–13 Jahre alt. Ich bin jetzt 17.
FBS: Wie war die damalige Situation? Können Sie sich noch erinnern?
IP: Damals war meine Schulleistung in der Grundschule sehr gut. Ich war in der Regel auf dem ersten oder dem zweiten Platz gewesen. Der Vater freute sich auch sehr darüber. Aber man kann nicht immer an der Spitze stehen. Immer wenn ich eine Note niedriger als 80 Punkte bekam, schlug er mich. Am Anfang hatte ich große Angst davor und nahm das ernst. Von der fünften Klasse an fürchtete ich mich nicht mehr, und er schlug mich auch immer häufiger. Außerdem dachte ich oft daran, dass ich in der Vergangenheit so viel geschlagen wurde, und auch an das Leben als Kind. Als ich klein war, war ich ziemlich frech und spielte gerne mit anderen Kindern im Hof. Aber das Spielen rief normalerweise viele und heftigere Strafen hervor, weil er es am meisten verabscheute, wenn ich etwas anderes tat, als zu lernen. Er wollte mich nur lernen sehen. Als ich in der dritten Klasse der Mittelschule war, begann ich zu rebellieren.
FBS (an F): Das heißt, dass der Vater sein (des IP) Verhalten kontrollieren will? Sind Sie auch dieser Meinung?
F: Ja, richtig.
FBS: Wie reagiert die Mutter in dieser Situation?
F: Sie versucht zu vermitteln, die Streitereien zu vermeiden und ihm davon abzuraten, mit dem Vater zu kämpfen.
FBS: Die meisten Mütter machen es so. Aber nach Ihrer Beobachtung, was meint die Mutter: Hat der Vater oder der Sohn recht?
F: Die Streitereien haben immer bestimmte Anlässe. Moment, ich verstehe diese Frage noch nicht.
(P erklärt noch einmal mit anderen Worten.)
F: Meiner Beobachtung nach steht die Mutter normalerweise in der Mitte, vielleicht eher auf seiner (des IP) Seite. Der Vater ist isoliert. Die Schwestern sind sehr beschäftigt und kümmern sich nicht viel darum. Normalerweise stehen sie auch auf seiner Seite (des IP).
FBS: Aha. Er hat viele Verbündete.
F: Stimmt. Vater ist einigermaßen subjektiv und handelt manchmal unmäßig. Selbstverständlich sind seine Charakterzüge nicht auf einmal geformt worden, sondern wie das ein Meter dicke Eis (das nicht nur wegen eintägiger Kälte gefroren ist). Wenn er (der IP) erkrankt, wird er natürlich geschätzt, weil er der Jüngste in der Familie ist.
FBS: Behandelt der Vater nur ihn so oder die anderen auch?
F: Ich weiß nicht sehr genau. Ich wohne in der Provinz Guangxi und komme nur selten. Meiner Meinung nach ist er nicht immer so, auch wenn er subjektiv ist. Der Vater ist der Herr zu Hause, aber trotzdem ist er nicht immer so.
(IP lacht, während P dolmetscht.)
FBS: Wie heißen Sie?

## 5 Die Symposien

IP: Zen Jun.
P (an S): Zen ist sein Familienname; Jun ist der Vorname, er bedeutet »schön«.
FBS: Aha! »Schön«?! Sehr gut. Wann haben Sie mit der Rebellion, mit den revolutionären Aktionen gegen den Tyrann in der Familie angefangen? Wie reagierte der Vater darauf?
IP: Mit 15 Jahren. Früher schlug er mich. Zu dieser Zeit wusste er schon, dass ich erwachsen war und dass er mich nicht mehr schlagen konnte, daher beschimpfte er mich nur.
FBS: Angenommen, dass Sie keine Krankheit hätten. Wie würde Ihr Vater dann auf Ihren Aufstand reagieren? Würde er Sie nur beschimpfen oder Sie vertreiben?
IP: Immer wenn er in Wut gerät, kann er alles Mögliche tun. Aber nachher, am zweiten Tag, wird er wieder normal, obwohl er mit mir nicht spricht.
FBS: In China gibt es viele junge Leute wie Sie, die erwachsen und selbstständig sind und schon die Familien verlassen haben. Haben Sie auch solche Ideen?
IP: Ja, ich will auch, aber wie kann ich sie verlassen?! Das ist nicht leicht.
FBS: Würde es für Sie leichter oder schwerer sein, die Familie zu verlassen, wenn Sie keine Krankheit bekommen hätten? Was glauben Sie?
IP: Ich verstehe die Frage nicht.
(P erklärt.)
IP: Es gibt keinen Unterschied. Dies ist keine schwere Krankheit. Es ist egal, ob ich krank bin oder nicht.
FBS: Wie reagiert Ihr Vater auf Ihre Krankheit und Ihr rebellisches Verhalten? Weiß er von Ihrer Krankheit?
IP: Er weiß es noch nicht. Er sieht dies nicht als Problem an.
FBS: Wer in der Familie bemerkt Ihre Krankheit?
[Die Mutter (M) kommt jetzt ins Therapiezimmer. Nach kurzer Begrüßung und Vorstellung wird das Gespräch fortgesetzt.]
FBS: Wir haben schon angefangen, mit Ihrem Sohn zu sprechen. Wir haben gehört, dass er Konflikte mit seinem Vater hat und dass Sie immer versuchen, die beiden zu versöhnen. Seine Probleme sind zweierlei – einerseits hat er Angst davor, Krebs zu haben, andererseits hat er Beziehungsprobleme mit dem Vater. Wie betrachten Sie diese Probleme? Welches ist wichtiger?
M: Er ist mein eigener leiblicher Sohn. Ich ernährte ihn, bis er jetzt erwachsen ist. Er ist seit einigen Jahren seelisch depressiv. Vielleicht kann man sagen, dass er eine sogenannte »psychische Depression« gekriegt hat. Davon habe ich ein bisschen Ahnung, weil ich oft die Magazine lese und mich für die Erziehung von jungen Leuten interessiere. Sein Vater ist ein Offizier gewesen, und seine Gedanken sind sehr orthodox. Er hat nur wenig Schulbildung, und zwar lediglich auf dem Niveau der Grundschule. Außerdem ist er nicht in der Stadt aufgewachsen,

sondern auf dem Land. Deshalb hat er keine Ahnung von solchen medizinischen Themen und von der Erziehung von Kindern. Er kann das Verhalten und die Ideen des Sohns nicht akzeptieren, sondern er blickt ihn missbilligend an. In der Tat ist unser Sohn nicht schlecht. Nur, dass er einige Eigenschaften der gegenwärtigen jungen Leute zeigt. Das Problem existiert schon einige Jahre. Dafür kann ich lediglich die Vermittlerrolle spielen. Ich versuche immer zu vermitteln, gleichzeitig leide ich zwischen den beiden Seiten. Ich kann und möchte nicht eine Seite unterstützen, um die andere Seite nicht zu bedrücken. Daher kann ich nicht immer für den Sohn Partei nehmen. Man muss leider zugeben, dass die Atmosphäre in unserer Familie schlecht ist. Das Kind lebt seit Jahren darin und ist dadurch belastet. Das ist eine Tatsache.
FBS: Sein Name ist sehr schön. Wer hat ihm diesen Namen gegeben?
M: Ich.
FBS: Ist es bei Ihnen so, dass der Vater die Art und Weise des Verhaltens in der Armee in der Familie durchsetzen und alle Leute zu Hause kommandieren will?
M (lacht): Nein. So schlimm ist es noch nicht.
FBS: Widersetzt Ihr Sohn sich dem Vater immer?
M: Gewissermaßen schon. Die beiden stehen miteinander nicht auf gutem Fuß.
FBS: Wer ist normalerweise der Gewinner?
M: Sie zanken sich miteinander sehr heftig, aber es dauert nicht lange, sondern geht schnell vorbei. Keiner gewinnt, keiner verliert.
FBS: Wenn alle Damen nicht zu Hause wären, wer würde mehr Chancen haben zu gewinnen?
M: Natürlich würde der Sohn zu kurz kommen. Der Vater hat schlechte bzw. hartnäckige Charakterzüge. Wenn er einen Wutanfall bekommt, neigt er dazu, den Sohn zu prügeln. Der Vater ist körperlich auch sehr stark, der Sohn kann gar nicht als Gegner dienen.
FBS: Jetzt hat er (der Sohn) psychische bzw. Verhaltensprobleme. Wie zeigt er dies zu Hause?
M (dem Sohn): Erzähl selbst den Ärzten!
P: Nein. Bitte erzählen Sie!
M: Im letzten Monat war ich sehr beschäftigt, sodass ich dies gar nicht bemerkt habe.
FBS: Hat der Vater davon auch keine Ahnung? Nur er (der IP) selbst weiß dies?
P (dem IP): Haben Sie nicht mit andern Familienmitgliedern darüber gesprochen, dass Sie Angst vor dem Krebs haben?
M: Das weiß ich schon, aber, aber, (lacht) ich sagte ihm: »Das ist Quatsch. Sind deine Nerven nicht normal?!«
[Anmerkung: In China wird der Satz »Die Nerven sind nicht normal« in der Regel als Schimpfwort verwendet. Hier bedeutet er paradoxerweise, dass

der Sohn nicht verrückt ist, weil er lediglich etwas Verrücktes gesagt hat, was man nicht ernst zu nehmen braucht.]
Z: Er hat es ihr gesagt, aber sie hat die Wichtigkeit nicht erkannt.
FBS: Gibt es zwischen Vater und Mutter auch Streitigkeiten?
IP: Ja, manchmal.
M: Aber immer um die Streitigkeiten zwischen ihnen (dem Vater und dem Sohn). Geht es zu weit, dann lasse ich es auf keinen Fall zu.
FBS (an IP): Nun hat die Mutter schon gewusst, dass Sie ein bisschen krank sind. Wenn dem Vater dies mitgeteilt würde, wie würde er darauf reagieren?
M: Er weiß es nicht.
FBS: Aber wenn er es wüsste?
M: Er würde bestimmt nicht daran glauben.
FBS: Wenn ihm dies aber vom Arzt mitgeteilt würde, wie würde es dann sein?
M: Vielleicht würde er es dann glauben.
FBS: Wäre es dann noch möglich, dass der Vater ihn weiter schlägt?
M: Nein, nicht mehr.
FBS: Würde die Atmosphäre sich zu Hause dann bessern?
M: Ja, vielleicht ist das möglich. Er (der Sohn) ist sowieso der Fokus der ganzen Familie.
FBS: Klar! Er ist eine sehr wichtige Figur!
(M und IP lachen.)
FBS: Ihr Sohn hat eine Krankheit. Natürlich muss sie geheilt werden. Aber das Problem hat beiläufig vielleicht auch einige Vorteile gebracht ...
(M lacht, wirkt etwas peinlich berührt.)
FBS: ... zum Beispiel: Die familiäre Atmosphäre könnte sich wahrscheinlich verbessern.
M: Hoffentlich ist es so.
FBS: Ist er (der IP) sonst ein verantwortungsbewusster Mensch?
M: Ja, ziemlich. Sein Selbstwertgefühl und seine Strebsamkeit sind sehr stark.
FBS: Kümmert er sich auch sehr um die Familie?
M: Ja.
FBS: Er ist inzwischen schon erwachsen. Irgendwann wird er die Familie verlassen. In seinem Alter hat man häufig die Idee, die Familie zu verlassen. Was glauben Sie, was er darüber denkt? Was glauben Sie, welche Auswirkungen es hätte, wenn er die Familie verließe?
M: Die andern wollen nicht, dass er uns verlässt. Ich will es auch nicht, weil er der Jüngste zu Hause ist.
FBS: Möchten Sie nicht, dass er geht?
M: Nein. Er ist noch ziemlich klein. Er sollte in den nächsten Jahren weiter bei uns bleiben.
FBS: Glauben Sie, dass er auch so denkt?

M: Wie könnte er überleben, wenn er nicht so denken würde? Er hat noch keine Fähigkeit, selbstständig zu leben.

FBS: Ökonomisch könnte es natürlich nicht gehen. Aber will er eigentlich weggehen, in seinem Denken, in seinen Fantasien? Was vermuten Sie, bitte?

M: Nach meiner Vermutung will er nicht weg, weil er von Kindheit an sehr scheu ist.

FBS: Wenn er weiter bliebe, was wäre für ihn günstiger: weiter zu streiten oder nicht mehr zu streiten?

M: Selbstverständlich will er nicht mehr streiten. In der Tat hat er selbst auch versucht, mit dem Vater eine harmonische Beziehung herzustellen.

FBS: Nachdem er solche Probleme gehabt hat, könnten diese (neuen) dabei helfen, dass es ihm besser geht?

M (verwirrt): Keine Ahnung. Das ist schwer zu sagen.

FBS: Würde der Vater ihn vertreiben?

M: Nein, nein, nein.

FBS: Gibt es noch die andere Möglichkeit, dass er wegen der andauernden Streitereien selbst von zu Hause weglaufen würde?

M: Nein, das ist unmöglich, weil ich die Streitereien noch verdrängen kann.

FBS: Aha, er ist noch nicht mutig genug. Wie würde es aussehen, wenn er weiter zu Hause bleiben und mit dem Vater streiten würde?

M: Der psychische Druck würde sehr hoch sein.

FBS (an IP): Sie haben einige Probleme erzeugt, was sich wahrscheinlich vorteilig auswirken und bei der Verbesserung der Beziehung mit dem Vater helfen könnte. In Deutschland gibt es auch manche Jungen wie Sie, die normalerweise schön aussehen und von anderen Familienmitgliedern, insbesondere von den Müttern und Schwestern, geschätzt und geliebt werden, sich aber dem Vater widersetzen. Sie alle wollen die Familien verlassen. Aber außerhalb der Familien haben sie auch Probleme. Sie haben zum Beispiel kein Geld. Sie haben Angst davor, zu verhungern, zu sterben usw. Die Ängste können allmählich zu der Angst vor dem Krebs werden. Sie haben Angst vor dem Krebs. Vielleicht hat es auch damit zu tun.

IP: Nein! Nein! Ich habe überhaupt keine solchen Ideen! Weil es ökonomisch nicht geht, würde ich gar nicht so handeln, selbst wenn ich schon so gedacht hätte.

FBS: Das ist lediglich eine Spekulation. Sie kennen sich selbst bestimmt besser als wir, vielleicht haben Sie recht. In Deutschland ist es oft so, dass diese jungen Leute die Demütigungen durch den Vater nicht hinnehmen wollen, sondern dazu neigen, sich als erwachsener Mann statt als kleines Kind zu verhalten.

P (ergänzend): Ich dolmetsche und erkläre Ihnen diese Worte, die Ihnen vielleicht zur Information dienen können. Er (der Therapeut) ist Ausländer und kennt sich in unserer Situation nicht gut aus. Er ist der Meinung, dass Sie schon erwachsen sind und nicht in die Kindheit zurückkehren können und dann sicherlich die Idee haben müssen, von zu Hause wegzugehen, vielleicht so, als ob Sie gar keinen Tag länger zu Hause verweilen wollen. Tatsächlich sind wir Chinesen nicht so, und die familiären Konflikte scheinen auch nicht so grauenhaft wie in den westlichen Familien zu sein.

M: Genau. Eigentlich ist er unser leiblicher Sohn.

P/FBS (zunächst distanzierende Ergänzung des Übersetzers): Er (FBS) hat Folgendes gesagt: Ihre Idee wegzugehen ist so stark, dass Sie sofort mit einem Koffer die Familie verlassen könnten. Aber auf der anderen Seite haben Sie kein Geld, deswegen haben Sie Angst.

P: Er hat es so gesagt. Ob dies stimmt oder nicht, überlegen Sie bitte selbst.

FBS: Sie heißen »Jun«, Sie sehen wirklich auch sehr schön aus. Nun haben Sie die gute Idee gehabt, eine Krankheit zu bekommen, sodass Ihr Vater Sie nicht mehr zu vertreiben wagt, sondern netter behandelt. Dann können Sie ganz sicher, ganz ruhig zu Hause bleiben, bis Sie eine bessere ökonomische Lage haben.

(IP lacht.)

P/FBS (wieder mit distanzierendem Vorspann des Dolmetschers): Er (FBS) hat gesagt: Ihr Vater würde Sie netter behandeln, das heißt, krank zu sein ist eine gute Methode, die Streitigkeiten zu stoppen.

P (lachend): So meint er. Die Symptome können nicht nur völlig von Nachteil sein.

(kurze, sprachlose Pause)

IP (sehr leise an Z): Ist er Psychologe?

Z: Nein, er ist ein Psychotherapie machender Psychiater.

IP: Also. Kein Wunder.

M (ungeduldig, aber höflich): Herr Doktor, wie kann eigentlich seine Krankheit behandelt werden?

FBS: Zur Behandlung kommen Sie immer noch zu den Ärzten, die ihn behandeln. Aber ich schlage vor, dass er weiter krank bleiben soll, weil die Krankheit sein guter Freund ist.

(M lacht.)

IP (den Kopf schüttelnd): Nein! Er hat mich absolut missverstanden! Meine Charaktereigenschaften haben sich in der Tat sehr verändert, seit ich diese Krankheit bekam, und deshalb nehmen die Konflikte noch zu. Beispielsweise konnte ich früher weggehen, wenn er in einen Wutanfall geraten war. Jetzt geht es nicht mehr so, sondern ich will mit ihm streiten.

Z: Meinen Sie, dass die familiäre Atmosphäre noch schlimmer geworden ist, seit Sie erkrankt sind?

M: Genau, – schlimmer!

FBS: Alles hat seinen Preis.

IP (lacht, aber missbilligend): Wenn es diese Krankheit nicht gäbe, wäre es noch besser gegangen. Jetzt habe ich keine Lust mehr, zu dulden und einen Kompromiss zu schließen.

FBS: Aber das ist nur deswegen, weil Ihr Vater sich noch nicht bewusst wird, dass Sie schon krank sind.

IP: Doch, er weiß das. Nur, ich war mir nicht bewusst, dass ich ihm Bescheid sagen sollte, als ich erkrankte. Deswegen möchte ich mich auch nicht an ihn wegen der Lösung meiner seelischen Schmerzen wenden. Ich habe es ihm nie gesagt.

P/FBS (erneut distanzierende Bemerkung des Dolmetschers): Er hat gesagt: Sie sollten sich zu Hause krank zeigen. So müsste die Haltung der anderen sich verändern.

IP: Er (FBS) meint, dass ich so denke. Er liegt absolut falsch. Ich verstehe seine Meinung ganz gut. Er meint, dass ich Vorteile bekomme, weil ich krank geworden bin. In Wirklichkeit ist die Situation aber noch schlimmer geworden, weil ich keine Lust mehr habe, etwas zu tun. Da ich andauernd durch diese Angelegenheit gestört bin, reagiere ich den anderen gegenüber feindselig.

P: Finden Sie das, was er (FBS) gesagt hat, völlig falsch oder nur teilweise falsch?

IP: Was er gesagt hat? Er hat aber noch keine Standpunkte klargemacht, oder?

M: Doch. Gerade das, was die Ärzte eben gesagt haben.

IP: Na ja! Völlig falsch, sogar gerade umgekehrt. Zum Beispiel, er hat gar nicht daran gedacht, dass jemandes seelisches Leid nur von ihm selbst erlebt und nie von anderen verstanden werden kann und dass solche Ideen sogar einem Idioten nicht einfallen könnten, eigenes seelisches Leid gegen das Mitleid von den anderen zu tauschen.

P: Ich habe gesagt, dass seine Meinung von Ihnen lediglich zur Kenntnisnahme benützt werden sollte.

FBS: Lassen wir uns das Gespräch heute hier beenden.

F: Herr Doktor, ich möchte noch fragen: Erstens, was wird passieren, wenn diese Krankheit sich weiterentwickelt? Zweitens, ich denke, dass es natürlich unwahrscheinlich ist, dass die Ärzte hoffen würden, dass jemand erkrankt, um die Familie zu stören. Drittens möchte ich die konkrete Behandlungsmethode wissen.

P: Lassen Sie bitte mich Ihre Fragen beantworten. Ganz unbescheiden möchte ich sagen, ich bin ein sehr berühmter Psychiater im Land, und zwar ein Professor an der Medizinischen Universität Hunan. Merken Sie sich zu Ihrer Erkrankung bitte Folgendes: Erstens wird sich diese Krankheit nie in eine Verrücktheit verwandeln, auch wenn sie sich weiterentwickeln würde. Zweitens, in China behandelt man diese Krankheit einerseits mit Medikamenten und andererseits mit einer Psychotherapie, die für die chinesische Situation zutrifft. Dafür können Sie weiter zu Doktor Zhao kommen. Es handelt sich um eine leichte, heilbare psychische Störung. Das Schlimmste, was passieren kann, wäre lediglich, dass er die Hände wäscht, den Krebs befürchtet oder schlechte Laune hat. Diese Krankheit ist ganz anders als die Schizophrenie – die beiden können sich überhaupt nicht ineinander verwandeln. Es ist ein bisschen ähnlich wie bei den Herzkrankheiten und einer Erkältung. Erkältung ist Erkältung, Herzkrankheiten sind Herzkrankheiten. Sie (seine Krankheit) ist auch nicht zu vererben. Kurz, sie ist heilbar, er kann immer vernünftig bleiben, und es gibt Medikamente dagegen. Zum Beispiel kann man Clomipramin anwenden.

Aber auf der anderen Seite hat er (FBS) auch recht, dass diese Krankheit mit der bedrückenden familiären Atmosphäre zusammenhängt. Es wird durch die Bemühungen aller besser gehen, durch die Ärzte, die Familie und den Jungen selbst. Der Junge ist in der Tat schon nicht schlecht. Die Psychiatrie in Yunnan ist ziemlich gut. Ich kenne den Direktor Li in diesem Krankenhaus und Professor Wan in der Psychiatrischen Provinz-Klinik sehr gut. Aber es reicht nicht aus, nur Medikamente einzunehmen. Man muss noch eine Psychotherapie mitmachen.
[P lässt Z nach der Bitte der Familie den Namen von Clomipramin auf Chinesisch und Englisch aufschreiben, damit die Familie es selbst in Shanghai besorgt.]

P UND Z: Das wäre es für heute. Entschuldigen Sie bitte, dass dieser ausländische Experte gerade erst nach China gekommen ist und sich mit uns Chinesen noch nicht gut auskennt.

ALLE: Danke! Auf Wiedersehen!

Das Interview dauert etwa eineinhalb Stunden. Es »verstört« sowohl die Familie und die an dem Interview beteiligten chinesischen Ärzte als auch die dann beim Symposium das Interview als Lehrmaterial betrachtenden chinesischen Teilnehmer.

Die Haltung der Familienmitglieder bei der zweiten Hälfte ist offensichtlich misstrauisch, weil sie, insbesondere der IP, die angedeuteten Botschaften als unangenehm wahrnehmen. Ob sie nützlich sind oder nicht, ist für sie in dieser Phase der Klienten-Ärzte-Beziehung die zweitrangige Frage, deswegen werden der Dolmetscher und der überweisende Arzt langsam angespannt, sodass sie eigene Interventionen hinzufügen. Der Dolmetscher fängt an, in der »dritten Person« die Aussagen von Dr. Simon zu übersetzen, um sich von ihrem Inhalt zu distanzieren. Er formuliert Sätze wie »Er hat es so gesagt« oder »Solche Worte dienen Ihnen nur als Information«. Zum Schluss entschuldigen sich beide chinesischen Ärzte bei der Familie wegen der möglichen Verletzung und erklären ausführlich die medikamentöse Therapie und die Prognose der Krankheit. Sie wollen die Familie irgendwie trösten und entlasten. Sie handeln so ganz spontan und aufgrund der

## 5.3 Das Symposium in Kunming

gewohnten Vorannahme: »Man darf die Patienten nicht ängstigen und provozieren, sondern sie nur beruhigen und aufklären.«
Aus der Außenperspektive betrachtet, vollziehen sie durch diese absichtliche, korrigierende Intervention ein unabsichtliches »Splitting«. Wenn man davon ausgeht, dass der Patient einen Ambivalenzkonflikt zwischen Autonomiewünschen und Abhängigkeitsbedürfnissen bzw. der Einsicht, dass ein selbstständiges Leben nicht realisierbar ist, durchlebt, so wird durch die Widersprüchlichkeit der deutschen vs. der chinesischen Interpretation der Symptomatologie ein gehöriges Maß an Unentscheidbarkeit über die »wahren« Ursachen der Krankheit in die familiäre Kommunikation eingeführt. Die Frage, ob der Sohn – dessen Leid, wie er selbst sagt, von niemandem verstanden werden kann – eine Wahlmöglichkeit hat, ist nun nicht mehr so ohne Weiteres aus der Welt zu schaffen. Auf die Zuschreibung von Einflussmöglichkeit reagiert der Patient spontan sehr aggressiv, obwohl bzw. gerade weil er offenbar sehr gut versteht, was damit gemeint ist. Eine Deutung, gegen die sich zu wehren ihm wichtig ist … Die Alternative, sich als medikamentenbedürftiger »Kranker« zu sehen, die von den chinesischen Ärzten eröffnet wird, dürfte für ihn in seinem Konflikt mit dem Vater wahrscheinlich auch nicht sehr attraktiv sein.

Die Intervention des deutschen Therapeuten zielt darauf ab, den Kontext des Zwangsverhaltens neu zu markieren, das bisherige Beziehungsmuster zu verstören und die Idee der Individuationsmöglichkeit zu streuen.

Die chinesischen Ärzte schätzen zwar auch den Zusammenhang zwischen der familiären Beziehung und dem pathologischen Verhalten, verstehen darunter jedoch überwiegend eine lineare statt einer zirkulären Korrelation. Ihre Aufmerksamkeit ist immer noch auf die »Krankheit«, auf die »Reparatur« bzw. die Vermittlung in der problematischen Vater-Sohn-Beziehung gerichtet. Diese unterschiedlichen Interpretationen stehen konkurrierend nebeneinander.

Der Verstörungseffekt der Intervention scheint durch die Neutralität erreicht worden zu sein. Im Gespräch kann man spüren, dass sich der Junge ermutigt fühlt, weiter gegen die Autorität des Vaters zu kämpfen, was in China zu der Zeit gefährlich ist. Das kann ein Grund für seine Unruhe sein. Ein anderer Grund für seine Aufregung ist offenkundig die positive Konnotation des Symptomverhaltens, die ihn sofort in eine peinliche Lage bringt. Sie bewegt die Familie, gerade weil sie unerwartet ist. Wenn die Familienmitglieder sich nur wohlfühlen würden, hieße das wahrscheinlich, dass die Therapeuten sich ihrer Sichtweise lediglich anpassen, ohne eine unterschiedliche Perspektive einzuführen.

Aber in dieser konkreten Situation, wo der deutsche Therapeut und die chinesischen Kollegen englisch sprechen und dann erst durch die Übersetzung (ins Hochchinesische bzw. den Dialekt) mit der Familie weiter kommunizieren, kommt die positive Konnotation wahrscheinlich etwas zu schnell, ohne dass die Bedingung dafür – eine tragfähige therapeutische Beziehung – schon hinreichend gegeben ist. Es ergibt sich ein Problem auf der Beziehungsebene: Gesichtsverlust. Der IP schämt sich, weil der Therapeut möglicherweise etwas Wesentliches angedeutet hat. Die chinesischen Ärzte machen sich Sorgen darum, dass die Familie nicht nur nie mehr kommt, sondern womöglich noch propagiert, die Psychiater hätten sich ihnen gegenüber verrückt benommen, was das respektheischende Bild des Arztes schädigen könnte.

Ungefähr drei Monate später kommt der Patient wieder in die Ambulanz. Ein Kollege von Zhao Xudong empfängt ihn. Der junge Mann erzählt ihm, er habe keine Symptome mehr. Er verneint aber jeden Zusammenhang zwischen dem Interview und der Besserung. In Wirklichkeit habe es sich um eine gutartige Geschwulst auf dem Rücken gehandelt, welche durch eine Operation entfernt werden konnte. Wie es weiterging, ist nicht bekannt.

### 5.3.4 Nachwirkungen – erste Institutionalisierungsschritte

Am Ende des Symposiums treffen sich einige der einflussreichsten Teilnehmer mit Margarete Haaß-Wiesegart und Ann Kathrin Scheerer. Unter ihnen befinden sich Xu Taoyuan und Zhang Mingyuan vom *Mental Health Center Shanghai* (Zhang Mingyuan wurde später Vorsitzender der *Chinese Association of Psychiatry*, des einflussreichen Dachverbandes chinesischer Psychiater, und ist zu der Zeit Vizevorsitzender des Chinesischen Behindertenverbandes; seine Unterstützung begleitet das Projekt über Jahre), Wan Wenpeng, Liu Xiehe von der *West China University for Medicine* in Chengdu, Xu Youxin von der *Medizinischen Hochschule Peking*, Yang Huayu vom Anding-Krankenhaus in Peking. Auch Chen Zhonggeng, der bei der Deutschlandreise noch gefehlt hatte, ist trotz seiner angeschlagenen Gesundheit nach Kunming gekommen. Aufgrund des großen Erfolgs wird beschlossen, ein weiteres Symposium zu veranstalten.

Unter dem Eindruck der Aufbruchstimmung des Symposiums überlegen die anwesenden chinesischen Psychiater und Psychologen, in welcher Form sich ärztliche Psychotherapeuten und klinische Psychologen in China organisieren und in das Gefüge der anderen professionellen Organisationen einordnen könnten. Sie beschließen ein »Committee of Psychotherapy and Counseling« im Rahmen der zwei Jahre zuvor (1986) rehabilitierten *Chinese Association for Mental Health* zu gründen. Dieses Komitee nimmt 1990 mit der Vorbereitung des 2. Symposiums in Qingdao seine Arbeit auf. Der erste Präsident wird Chen Zhonggeng.[29]

Zhao Xudong, der junge Arzt, der die zwei Familien zur Konsultation zu dem deutschen Familientherapeuten gesandt hatte, beschließt, nach Deutschland zu gehen, um dort (in Heidelberg) zu promovieren. Er wird ein Stipendium der *Hamburger Stiftung zur Förderung von Wissenschaft und Kultur* erhalten. Dazu muss er zunächst ein Jahr lang einen Sprachkurs in Shanghai an der Tongji-Universität absolvieren. Er promoviert 1993 in Deutschland bei Helm Stierlin an der Universität Heidelberg über »die Einführung der Familientherapie nach China als ein kulturelles Projekt«. Er wird ab diesem Zeitpunkt eine zentrale Rolle im Deutsch-Chinesischen Psychotherapie-Projekt spielen.

Zuo Chengye, der in der Familientherapie übersetzt hatte, ist – trotz seiner deutlichen Distanzierungsbemühungen während der Sitzungen – so beeindruckt, dass er einen jungen Mitarbeiter, Chen Xiangyi, unterstützt, in den USA Familientherapie zu lernen. Auch dieser wird nach seiner Rückkehr eine wichtige Rolle in der deutsch-chinesischen Kooperation spielen. Zuo Chengye hatte selbst in der Kulturrevolution enorm gelitten, war im Gefängnis so gezeichnet, dass er noch Jahre danach nicht darüber sprechen konnte. Er ist zur Zeit des Symposiums Herausgeber des psychiatrischen Referenzjournals, das ausländische Artikel in China veröffentlichte.

Auch einige der deutschen Dozenten beginnen, sich intensiver mit China zu beschäftigen, und nehmen z. B. Chinesisch-Unterricht. Trotzdem: Für die meisten der Dozenten ist dieses Symposium wahrscheinlich nicht mehr als ein interessantes Intermezzo, ein bunter Tupfer in einem ansonsten wenig durch China oder andere interkulturelle Projekte bestimmten therapeutischen Alltag.

Im psychiatrischen Feld Chinas hat dieses »erste« Symposium einen großen Nachhall. Es ist – anders als es ursprünglich aussah – jedoch nicht das erste in der Geschichte Chinas geworden, weil eine politisch sehr einflussreiche Funktionärin in Peking unmittelbar vor dem Kunming-Symposium noch schnell eine WHO-Tagung zum

Thema in der Hauptstadt organisiert. Sie hatte zunächst versucht, die Veranstaltung in Kunming zu verhindern, scheiterte aber am Eigensinn und Beharrungsvermögen Wan Wenpengs.

In Peking oder Shanghai wäre es nicht möglich gewesen, gegen den Widerstand dieser politisch mächtigen Funktionärin das Symposium zu veranstalten. Dass es in Kunming, weit weg von den politischen Zentren, stattfindet, erweist sich hier als strategischer Vorteil, der von den Deutschen nicht bewusst geplant war. Die Resonanz auf das Kunming-Symposium ist riesig. Dies dürfte seine Ursache zu einem guten Teil in der für China ungewohnten Form der Workshops haben. Die Teilnehmer berichten jedenfalls mit großer Begeisterung (und Idealisierung) von ihren Erfahrungen, sodass »Kunming« einen geradezu sagenhaften Ruf erlangt: ein Kapital, mit dem sich anschließend arbeiten lässt.

Aber noch wichtiger ist die Funktion der älteren Psychiater als Mentoren ihrer jungen engagierten Mitarbeiter. Chen Xiangyi wies in der Wasan-Konferenz 2009 darauf hin, dass die anwesenden Psychiater zwar leitende Psychiater in ihren Einrichtungen waren, aber keiner an erster Stelle stand, sondern sie allesamt eher Vizepositionen innehatten (was ihnen politisch größeren Spielraum ließ, da sie weniger unter Beobachtung standen). Alle waren akademisch interessiert und gehörten zur zweiten Generation der Psychiater in China. Viele der heute in China wichtigsten Therapeuten hatten Mentoren aus dieser Generation, die auf diesem Symposium waren: »So war Qian Mingyi's Mentor Chen Zhonggeng, Zhao Xudongs Mentor war Wan Wen Peng, mein Mentor war Zuo Chengye und Xiao Zepings Mentor war Xu Taoyuan. Sheng Xiaochun hat eine tiefgehende Beziehung zu Xu Taoyuan und Liu Keli, Liu Peiyis Mentor war Liu Xiehe.«[30] Ein weiterer Grund für den Erfolg ist die Zusammensetzung der Teilnehmer. Sie kommen aus leitenden Positionen. Andere erhalten gar nicht die Erlaubnis ihrer Einheit zur Teilnahme.[31]

Finanziert wurde das Symposium vom DAAD und der Hamburger Stiftung zur Förderung von Wissenschaft und Kultur.

Die beiden Organisatorinnen des Ganzen haben nach ihrer Rückkehr nach Hause natürlich ebenfalls ihren gewohnten beruflichen Alltag zu bewältigen, aber sie »bleiben am Ball«, d. h., sie halten den Kontakt zu ihren chinesischen Gewährsleuten, um möglichst bald mit der Vorbereitung des nächsten Symposiums zu beginnen.

## 5.4 Das Symposium in Qingdao (1990)

### 5.4.1 Vorbereitung und Planung

Am 4. Juni 1989 kommt es in Peking zu den »Ereignissen am Tian'anmen-Platz«. Die auf diese Weise relativ neutral innerhalb Chinas umschriebenen Studentenunruhen werden niedergeschlagen. Im Herbst dieses Jahres treffen sich Margarete Haaß-Wiesegart und Ann Kathrin Scheerer in Peking mit Wan Wenpeng, Yang Huayu, Zhang Boyuan und Chen Zhonggeng zur Planung des nächsten Symposiums. Wan schlägt Qingdao als nächsten Veranstaltungsort vor. Hintergrund für diesen Vorschlag ist, dass er so einen Weg sieht, aus der Verantwortung für die Organisation der Tagung zu kommen. Er bringt seine Nichte ins Spiel, die in Beijing (Peking) bei der *Academia Sinica* arbeitet. Yang würde das Symposium gern nach Peking holen, aber Wan setzt sich durch.

Doch in die inhaltliche Gestaltung fließen nun mehr politische Überlegungen ein. In der letzten Zeit ist es zu öffentlicher Kritik an der Psychoanalyse gekommen, ihr wird »gelber Einfluss« vorgeworfen. »Gelb« bedeutet hier ursprünglich »erotisch«. Freuds Theorie wurde lange als »gelbe Sache« angesehen, weil er die Wichtigkeit von Sexualität zu sehr betonte. Daher gibt es Diskussionen, ob beim nächsten Symposium (1990) die Psychoanalyse als Methode vertreten sein sollte. Aber die Macht des Staates ist nicht mehr wie vor den Ereignissen am 4. Juni. In der Zeit danach war durch die Staatsorgane von der Bevölkerung verlangt worden aufzuschreiben, wo sich jeder in den Tagen der Unruhen aufhielt. Diese Aktion zielte offensichtlich darauf, dass jeder jeden denunzieren sollte. Doch die Bevölkerung verweigerte sich diesem Ansinnen; ein deutliches Zeichen, dass die Partei ihre Macht zu einem guten Teil verloren hatte. Machtdemonstrationen können ja generell als Zeichen des Machtverlustes verstanden werden, d. h. als Hinweis darauf, dass Macht nicht mehr selbstverständlich als gegeben vorausgesetzt und akzeptiert wird.

Die Stimmung in Peking, aber auch die der potenziellen Organisatoren, ist getrübt und subdepressiv. Trotzdem sind alle entschlossen, das Symposium durchzuführen und auch weiterhin Psychoanalyse anzubieten und den Workshop so zu benennen.

Psychoanalyse wird von den chinesischen Organisatoren als klinische, wissenschaftliche Methode zum Verständnis und zur Behandlung von psychisch Kranken angesehen und nicht als Weltanschauung. Unter diesen Bedingungen das Symposium in Peking durchzuführen, scheint nicht sinnvoll. Organisatoren sollen Feng Liluo, die Nichte Wan Wenpengs, und ihr Mann, Prof. Lin Wenquan, beide von der Academia Sinica, sein. Da das Symposium nicht in Peking stattfinden soll, wird von den Organisatoren dem Vorschlag zugestimmt, Qingdao als Veranstaltungsort zu wählen. Der Präsident der Psychiatrischen Klinik, Dr. Wang Jianyi, hatte sich bereit erklärt, das Symposium zu unterstützen. Die konkrete Organisation wird an einen Bekannten der Organisatoren delegiert. Als Margarete und Kathrin ihn in Peking treffen, trägt er trotz der nächtlichen Stunde eine Sonnenbrille, was sich als nicht förderlich für die gegenseitige Vertrauensbildung erweist.

Auf dem Rückflug beschließen daher die beiden, das Symposium zwar in Qingdao stattfinden zu lassen, aber sie wollen Wan nicht aus der Verantwortung für die Organisation entlassen. Sie schreiben ihm einen Brief mit ihrem Wunsch – und lassen ihm damit letztlich keine Möglichkeit, abzulehnen. Denn nach chinesischen Maßstäben kann er das nicht: Die beiden haben das Geld besorgt und die Dozenten angeworben, sodass er seinen Part weiter beibehalten muss.[32]

Rückblickend lässt sich sagen, dass die Ortswahl wieder aus persönlichen Gründen und aufgrund persönlicher Beziehungen erfolgt. Dies scheint das bekannte, seit Beginn des Projektes praktizierte und bewährte Muster der Entscheidungsfindung (Personen als Entscheidungsprämissen) zu sein. Es wird beibehalten, als die Gründe dafür eigentlich nicht mehr gegeben sind. Jetzt sind es eher die kulturellen Werte, die als Entscheidungsprämissen fungieren und Wan in seiner Rolle halten, auch wenn er sie gern abgegeben hätte. Sie an die Nichte weiterzugeben, ist ein vieldeutiger, wahrscheinlich aus der Ambivalenz geborener Versuch, die Verantwortung abzugeben und zugleich zu behalten. Sie bleibt »in der Familie« (= Nichte), doch da in China zu der Zeit nicht wirklich klar zwischen den Verantwortlichkeiten des einzelnen Familienmitglieds und der Familie insgesamt unterschieden wird, bleibt Wan auch mit der Zuweisung der Organisatorenrolle an die Nichte in der Verantwortung.

Im Vorfeld des Symposiums von Qingdao kam es dann zur Aufnahme der Tätigkeit des in Kunming begründeten *Committee for Psychotherapy and Counseling* der *Chinese Mental Health Association*. Sekretärin wird Qian Mingyi, deren Mentor und Doktorvater Chen Zhonggeng ist.

Die Begründung einer eigenständigen Psychotherapieorganisation ist nicht möglich. Die vorgegebene Struktur ist die *Chinese Mental Health Association*. In ihr sind alle Ärzte zusammengeschlossen, die im psychiatrischen Feld arbeiten.

Die nun geschaffene, neue Sektion ist eine doppelte Neuheit. Erstmals gibt es eine Gesellschaft für Psychotherapie, und ihr gehören Ärzte und Psychologen an. Aber auch die Gründung einer Sektion oder eines »Committees« musste offiziell, d. h. staatlich, genehmigt werden.

### 5.4.2 Die Veranstaltung

Bei Ankunft der deutschen Dozenten (es sind dieselben wie in Kunming) zeigen sich jede Menge organisatorischer Schwierigkeiten. Die Veranstaltung soll im Gästehaus der Roten Armee stattfinden, aber in den Unterrichtsräumen stehen Betten. Als die beiden deutschen Veranstalterinnen darauf bestehen, dass die Betten aus den Zimmern geschafft werden, sind die chinesischen Verantwortlichen vor Ort verärgert. Das ist der erste Zusammenprall. Der offizielle Ansprechpartner in Qingdao ist der dortige Chef der Psychiatrischen Klinik, Wang Jianyi. Er hat keinerlei Idee von psychotherapeutischer Ausbildung. So müssen die Seminare schließlich auf ziemlich unbequemen Hockern abgehalten und abgesessen werden. Außerdem kommen weit mehr Leute als geplant (... der sagenhafte Ruf des Kunming-Symposiums). Dass es sinnvoll sein könnte, die Zahl der Teilnehmer zu begrenzen, ist ebenfalls außerhalb der Vorstellungskraft der lokalen Verantwortlichen in Qingdao.

Abb.: Programm des 2. Deutsch-Chinesischen Symposiums in Qingdao (Außenseite)

## 5 Die Symposien

Das Programm wird aus didaktischen und akademischen Überlegungen verändert: Es soll ein höheres Niveau angestrebt und mehr als nur eine Einführung in die theoretischen Grundlagen der Psychotherapie (wie in Kunming) gegeben werden. Deshalb sollen die spezifischen Methoden in den Mittelpunkt der Aufmerksamkeit gerückt werden. Außerdem sind erstmals Therapie-Livedemonstrationen, Methodendiskussionen und Supervisionen geplant.

Die Eröffnungsveranstaltung folgt zwar wieder den üblichen Ritualen mit Reden der Honoratioren, es wird aber aufgrund der noch nicht lange zurückliegenden »Ereignisse am Tian'anmen-Platz« auf jede Publizität verzichtet, die politisch genutzt oder interpretiert werden könnte. Kein Fernsehen, keine Berichte in der Presse über den Besuch und die Kooperation mit den Ausländern.

Abb.: Programm des 2. Deutsch-Chinesischen Symposiums in Qingdao (Innenseite)

Die Tagung bleibt denn auch frei von politischen Diskussionen. Im Mittelpunkt stehen praktische therapeutische Fragestellungen. Das Klima hat sich in den zwei Jahren seit Kunming insofern verändert, als nun auch Patienten präsentiert werden, die eine größere Variationsbreite psychischer Symptombildungen zeigen, d. h. mehr als nur körperliche Beschwerden und Schlafstörungen. Auch die Offenheit bei der Diskussion individueller Probleme hat zugenommen. Beides mag mit der fortschreitenden wirtschaftlichen Entwicklung in Richtung Kapitalismus zu tun haben. Sie fordert das Individuum zunehmend, löst es aus den früher Sicherheit stiftenden – und die Freiheit einschränkenden – sozialen Bezügen und macht es zur ökonomischen Überlebenseinheit. China befindet sich in einer Übergangsphase, und es ist noch nicht klar, in welche Richtung es sich weiter entwickeln wird. Daher treffen höchst unterschiedliche und widersprüchliche Botschaften und inkompatible Verhaltensweisen aufeinander.

Das zeigt sich auf dem Symposium wohl am deutlichsten bei den öffentlichen Therapie-Demonstrationen (die zwei Jahre zuvor in Kunming noch nicht denkbar gewesen wären). Die Mischung aus örtlichem Ambiente und einem Publikum, das aus einem anderen Kulturkreis stammt und fachlich nur sehr begrenzte Vorkenntnisse hat, sorgt dafür, dass diese Sitzungen einen surrealen Gehalt bekommen. Das zeigt sich besonders gut, als Helm Stierlin und Fritz B. Simon ein Interview mit der Familie eines psychotischen Mädchens durchführen. Die Sitzung findet auf einer Bühne in einem offenbar für ein Fest geschmückten Saal statt, und draußen vor der Tür stehen Ärzte in weißen Kitteln mit Patienten, die alle auch noch behandelt werden wollen. Derweil erklärt auf der Bühne die Patientin, sie sei nicht die Tochter ihrer Eltern, sondern ihre wirkliche Mutter sei Margaret Thatcher ...

Es werden auch noch andere Livedemonstrationen, zum Beispiel von Dr. Schwarz mit einem Angstpatienten, vollzogen, die großes Interesse bei den chinesischen Kollegen finden.

Auch hier stehen Ärzte in weißen Kitteln mit Patienten aus der psychiatrischen Klinik vor der Tür. Dass die theoretischen Hintergründe und methodischen Raffinessen des Vorgehens der deutschen Therapeuten einer größeren Zahl von ihnen durchsichtig und verstehbar werden, darf wohl bezweifelt werden. Dennoch sind die Teilnehmer offensichtlich sehr beeindruckt.

Wieder sind bekannte Psychiater und Psychologen auf dem Symposium die Übersetzer. Und auch diesmal stehen Vorträge auf dem Programm.

Ihre Themen sind eher davon bestimmt, was die deutschen Referenten für wichtig halten, nicht von dem, was aktuell für die chinesischen Psychiater von Belang ist. So spricht Frau Barbara Rabaioli-Fischer über Supervision, was für den Stand der Entwicklung des

Feldes sicher etliche Jahre zu früh ist. Denn wo man keine Vorstellung davon hat, dass die Therapeut-Patienten-Interaktion und -Beziehung besondere Charakteristika, Dynamiken und Tücken aufweist, erscheint auch die Idee der Supervision erst einmal abwegig. Dennoch löst gerade dieser Vortrag viele Diskussionen aus. In Interviews von Margarete Haaß-Wiesegart mit den Teilnehmern wird schnell deutlich, dass jüngere chinesische Kollegen noch andere Gründe sehen für die Schwierigkeiten, Intervisionsgruppen zu bilden, als die Deutschen. Ein Hindernis, sich in Supervisionsgruppen zusammenzuschließen, ist die Hierarchie. In Anwesenheit eines Kollegen in höherer Position äußert sich damals kein Arzt in einfacher Position offen. Professionalität wird generell den erfahreneren Ärzten zugeschrieben, die dann die Falldiskussionen leiten. Eine kollegiale Intervisionsebene liegt daher noch außerhalb der Vorstellung der chinesischen Kolleginnen und Kollegen. Ein weiteres Hindernis ist, dass jeder einzelne Arzt einem Chef als Mentor zugeordnet ist und ihm gegenüber loyal zu sein hat. Noch immer sind Fraktionen und Gruppen, die sich in der Kulturrevolution gebildet haben, in vielen Kliniken aktiv. Man ist also stets Angehöriger einer Seilschaft und kann die Gräben nicht einfach überspringen.

Doch dieses Aneinandervorbeireden zwischen Deutschen und Chinesen stellt offenbar kein Problem dar, da auf diese Weise unendliche, die Nächte kurz machende Diskussionen unter den chinesischen Teilnehmern ausgelöst werden. Auch dieses Symposium wird so zu einer »Begegnung der dritten Art«: Aliens treffen aufeinander und interessieren sich füreinander. Dabei bringen beide Seiten Vorurteile mit, aber da die so vage und wenig konkret sind, behindern sie nicht die Neugier. Die Größe des Unterschiedes verhindert, dass man vorschnell meint, sich zu verstehen. Deswegen sind Rückfragen nicht nur möglich, sondern nötig.

Dafür, dass auch der gesellschaftliche Kontext sich in den zwei Jahren seit dem Symposium in Kunming geändert hat, steht der Mann, der auch bei Tage eine Sonnenbrille trägt und eigentlich die Tagung in Qingdao organisieren soll. Denn nach wenigen Tagen zeigt sich, dass Schmiergelder gezahlt und undurchsichtige Geschäfte gemacht werden. Als Ann Kathrin Scheerer in ihrer Funktion als Vertreterin der *Hamburger Stiftung zur Förderung von Wissenschaft und Kultur,* einer der Geldgeber für das Symposium (der andere ist der DAAD), sich weigert, Korruptionsgelder in Form überhöhter Preise für einfache Organisationsaufgaben des fachfremden Organisators zu bezahlen, kommt es zum Eklat. Die Wiedergutmachung erfolgt, indem sie, Wan und Margarete vom Herrn mit der dunklen Sonnenbrille zu einem opulenten Essen eingeladen werden, bei dem viel Köstliches, was das Meer enthält, aufgefahren wird. Eine typisch chinesische Art der Befriedung. Es ist die Zeit, in der die Korruption in China ihren Aufstieg beginnt. Ganz sicher wusste Fang Liluo, die Nichte von Wan, die sich ja sehr für dieses Symposium und dessen Gelingen eingesetzt hatte, nichts von diesem schwierigen Hintergrund. Da sie jedoch den Sonnenbrillenmann beauftragt hatte, kommt es zu Spannungen in der Familie, die noch lange nach der Veranstaltung die Beziehung zwischen Nichte und Onkel beeinträchtigen und zu einer Entfremdung führen werden. Außerdem wird durch diese Korruptionsversuche die Reputation der Kurse in der Academia Sinica infrage gestellt. China ist zwar groß, aber die Szene ist klein, und Flüsterpropaganda und Klatsch funktionieren wie in einem Dorf.

### 5.4.3 Nachklang

Nach diesem zweiten Symposium werden erst einmal keine weiteren Pläne gemacht. Nach dem obligatorischen Gruppenfoto geht man ohne konkrete Verabredungen für die Zukunft auseinander.

Einige der Teilnehmer treten Studienaufenthalte im westlichen Ausland an, um dort spezifische Methoden zu erlernen. Qian Mingyi geht in die Niederlande, um dort kognitive Verhaltenstherapie zu erlernen. Zhao Xudong, der seinen Sprachkurs in Shanghai absolviert hat, kommt nach Deutschland, um in Heidelberg über Familientherapie zu promovieren. Sheng Xiaochun weilt längere Zeit in Gütersloh, wo er über das sozialpsychiatrische Konzept des Deutsch-Chinesischen Krankenhauses Wuhan promoviert. Der Assistent des Übersetzers des Familientherapie-Seminars in Kunming, Chen Xiangyi, wird von seinem Chef in die USA geschickt, um dort Familientherapie zu lernen. Zhang Shoujie, einer der Studenten von Xu Youxin, fliegt nach Amerika, um dort Psychoanalyse zu lernen (die Liste ist natürlich nicht vollständig).

Zhang Boyuan baut mit einem Team die erste ambulante Beratungsstelle in Peking auf. Das Beratungszentrum wird mit einer Spende der *Hamburger Stiftung zur Förderung von Wissenschaft und Kultur* unterstützt. Er organisiert mit einem Studententeam auch mobile Beratung. Dazu grenzt er mit flexiblen Tuchwänden einen kleinen Platz ab – mitten in der belebtesten Straße in Peking –, um einen privaten Raum zu schaffen. Es ist eine Art Versuchsstation mit großem Erfolg. Dann wechselt er von der Universität Peking in das *National Institute for Mental Hygiene*. Wan Wenpeng initiiert mit Unterstützung der Weltgesundheitsorganisation ein Drogentherapie-Programm in Yunnan. Um dies zu tun, hält er sich mit Unterstützung der Hamburger Stiftung mehrere Monate in Deutschland auf, um hier Behandlungsmethoden und Einrichtungen zu studieren. Er errichtet später die erste Behandlungsstation für Drogenabhängige in Yunnan. Es ist nicht immer leicht, die Abhängigen nicht der Polizei zu übergeben. Als diese Klinik später von der Polizei als Zwangsentzugsklinik benutzt wird, gründet er in Kunming mit Unterstützung von *Daytop*[33] 1992 das erste staatliche Institut für Prävention und Behandlung von Drogenabhängigkeit Chinas.

Wan Wenpeng, im »goldenen Dreieck« zwischen Burma, Laos und Yunnan lebend, beschäftigt sich mit Drogenabhängigkeit zu einem Zeitpunkt, als viele Psychiater in anderen Städten und Verantwortliche in der Administration die Existenz eines sich rasant entwickelnden Problems noch negieren. Er wird wegen dieser Pionierleistung 1994 von ESCAP (Economic Social Council of Asia and Pacific) mit dem »Award of Human Resource Development« ausgezeichnet. Der Preis ist mit 10 000 Dollar dotiert. Bei der Auszeichnungszeremonie in Bangkok, an der Diplomaten aus über 40 Staaten teilnahmen, erklärt er, für viele überraschend, dass er das Geld seinem Institut spenden werde, um Bücher zu kaufen. Zu dieser Zeit, zwischen 1992 und 1994, als er und seine jüngeren Kollegen gerade mit dem Aufbau des Institutes anfangen, verdienen er und seine Kollegen im Institut jeweils ca. 20 Dollar im Monat. Dieses Verhalten steht beispielhaft für Wan Wenpengs Persönlichkeit und Charakter.

Insgesamt sind all diese Aktivitäten Ausdruck einer veränderten Einstellung zu psychischen Problemen und Symptombildungen. Denn bis dahin wurden, beispielsweise, Drogenhändler hingerichtet und Abhängige in Lagern »umerzogen«. Noch Ende der 90er-Jahre befinden sich Tausende in Yunnan in Lagern. Mit der Veränderung der sozioökonomischen Verhältnisse in Richtung kapitalistischer Strukturen ändern sich die Anforderungen an jeden Einzelnen. Wo er in seinem Verhalten bislang weitgehend außengesteuert war bzw. die Anpassung an staatlich vorgegebene Regeln wenig individuelle Freiheit ließ, eröffnen sich nun Möglichkeitsräume. Der Einzelne ist mit der Notwendigkeit konfrontiert, als Individuum seinen eigenen Weg in einer sich rasch wandelnden und weniger Sicherheit bietenden Welt zu finden. Die psychischen Anforderungen ändern sich daher radikal für jeden, und die familiären Beziehungen auch. Die hierarchischen Eltern-Kind-Beziehungen werden infrage gestellt, denn mit der Ein-Kind-Politik wird die Wichtigkeit und Rolle der Eltern relativiert. Die individuelle Symptombildung nimmt zu und verändert sich in ihrem Erscheinungsbild, und der Bedarf an Beratung und Therapie multipliziert sich.

Nach dem Symposium beginnt Xu Youxin über Fraktionen, Institutionen und Therapieorientierungen hinweg Fallsupervisionen in Peking zu organisieren. An manchen dieser Fachbesprechungen nahmen bis zu 200 Ärzte und Psychologen teil.

**Interview mit Prof. Dr. Xu Youxin (Fortsetzung)**

ZX: *Welche Rolle spielen die unterschiedlichen psychotherapeutischen Methoden heute in China?*

Xu Youxin: Die Psychoanalyse hat viele Beiträge zur Entwicklung der Psychotherapie geleistet. Aber ich glaube, dass die beziehungsorientierten Ansätze wichtiger sind. Ich halte die interpersonale Beziehung für den wesentlichsten Faktor der geistigen Gesundheit. Das stimmt insbesondere in China, wo die Eltern-Kind-Beziehung sehr zäh ist.

Ich habe oft sehr schwierige Fälle. Die chinesischen Mütter fragen zum Beispiel oft: »Ist es nicht möglich, das Kind zu kontrollieren?« Sie differenzieren nicht zwischen »Liebe« und »Kontrolle«, was sich auf die Entwicklung des Kindes sehr schädlich auswirkt.

Ich halte dies für ein wichtiges Thema. Ich habe darüber viel gesprochen und geschrieben. Zum Beispiel sprach ich darüber schon im November 1990 bei der Gründungszeremonie des »Chinese Commitee for Psychotherapy and Counseling« der »Chinese Association for Mental Health«.

ZX: *Ihre Gedanken waren uns damals sehr aufschlussreich.*

Xu Youxin: Die Entwicklung ging in den letzten 10 Jahren sehr schnell voran. Ich möchte hier eine Geschichte erzählen: Das ins Chinesische übersetzte Buch »Learning Psychotherapy« von Hilde Bruch war Pflichtlektüre für das 2. Symposium. Ann Kathrin Scheerer unterstützte mich mit 3330 DM, nachdem ich ihr sagte, dass ich es übersetzen möchte, mir aber noch 10 000 RMB[34] für die Veröffentlichung fehlen. Dann habe ich einige junge Kollegen ermutigt, das Buch zu übersetzen. Der jetzige Direktor des Mental Health Institute der Beida[35], Prof. Yu Xin, war einer davon. Ich schrieb auf die erste Seite, dass kein chinesischer Psychiater, mich selbst eingeschlossen, irgendeine

> Ausbildung für Psychotherapie durchlaufen hätte. Wir brauchten sie deswegen dringend.
> ZX: *Das war damals wirklich nicht leicht. Es hat sich inzwischen aber viel geändert. Soviel ich weiß, unterstützt Yu Xin als der leitende Psychiater Chinas die Psychotherapie sehr.*[36]
> XU YOUXIN: Das ist richtig. Psychotherapie ist so wichtig, dass es ganz unmöglich wäre, sie nicht zu unterstützen. Seit der Gründung des Committee for Psychotherapy and Counseling der Mental Health Association im Jahre 1990 war ich zuerst Vizepräsident, dann der Präsident. Mir war immer klar, dass die Aktivitäten, die mit Psychotherapie zu tun haben, keine Unterstützung von Pharmafirmen bekommen würden. Deswegen müssen wir, wie die Deutschen, etwas Nützliches leisten und uns um alle möglichen Unterstützungen kümmern.
> Manche Kollegen glaubten, dass sie sich Psychotherapie selbst beibringen könnten. Oder man behauptete, dass man mit den Patienten in der alltäglichen Arbeit immer schon Psychotherapie gemacht habe. Ich glaube das aber nicht. Es ist sehr unwahrscheinlich, dass man ohne Meister selbst zum Meister werden kann (wie das chinesische Sprichwort sagt: wu shi zi tong). Ich glaube auch nicht, dass die Interviews, wie sie jeden Tag in der Psychiatrie stattfinden, automatisch als Psychotherapie bezeichnet werden können. Auch ich selber brauchte eine richtige »Aufklärungsausbildung«.
> ZX: *Haben Sie noch andere Eindrücke im Umgang mit den Deutschen?*
> Xu Youxin: Ich schätze ihre Mentalität und ihr exzellentes Arbeiten sehr. Damals wollte ich mit den deutschen Kollegen und Kolleginnen nicht zu viel über meine Erfahrungen und Gedanken in der Kulturrevolution reden, z. B. als Margarete Haaß-Wiesegart mich interviewte. Jetzt kann ich sagen, dass die Chinesen und die Deutschen viele Gemeinsamkeiten teilen, und zwar in dem Sinne, dass die beiden Völker zu viel unter Kriegen und Totalitarismus gelitten haben.

Die Erfahrungen in Qingdao sind für die deutschen Organisatorinnen nicht so positiv wie die in Kunming. Die Hamburger Stiftung, vertreten durch Ann Kathrin Scheerer, wird aufgrund der Korruptionserfahrung dem Engagement in China gegenüber zunehmend ambivalent. Margarete Haaß-Wiesegart ist der Meinung, das Projekt solle weitergehen. Es war ja auch in erster Linie aufgrund ihrer Initiative und Aktivität, ihres Investments an Zeit und Energie zustande gekommen, und es wird vor allem von ihr vorangetrieben. Die deutschen Referenten sind zu diesem Zeitpunkt mehr oder weniger Mitläufer, die sich zwar dafür gewinnen lassen, ihre Zeit – unentgeltlich – einzusetzen, um in China Seminare abzuhalten, aber China ist ein Schauplatz unter vielen, auf denen sie tätig sind. Das ändert sich für einige im Laufe der Jahre. Einige gehen für Monate (Antje Haag) oder Jahre nach China (Margit Babel), um dort zu lehren. Aber so weit ist es 1990 noch nicht. Auch die politische Entwicklung – die »Ereignisse am Tian'anmen-Platz«, wie die euphemistische offizielle Formulierung lautet – hat die Begeisterung für China deutlich gedämpft. Dennoch, der Kontakt mit den chinesischen Psychiatern und Psychologen bleibt bestehen. Das Interesse an westlicher Therapie ist ungebrochen.

### 5.5 Das Symposium in Hangzhou (1994)

Die Veranstaltung in Hangzhou ist die letzte ihrer Art. Das steht bereits zu Beginn fest, denn Ann Kathrin Scheerer als Vorsitzende der Hamburger Stiftung hat 1993 nach der vorbereitenden Reise nach Peking und Hangzhou signalisiert, dass die Stiftung nur noch diese eine Tagung finanzieren wird. Sie selbst nimmt am Symposium nicht mehr teil.[37]

An der vorbereitenden Diskussion in Peking haben wieder Wan Wenpeng, Chen Zhonggeng, Yang Huayu teilgenommen. Organisiert wird die Tagung zwar immer noch von Wan Wenpeng, nunmehr aber schon in Zusammenarbeit mit dem *Committee for Psychotherapy and Counseling* der *Chinese Mental Health Association*. In vorderster Reihe stehen hier Qian Mingyi sowie der aus Heidelberg zurückgekehrte Zhao Xudong. Er ist inzwischen promoviert und hat am *1st Affiliated Hospital* des *Medical College* von Kunming das erste Zentrum für Psychotherapie bzw. Familientherapie in der Abteilung für Psychiatrie eingerichtet. Er hat nach seiner Rückkehr aus Deutschland einen Karrieresprung gemacht und lehrt dort jetzt als Professor. Weiter mit im Bunde ist wieder Margarete Haaß-Wiesegart. Sie lädt Doris Biedermann zur Begleitung ein. Diese engagiert sich bis heute in der Organisation deutsch-chinesischer Projekte.[38] Die Klinik in Hangzhou hatte sich um die Durchführung beworben. Die Einladung für dieses Symposium wird von den sehr engagierten leitenden Psychiatern aus Hangzhou übernommen. Es ist auch hier die erste Veranstaltung dieser Art.

5 Die Symposien

Abb.: Programm des 3. Deutsch-Chinesischen Symposiums in Hangzhon

Die engen finanziellen Vorgaben – das Symposium wird diesmal nur von der Hamburger Stiftung zur Förderung von Wissenschaft und Kultur unterstützt – und inhaltliche Verschiebungen zwingen zur Veränderung der deutschen Crew.

Das Format ist unverändert: Eröffnet wird das Symposium durch die Reden örtlicher Würdenträger und hoher politischer Beamter sowie von Wan Wenpeng und Margarete Haaß-Wiesegart, und dann stehen wiederum Workshops im Mittelpunkt. Sie werden durch öffentliche Vorträge und Therapie-Demonstrationen ergänzt. Zum ersten Mal werden auch Sitzungen durchgeführt, in denen ein deutsch-chinesisches Therapeutenteam arbeitet (bei der systemischen Familientherapie: Fritz B. Simon und Zhao Xudong).

Bezüglich der deutschen Dozenten und der gelehrten Methoden ist es zu Änderungen gekommen. Einige der Dozenten der ersten beiden Symposien sind ausgeschieden, und es wird zum ersten Mal Hypnotherapie in China präsentiert (von Dirk Revenstorf). Die Gesprächstherapie ist hingegen gestrichen, und es wird – neben Vorträgen über spezielle therapeutische Themen – die Aufmerksamkeit meist auf die Therapeut-Patienten-Beziehung gerichtet. Außerdem wird ein Vortrag über Kindertherapie gehalten (von Margit Babel).[39] Wieder gibt es Livedemonstrationen, u. a. erstmals in Hypnotherapie.

Die ohnehin exotische Demonstration wird durch die blonde Deutsche, die in Trance versetzt wird, verstärkt.
Im Vergleich zu den vorherigen Symposien ändert sich der Charakter. Bekannte chinesische Psychiater halten nunmehr ebenfalls Vorträge.

| **Lectures** | |
|---|---|
| Zha | Experiences and understanding East West Differences of therapeutic relations from chinese perspective |
| Yang Huayu China | Views on Psychotherapeutic Approaches in present |
| Yan Heqin | Psychotherapy and Chinese Culture |
| Lieb | Who speaks in Therapy? On the role of the person of therapists and Patient in the psychoth. Process |
| Shen Xiaochun | New thoughts in Social Psychiatry |
| Berger | Psychodynamic Theses about Suicide in Adolescense |
| Simon | Roles and Function of the psychotherapists in A therapeutic system |
| Babel | a multidisciplinary intensive programme for asthma affected children and their families |
| **6 workshops** | |
| **Demonstrations** | |
| Revenstorf | hypnosis as unconscious processing |
| Simon, Xiong Wei | a chinese family with psychotic patient |

*Abb.: Vorträge auf dem 3. Symposium in Hangzhou*

Die deutschen Lehrtherapeuten fliegen nicht mehr Business Class nach China, sondern Economy. Dafür erhält jeder der Teilnehmer ein englisches Buch[40]. Am Abend werden Videos gezeigt, darunter ein Vortrag von Aaron Beck und das mit chinesischen Untertiteln versehene Familientherapie-Interview von Fritz B. Simon in Kunming.

Der Vortrag von Margarete Berger über Suizid bei Jugendlichen führt zu intensiven nächtlichen Diskussionen unter den jüngeren Teilnehmern. Lehrvideos werden den Chinesen übergeben.

Was einen rituellen Charakter hat, ist das (während jedes Symposiums abgehaltene) Festessen mit den deutschen Referenten und Honoratioren der Stadt. Dabei werden Geschenke getauscht, Lobreden gehalten und teure Alkoholika ausgeschenkt. Außerdem wird jeweils ein geselliger Abend mit Gesang, grünem Tee und Kürbiskernen

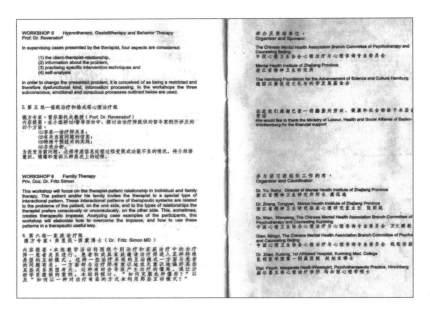

*Abb.: Programm des 3. Deutsch-Chinesischen Symposiums in Hangzhon (Forts.)*

veranstaltet. Dabei zeigt sich, dass deutsche Volkslieder bei den Absolventen der Tongji-Universität bekannt und populär sind. Solche Abende, bei denen auch getanzt wird, haben unter anderem die Funktion, ungeachtet formal-hierarchischer Unterschiede Gleichheit (im »Sängerwettstreit«) zu zelebrieren. Das Gruppenfoto, auf dem alle Teilnehmer versammelt sind und dessen Arrangement einen gewissen Zeitaufwand erfordert, gehört ebenfalls zu den unveränderlichen Bestandteilen jeder Tagung.

Die Evaluation nach der – wiederum allgemein als gelungen bewerteten Veranstaltung – hat als Ergebnis, dass nach den Jahren, wo es um grundlegende Informationen und das Bekanntmachen unterschiedlicher Therapieansätze ging, nunmehr ein Bedarf an einer sorgfältigen, längerfristigen Psychotherapie-Ausbildung besteht. Außerdem zeigt die Analyse der Zusammensetzung der Teilnehmergruppe, dass es zwar eine Zahl von Personen gibt, die über die Jahre an allen Symposien teilgenommen haben, aber für die meisten die Teilnahmemöglichkeit von ihren Einheiten (die ihre Teilnahme finanzieren) als Belohnung oder Incentive für ihre alltägliche Arbeit definiert ist. Das heißt, die Entscheidung über Teilnahme oder Nichtteilnahme der jeweiligen Person ist weniger von sachlichen Gründen und Notwendigkeiten bestimmt als von denen des Beziehungsgefüges und -gleichgewichts innerhalb der jeweiligen Einheit. So werden oft verdiente, ältere Mitarbeiter geschickt, die zwar neugierig sind, aber das, was sie auf den Symposien hören und sehen, aller Wahrscheinlichkeit nach nicht in ihrem eigenen professionellen Alltag einsetzen werden. Andererseits steigt die Zahl jüngerer Teilnehmer, die selbst zahlen.

Um zu entscheiden, wie es weitergehen soll, wird eine Befragung der Teilnehmer mittels einfachem Fragebogen durchgeführt. Viele Teilnehmer bitten um eine fortlaufende Ausbildung.

Noch in Hangzhou wird die Idee einer deutsch-chinesischen Gesellschaft für Psychotherapie geboren. Sie könnte die Trägerin einer solchen Ausbildung werden. Denn ein derartiges Curriculum kann nicht von einer informellen und zusammengewürfelten Gruppe von Therapeuten, die sich zufällig allesamt für China interessieren, durchgeführt werden, wenn es fachliche Anerkennung und Legitimation gewinnen soll. Es bedarf dazu immer einer Organisation, die für die Sicherstellung der sachlich-fachlichen Qualität der Ausbildung die Garantie übernimmt, unabhängig davon, welche Personen als Dozenten tätig werden.

Als Margarete dies Wan Wenpeng vorschlägt, lehnt er zum jetzigen Zeitpunkt ab. Eine offizielle Gesellschaft in China zu gründen, bedeutet politische Kontrolle. Die bisherige Zusammenarbeit ist auf privater Grundlage entstanden, auch wenn bei der Durchführung die örtliche Administration zustimmen muss. So wird eine andere Überschrift für die weitere Zusammenarbeit gewählt, die politisch unverfänglich und gleichzeitig programmatisch ist: »Deutsch-Chinesisches Ausbildungsprogramm« – auf Chinesisch wird der Begriff »Chinesisch-Deutsche Klasse« (Zhong De Ban) zum Programm und Markenzeichen.

**Interview mit Sheng Xiaochun**
Er hat in Hangzhou zum ersten Mal an einem der Symposien als Übersetzer teilgenommen. Nach dem in Wuhan auf Deutsch absolvierten Studium an der *Medizinischen Fakultät der Tongji-Universität* (später umbenannt in Wuhan Medical College) hat er elf Monate in Gütersloh in der Sozialpsychiatrie gearbeitet und schließlich

dort – bei Klaus Dörner – promoviert. Dazu hat er das Schicksal von Patienten und Familien nach ihrem Klinikaufenthalt in Wuhan unter sozialpsychiatrischen Gesichtspunkten untersucht (worüber er in Hangzhou auch einen Vortrag hielt). 1991 hielt er sich einen Monat als Praktikant an der Universität Heidelberg in Helm Stierlins Familientherapie-Institut auf. Er ist seit dem Jahr 2000 einer der chinesischen Lehrer in der Ausbildung in systemischer Familientherapie:

*FBS: Was war deine Rolle in Hangzhou?*

SHENG XIAOCHUN: Ich war eigentlich dauernd in Bereitschaft zu übersetzen und musste das auch. Ich habe ganz viele Übersetzungen in ganz verschiedenen Gruppen gemacht, das war viel Arbeit. Ich sollte Prof. Xu Taoyuan begleiten, und er schickte mich zu jeder Gruppe, um zu schauen, wie die Übersetzungen funktionierten und ob Unterstützung benötigt würde. Wenn es Probleme gab, dann sollte ich einspringen.

Ich habe dann für unterschiedliche Schulen übersetzt. Ich erinnere mich, dass ich zum Beispiel bei einer Abendveranstaltung, bei der Dirk Revenstorf eine Hypnoseinduktion bei einem Patienten vornahm, übersetzt habe. Ich musste Wort für Wort seine Anleitung wiederholen, so wie er es machte – und es wirkte.

Ich weiß noch, dass ich den ganzen Tag übersetzt hatte, und die Abendveranstaltung sollte um sechs beginnen. Um vier sagte ich Margarete, dass ich nicht mehr könne und ich gern zwei Stunden schlafen würde. Sie sagte, ich solle Pause machen, wenn ich das brauche. Aber in der Zeit konnte ich gar nicht schlafen. Immer wenn ich die Augen zumachte, sah ich die verschiedenen Gesichter, unterschiedliche Buchstaben, es war wie Halluzinationen ... Es war insgesamt also ganz hart.

*FBS: Es muss ein unheimlicher Stress gewesen sein. Denn alle, die du übersetzt hast, haben ja durch deine Stimme gesprochen.*

SHENG XIAOCHUN: Ja, es waren Vorträge, Seminare, Selbsterfahrungssitzungen, Supervisionen, einfach alles. Wenn irgendjemand irgendwas wollte, eine Initiative ergriff oder einen Anspruch anmeldete, dann war ich da.

Damals war ich noch jung: 29 Jahre.

*FBS: Harter Job, große Anforderungen an dich ...*

SHENG XIAOCHUN: Ja, aber ich war begeistert. Es war ja auch eine große Ehre für mich. Ich wurde gebraucht.

## Interview mit Liu Dan

Sie war Teilnehmerin am Seminar für Systemische Familientherapie des Symposiums in Hangzhou als Doktorandin von Chen Zhonggeng. Sie ist jetzt eine der chinesischen Dozentinnen für Familientherapie, die inzwischen sehr viel Lehrerfahrung gesammelt hat.

*FBS: Lass uns auf den Weg »von der Schülerin zur Kollegin« – wie du es genannt hast – schauen, den du im Laufe dieses Projektes beschritten hast: dein erster Kontakt damit war in Hangzhou? Wie warst du da hingekommen?*

LIU DAN: Mein Tutor und mein Lehrer sprachen darüber. Ich bekam die Einladung vom Psychologie-Department. Ich hatte gerade meinen Mastergrad erworben und war Doktorandin. Ich hatte meine Arbeit in der Studentenberatung begonnen, aber ich hatte kein richtiges Training dafür.

Als ich mein Studium beendete, war das Beratungszentrum gerade in Planung. Ich war von Anfang an daran beteiligt. Die Universitätsstudenten brauchen viel Hilfe, haben viele Konflikte.

Als ich von dem Training hörte und da hinwollte, hat mein Chef gesagt: »Ja, da kannst du hin, aber ich habe kein Geld, das zu bezahlen!«

*FBS: War die Teilnahme am Symposium denn sehr teuer?*

LIU DAN: Ja, denn die Einheit zahlte nicht. Du musstest hinfliegen an die verschiedenen Orte usw.

Ich habe also beschlossen, das selbst zu bezahlen, da es das war, was ich wollte.

So kam ich nach Hangzhou in deine Gruppe. Familientherapie war für mich vollkommen neu.

*FBS: Wurdest du der Gruppe zugeteilt oder hast du sie ausgesucht?*

LIU DAN: Ich habe sie gewählt.

*FBS: Es war ja wahrscheinlich ziemlich fremd für dich, was da geschah. Was waren deine Gedanken dazu?*

LIU DAN: Ich erinnere mich, dass eine Kursteilnehmerin jedes Wort von dir mitgeschrieben hat und nach ihrer Rückkehr nach Peking ein Paper über die Technik der systemischen Familientherapie veröffentlicht hat.[41]

Ich habe nicht so sehr auf die Technik geachtet. Mich haben andere Dinge angezogen. Ich habe das Bild vor mir, wo ihr, du und Dr. Zhao, etwas auf das Plakat an der Wand schreibt. Die

Vorlesung ist nicht sehr durchorganisiert, aber es passiert etwas Gemeinsames, ganz automatisch. Manchmal macht ein Teilnehmer eine Bemerkung, und du nimmst sie auf und knüpfst daran an ...

Ich mochte das sehr. Es passierte alles tatsächlich gerade – nicht nur im Kopf. Es war eine Verbindung zu dem, was hier und jetzt passierte, und nicht nur zu dem in der Vergangenheit oder der Zukunft.

Mein Vater und die ältere Generation leben nur in der Vergangenheit. Sie sind voll von Regeln. Sie müssen immer Regeln folgen, und sie sagen nur, was »richtig« ist, gut vorbereitet.

Was im Workshop geschah, war lebendig, es sprudelte wie eine Quelle. Es war eine neue, verblüffende Struktur für mich, die sich entwickelte – ohne die alte. Diese Atmosphäre war für mich sehr attraktiv. Wenn man so lehren kann, wenn man so leben kann ...

Es war vollkommen neu für mich. Es gab mir das Gefühl: Ich kann diesen Weg gehen, eine neue Möglichkeit. Nicht nur im Therapieraum, sondern im Leben. Es ist ein ganz anderes Sprachsystem, aufgrund einer vollkommen anderen zugrunde liegenden Philosophie.

Zu der Zeit kannten wir diese Philosophie in China nicht. Es gab einen Schnitt in der Geschichte. Als ich in der Schule war, haben wir keine traditionellen Autoren und ihre Werke gelesen. Wir haben nur gelernt, sie zu kritisieren – Konfuzius und die anderen alten Schriften.

Meine Eltern haben während der Kulturrevolution viele berühmte Bücher verbrannt. So kam es, dass wir abgeschnitten waren von der faszinierenden alten Philosophie. Das Tor zu unserer eigenen Kultur war verschlossen. Dafür wurde die Tür zum Westen geöffnet.

Nun brachtest du wieder einiges von unserer Philosophie zurück. Das ist komisch.

*FBS: Ich erinnere mich, dass ich – schon in Kunming – immer wieder Bezug genommen habe auf Ähnlichkeiten zwischen systemtheoretischen Modellen und traditionellem chinesischem Denken, wie es etwa im Daoismus gelehrt wird. Aber ich habe immer nur – mit ganz wenigen Ausnahmen – vollkommenes Unverständnis geerntet. Die meisten haben nicht gewusst, wovon ich rede.*

LIU DAN: Es war nicht so, dass du etwas Neues gebracht hast, sondern wir sind wieder in Verbindung getreten zu etwas, das immer da war.

> Dieses Jahr, beim Frühlingsfest, hatte ich ein Gespräch mit meinem Vater. Es war das erste Mal, dass er über seine erste Liebe sprach. Es ist 60 Jahre her, er konnte wieder darauf Bezug nehmen. Das meine ich mit »wieder in Verbindung treten«. Es war immer da.
> Meine Mutter starb vor sechs Jahren, und ich hatte nicht vor, über ihre Beziehung zu sprechen. Es passierte einfach. Er sagte einiges voller Emotionen über die Vergangenheit. Ich bin jetzt 43 Jahre alt. Die Kulturrevolution begann vor 44 Jahren. Es sind fast 50 Jahre, dass wir isoliert waren, ohne Vergangenheit, voller Angst. Und nun, langsam, fühlen wir uns sicher oder stark genug, um über die Vergangenheit zu sprechen. Die Umwelt hat sich sehr geändert.
>
> FBS: *Sie war bedrohlich ...*
>
> LIU DAN: Ja, noch als ich zwanzig war und wir in der Familie über irgendeinen hochgestellten Offiziellen sprachen, hörte ich: »Psst, sprich leiser!«
> Nun ist es sicher genug für die meisten Chinesen, darüber zu sprechen.
> Ich habe heute das Gefühl, dass ich das alles integriert habe. Dass ich mir selbst nähergekommen bin.

## 5.6 Der Wandel der Entscheidungsprämissen

Wenn man, wie vorgeschlagen, mit einer organisationstheoretischen Brille auf das knappe Jahrzehnt zwischen der ersten Reise der vier chinesischen Psychiater und Psychologen nach Deutschland (1986) und dem dritten Symposium in Hangzhou (1994) schaut, so zeigt sich eine Entwicklung von der Orientierung an Personen hin zu einer zunehmenden Bildung von Organisationen, oder theoretisch formuliert: ein Wandel der wirksam werdenden Entscheidungsprämissen – von *Personen* (den beteiligten Individuen mit ihrer persönlichen Motivation für die Kooperation) zu *Programmen* (z. B. der Form der Tagung, die als Mischung aus Zweckprogramm und Konditionalprogramm zu verstehen ist) und schließlich der *formalen Struktur* (der Gründung von Organisationen mit internen Hierarchien bzw. Rollen und Funktionen). Dabei wurden von Beginn an – unvermeidlich – informelle Strukturen genutzt, während die unterschiedlichen deutschen/chinesischen kulturellen Spielregeln und Erwartungen einen Kontext bildeten, von den Verantwortlichen – bewusst oder unbewusst – mit in

## 5 Die Symposien

Rechnung gestellt und in die jeweiligen strategischen und taktischen Überlegungen einbezogen wurden.

Zunächst waren es die persönlichen Beziehungen von Margarete Haaß-Wiesegart und Ann Kathrin Scheerer, den beiden DAAD-Stipendiatinnen im nachkulturrevolutionären Peking: Margaretes zweiter Studienaufenthalt, der die Beziehungen zu vier oder fünf chinesischen Psychiatern und Psychologen aus dem früheren Aufenthalt festigte und neue Kontakte knüpfte. Durch den Kontakt von Ann Kathrin Scheerer zur *Hamburger Stiftung* wurde möglich, was den beiden als Privatpersonen aufgrund mangelnder finanzieller Ressourcen nicht möglich gewesen wäre: die Einladung dieser persönlichen Bekannten nach Deutschland. Auch zu den besuchten Einrichtungen und Personen bestanden persönliche Beziehungen der Organisatorinnen.

Hier fanden die chinesischen Besucher aufseiten der besuchten Einrichtungen eine große Offenheit und die Bereitschaft, sich von den chinesischen Kollegen »in die Karten schauen« zu lassen. Dies entspricht allgemein anzutreffenden wissenschaftlichen und professionellen Gepflogenheiten im Umgang mit internationalen Kollegen, die erfahrungsgemäß dann besonders gern realisiert werden, wenn Kollegen aus sehr fernen Ländern zu Besuch kommen.

Mit der bei dieser Reise entstandenen Idee der Symposien wurde ein Schritt in Richtung Institutionalisierung der professionellen deutsch-chinesischen Beziehungen vollzogen. Allerdings waren die Symposien immer noch sehr von persönlichen Beziehungen und dem persönlichem Engagement der Beteiligten – der chinesischen und deutschen Organisatoren, der deutschen Dozenten, vor allem aber auch der Geldgeber auf deutscher Seite: Hamburger Stiftung und DAAD – abhängig. Analoges galt auch für die chinesische Seite. Die psychiatrischen Einrichtungen in Kunming, Qingdao und Hangzhou, aber auch die Academia Sinica und die Universität Peking gaben den chinesischen ärztlichen und psychologischen Organisatoren Unterstützung. Aufgrund der Tatsache, dass die Stiftung und der DAAD involviert waren, wurde aus der Privatinitiative eine halböffentliche Veranstaltung.

Auf der chinesischen Seite wurden die Aktivitäten von den lokalen Behörden unterstützt, ohne dass diese sich inhaltlich einmischten.

Bei der Gestaltung des Symposiums in Kunming konnten Programme abgearbeitet werden, denn es gibt – kulturübergreifend – Schemata und Erfahrungen, welche Kommunikationsformen für welche Zwecke sinnvoll sind. Will man z. B. alle Teilnehmer auf dasselbe Thema fokussieren, bietet sich eine Plenarveranstaltung an; will man jeden Einzelnen involvieren, so ist ein Workshopformat von Nutzen. Hier stellte die Schwerpunktsetzung auf selbsterfahrungsbezogene Seminare einen Kulturbruch dar. In China, wo Lehre bis dahin streng hierarchisch im Sinne einer dozierenden Autorität (aktiv) auf der einen Seite und eines aufnehmenden Auditoriums (passiv) auf der anderen Seite komplementär strukturiert war, stellte das Angebot, sich aktiv einzubringen und nicht nur Fragen zu stellen, sondern neue Erfahrungen in Übungen zu machen, eine paradoxe Intervention dar. Die Autoritäten (»ausländische Experten«) forderten etwas, das der autoritären Struktur (Erwartung) zuwiderlief und irritierend wirkte. Eine Irritation, die von den Teilnehmern offenbar als belebend erfahren wurde.

Die erste organisatorische Konsequenz, die unmittelbar aus dem Symposium in Kunming resultierte, war die Gründung der *Sektion Psychotherapie und Beratung* (Committee for Psychotherapy and Counseling) der Chinese Mental Health Association. Dadurch, dass – nach langen Diskussionen unter den chinesischen Kollegen über die nützlichste Strategie – beschlossen wurde, keine eigene, neue Organisation zu gründen, was zu diesem Zeitpunkt auch politisch kaum möglich gewesen wäre, sondern sich einer bereits etablierten und anerkannten Organisation anzuschließen bzw. sich in sie ein- und damit auch ihr unterzuordnen, wurden die bereits bestehenden Mitgliedschaften und Beziehungsnetzwerke nutzbar. Politische Auseinandersetzungen um Einfluss wurden auf ein Minimum reduziert, und es konnten Sachfragen in den Vordergrund gestellt werden. Die Spaltung zwischen organmedizinischen Psychiatern auf der einen Seite und psychologisch orientierten Psychotherapeuten – wie es sie in Deutschland und vielen westlichen Ländern gibt – wurde so nicht schon durch die Organisationsform nahegelegt. Psychotherapie wurde in die medizinische Ordnung und Hierarchie eingefügt. Eine andere Möglichkeit hätte es auch nicht gegeben. Private Organisationen gab es nicht. Psychologen begannen erst mit dem Wiederaufbau ihrer Wissenschaft. Die lokalen Komitees der politisch rehabilitierten Gesellschaft für Psychologie waren überwiegend mit Ärzten besetzt, die z. T. auch therapeutisch arbeiteten. Bis heute gibt es kein Gesetz, das den gesetzlichen Status von Psychologen als Mitarbeitern im medizinischen Sektor regelt.

## 5 Die Symposien

Ein Aspekt, der aus deutscher, berufspolitischer Sicht bemerkenswert erscheint, ist, dass bei diesen Symposien jeweils eine Gruppe deutscher Therapeuten unterschiedlicher Schulen miteinander kooperierten, die in Deutschland damals nur selten auf irgendeiner gemeinsamen Tagung aufgetreten wären oder hätten auftreten können, schon weil es kaum derartige schulenübergreifende Veranstaltungen gab. Die Spaltung des Feldes in fast feindlich zu nennende Schulen in Deutschland wurde nicht mit nach China exportiert. Dafür dürfte in erster Linie verantwortlich gewesen sein, dass die deutschen und chinesischen Organisatoren psychotherapeutisch verfügbares Wissen in China vermitteln wollten und nicht nur das einer einzigen Schule. In zweiter Linie, dass man gemeinsam auf Reisen war, was ein persönliches Kennenlernen förderte und Beziehungen wachsen ließ. Zudem bewegte man sich nicht auf heimischem Territorium, und es ging nicht um das Abstecken von Claims (wie zu Hause). All dies beseitigte die Unterschiede und Gegensätze methodischer und ideologischer Art zwar nicht, erleichterte aber die gegenseitige Duldung. Damit soll beschrieben sein, dass es weder zu fachlichen Streitigkeiten – schon gar nicht öffentlich – noch zu Annäherungen kam. Fachliche Themen blieben, um des lieben Friedens willen, ausgeklammert, und man behandelte sich innerhalb der Gruppe der deutschen Dozenten – wie immer sie aktuell zusammengesetzt war – in Bezug darauf mit mildem Desinteresse. Eine Art der (chinesischen?) Konfliktvermeidung, die gut funktionierte. Stattdessen machte man Ausflüge miteinander und teilte die überraschenden Erfahrungen im Umgang mit den Menschen einer fremden Kultur (z. B. mit Seminarteilnehmern).

Aus der Perspektive der chinesischen Teilnehmer war diese Art des »Teamworks« der deutschen Expertengruppe ein bewundertes Vorbild dafür, dass Fachleute gut zusammenarbeiten können. Die chinesischen Kollegen sahen nur den »typisch deutschen Arbeitsstil« – kooperativ, ordentlich, pünktlich, höflich, zuverlässig. Sie ahnten meistens gar nicht, dass es unter den therapeutischen Schulen Streitereien gab. Ganz zufällig hat die Kombination unterschiedlicher Schulen die Nebenwirkung gehabt, dass eine positive Projektion der Chinesen, die bekanntlich eine gewisse Vorliebe für Harmonie haben, induziert wurde. Sie betrachteten Psychotherapie aus Deutschland zunächst als ein einheitliches, integriertes Gebiet.

Das Ende des dritten Symposiums markierte das Ende der überwiegend personenorientierten Phase. Der Bedarf nach einer systematischen Psychotherapieausbildung in China war offensichtlich. Er ergab sich nicht nur aus den Rückmeldungen der Teilnehmer, sondern auch aus dem Anwachsen individueller psychischer Probleme bei der chinesischen Bevölkerung, die mit den traditionellen Mechanismen der chinesischen Gesellschaft nicht mehr bewältigt werden konnten. Wollte man aber eine Ausbildung anbieten, wäre es notwendig, über Organisationen und Strukturen zu verfügen, die unabhängig von einzelnen Personen die Durchführung solcher Curricula sicherstellen. Derartige Organisationen – vergleichbar mit den diversen Ausbildungsinstituten, die in Deutschland meist für Postgraduierte eine Psychotherapieausbildung gewährleisten – gab es bis zu diesem Zeitpunkt in China nicht. Daher erschien der logisch nächste Schritt die Gründung solch einer Organisation.

# 6. Der Wandel ökonomischer, sozialer und psychischer Strukturen

## 6.1 Vom Mao-Anzug zur Designer-Jeans

Als sich China nach Maos Tod Ende der 70er-Jahre wieder langsam, wenn auch zögerlich, dem westlichen Besucher öffnete, bot sich den wenigen Touristen oder Stipendiaten auf den Straßen ein Bild, das sich nicht radikaler von dem in jedem westlichen Land hätte unterscheiden können: Alle Menschen auf der Straße waren uniformiert. Einzige Ausnahme: kleine Kinder. Alle Erwachsenen trugen dieselben blauen oder armeegrünen Mao-Anzüge. Auf den ersten Blick: ein Heer nicht unterscheidbarer Menschen, deren Individualität nicht erkennbar war. Kleider machen Leute, und gleiche Kleider machen Leute gleich – so zumindest das Programm, das zu dieser Kleiderordnung führte. Unterschiedliche Kleidung kann als Ausdruck unterschiedlicher Persönlichkeiten bzw. ihres sozialen Status verstanden und genutzt werden, und dies sollte in China verhindert werden. Individualität ist mit dem Risiko der Abweichung von der Norm verbunden, und Normierung zielt immer darauf, Individualität unwirksam zu machen.

Wenn man heute, ca. 35 Jahre später, durch eine moderne chinesische Großstadt wie Peking oder Shanghai geht, dann ist das äußere Erscheinungsbild der Menschen von dem in einer westlichen Metropole kaum zu unterscheiden. Der jeweils aktuellen Mode entsprechend wird die Kleidung als »zweite Haut« genutzt, um sich zu präsentieren – sei es in der eigenen Unverwechselbarkeit, sei es in der Zugehörigkeit zu irgendwelchen subkulturellen Gruppierungen. Unterschiede werden kultiviert, und die Kultivierung des eigenen Images ist nicht zu übersehen. In den großen Einkaufsstraßen finden sich dieselben exklusiven Designer-Shops wie in westlichen Nobelvierteln.

Doch genauso wenig, wie zur Zeit der Kulturrevolution die verordnete Einheitskleidung tatsächlich zur Beseitigung der Unterschiede in den individuellen Persönlichkeitsstrukturen geführt haben dürfte, hat wahrscheinlich die Steigerung der Variationsbreite möglicher Kleidungsstücke zur Differenzierung psychischer Strukturen geführt. Und dennoch lässt sich – das ist eine der Lehren des hier analysierten Projektes – feststellen, dass sich die psychischen Strukturen und Dynamiken der Bevölkerung seit Maos Tod bzw. in der Zeit der darauf folgenden gesellschaftlichen Veränderungen modifiziert haben. Dafür sprechen beispielsweise der Wandel der Symptomatiken, mit denen man als Therapeut konfrontiert wurde, die Entwicklung und das Auftreten von Störungsbildern und Verhaltensformen, mit denen vor 30 oder 40 Jahren noch nicht zu rechnen war.

## 6.2 Der Staat zieht sich aus der öffentlichen Fürsorge zurück

Die rasante ökonomische Entwicklung ist durch einen enormen Transfer von technischem Wissen nach China gekennzeichnet. Neue Betriebe entstehen. Staatliche Betriebe werden in private umgewandelt. Städte wie Peking, 1976 noch von den einstöckigen Hofhäusern der Hutongs geprägt, verändern ihr Gesicht. Es entstehen modernste Metropolen. Menschen erkennen ihre eigenen Städte nicht mehr wieder. Gebaut werden die neuen Häuser der Städte von Innenmigranten, Arbeiter vom Land, auf der Suche nach Lohn und Brot. Über 100 Millionen fluten durch das Land. Es entsteht der sogenannte Speckgürtel des Ostens. Mitte der 90er-Jahre beträgt das wirtschaftliche Wachstum 7–10 %. China wird zur Werkstatt des Westens. Die Zunahme des Exportvolumens beträgt von 1997 bis 2001 40 %, und das in Zeiten der sogenannten Südostasienkrise. Noch Anfang der 80er-Jahre verdiente ein gut ausgebildeter Arzt 30 bis 50 Euro im Monat. Im Zeitraum bis 2006 haben leitende Ärzte bis zu 70-mal Lohnerhöhungen erhalten. Heute verdienen leitende Ärzte im Durchschnitt 600 bis 1200 Euro.

Der selbstlose Held von Daqing, der sich auf den Ölfeldern von Nordchina selbstlos zum Wohlergehen des ganzen Landes einsetzt, ist nicht mehr gefragt. In Nordostchina führt die Auflösung der großen Kohle und Öl fördernden Staatsbetriebe zu einer enormen Verarmung. So kommt es, dass Ende der 90er-Jahre Betten der Psychiatrie bei gleichzeitig steigendem Bedarf leer bleiben. Eine Studie der WHO – das »Mental Health Policy and Service Development Project« von 2002 – ergibt, dass 67 % der psychiatrischen Betten in der südlichen Provinz Zhejiang nicht belegt sind.

Der Aufschwung ist auch ein Aufschwung in die Klassengesellschaft. Es gibt weiterhin arme Provinzen. 1999 fließen noch immer 1,5 Milliarden Dollar Entwicklungshilfe nach China. Selbst heute, 2011, gibt es noch Entwicklungsprojekte der EU, der Weltbank, der Asiatischen Entwicklungsbank usw.

Mit der Privatisierung begann auch ein Umbau der sozialen Sicherungssysteme. Die Auflösung der Einheiten bedeutete, dass der soziale Bezugspunkt aufgelöst wurde. Die Fürsorge der Einheiten wurde an den Einzelnen abgegeben. Die »eiserne Reisschale«, die soziale Sicherung von der Geburt bis zum Tod, gibt es nicht mehr. Während die Angestellten in den Staatsbetrieben sowie den kommunalen und staatlichen Einrichtungen nach wie vor einen Teil der Gesundheitskosten erstattet bekommen, muss nun ein immer größerer Teil der Bevölkerung alle Arztkosten, Krankenhausaufenthalte selbst tragen. Nur Armeeangehörige und Funktionäre, die vor 1949 bereits aktiv waren, haben eine kostenlose Versorgung. Ein Versicherungswesen entsteht. Laut dem »Mental Health Atlas« der WHO besitzen 2005 etwa 50 % der Stadtbevölkerung eine Krankenversicherung. Allerdings haben nur etwa 15 % der Versicherten einen Vertrag, der die Behandlung psychischer Krankheiten einschließt.

Mit dem Besuch von Frau Brundtland, Generaldirektorin der WHO, in China (1999) wurden erstmals Daten zu psychischen Erkrankungen veröffentlicht. Die Ergebnisse waren erschreckend. Die Zahlen stützten sich auf eine Auswahl repräsentativer Gebiete Chinas. 300 000 Suizidtote jährlich sind auch im internationalen Maßstab eine hohe Zahl. Zu 25 Millionen depressiv erkrankten Menschen kommen 1 % Schizophrene (was in etwa der internationalen Inzidenzrate entspricht). Die psychosozialen Probleme wachsen. Stresssymptome steigen. Und der Aufschwung der Qigong-Bewegung kann als Ausdruck der Suche des Einzelnen nach neuem Umgang mit sich selbst verstanden werden.

Die Familien sind mit dem rasanten Umbruch überfordert. Die Gewalt in den Familien steigt. In großen Städten leben Hunderte von Kindern auf der Straße. Ein Phänomen, das in der Öffentlichkeit so gut wie nicht beachtet wird. Bereits 1993 hatte das Institut für soziale Hygiene, in dem Zhang Boyuan arbeitete, die ersten Kampagnen wegen der rasant steigenden AIDS-Zahlen gestartet. Mit nur bedingtem Erfolg, wie man heute weiß.

Die Drogenabhängigkeit begann sich vom Süden nach Norden auszuweiten. Alkoholismus, den chinesischen Psychiatern Ende der 80er-Jahre eher von einigen Völkern Yunnans und im hohen Norden bekannt, beginnt mit dem Wohlstand ein allgemeines Problem zu werden. Die üblichen Essen der Kader, der Geschäftsleute (alle wichtigen Treffen werden mit gemeinsamen Essen verbunden) arten immer öfter zu Alkoholgelagen aus. Bier, früher ein Luxusgut, wird nun für immer mehr Menschen erschwinglich.

Bereits 1994 wird auf dem Symposium in Hangzhou erstmals von chinesischen Psychiatern von Essstörungen bei Jugendlichen berichtet. Man beginnt, die Probleme mit Kindern und Jugendlichen in der Öffentlichkeit zu diskutieren. Die ersten Zeitungen publizieren Kolumnen mit psychologischer Beratung. Yang Huayu ist einer der ersten, der in solchen populären Zeitschriften Rat gibt.

Eine Antwort auf den steigenden Behandlungsbedarf ist die Erhöhung der Aufnahmekapazitäten in den Psychiatrien. Die Bettenzahl wurde seit Mitte der 80er-Jahre innerhalb von ca. 20 Jahren um 30 000 erhöht. Ebenso wurde die Zahl der psychiatrischen Einrichtungen von 350 auf 482 erhöht. Ende der 90er-Jahre werden die ersten Stationen, die psychotherapeutisch arbeiten sollen, begründet.

Aus Japan wird die Moritatherapie übernommen. Sie geht auf eine Art »Beelterung« von schizophrenen Patienten zurück. Zugrunde liegt eine Idee des Zen. Patienten werden zurückgeführt auf sich selbst, d. h., auch Angstpatienten oder sozialphobische Patienten werden abgeschirmt von allen Reizen und Kontakten. Dies zwingt sie in einen Kontakt mit sich selbst. Dann folgt ein stufenweiser Aufbau, eine Verstärkung der Selbstverantwortung und Rückführung in die Normalität des Alltages.

Ansonsten gibt es in den Kliniken für Psychotiker neben der pharmakologischen Behandlung so genannte Token-Programme, einfache Verstärker- und Belohnungsprogramme aus der Verhaltenstherapie, die ein eher mechanistisches Modell von Verhaltensmodulierung als Hintergrund haben. Schwerpunkt der Behandlung ist jedoch die pharmakologische Therapie. Der Einfluss der Pharmaindustrie beginnt sich in dieser Zeit auszuweiten. Gleichzeitig wird begonnen, ambulante Beratungsstellen aufzubauen. Der Mangel an Behandlungsmöglichkeiten ist evident.

Ein Ergebnis der zunehmenden Probleme ist, dass Psychologie 2000 zur »Key-Wissenschaft« erklärt wird.

Der mit den sozioökonomischen Veränderungen verbundene Wandel der psychischen Bedingungen des Einzelnen dürfte einer der Gründe sein, warum Psychotherapie in China eingeführt werden und das deutsch-chinesische Projekt Bedeutung und Einfluss gewinnen konnte. Es lieferte ein Angebot, für das ein zunehmender Bedarf offensichtlich war.

## 6.3 High-Context- und Low-Context-Selbst

Beim Vergleich Chinas mit westlichen Ländern wird in der Regel der Unterschied der Kulturen in den Vordergrund der Analyse gerückt. Doch traditionelle Kulturunterschiede können nicht die *kulturellen Veränderungen*, die im Laufe der letzten 30–40 Jahre in China festzustellen sind, erklären. Hier müssen also Hypothesen entwickelt werden, die weiter greifen und auch kulturelle Veränderungen, wie sie innerhalb Chinas festzustellen sind, erfassen.

Versucht man zu systematisieren, wie sich unterschiedliche kulturelle Regeln und Muster bzw. deren Veränderung auf die psychische Entwicklung von Individuen auswirken, so scheint wichtig, dass im Sinne der neueren Systemtheorie Kultur als Menge von Kommunikationsmustern zu definieren ist[42]. Sie bilden – »übersetzt« in familiäre Interaktionsmuster und Strukturen – die relevante Umwelt für die Entwicklung der psychischen Strukturen jedes Einzelnen. Dies vorausgesetzt, dürfte die von Edward T. Hall[43] in die Literatur eingeführte Unterscheidung von High- und Low-Context-Kulturen am nützlichsten sein, um den Unterschied zwischen den psychischen Strukturen in China (oder anderen ostasiatischen Kulturen) und in Europa, speziell Deutschland, mit denen die deutschen Psychotherapeuten konfrontiert wurden, zu erklären.

Grundlegend für jede Selbstdefinition ist die Konstruktion einer Innen-außen-Grenze. Diese Grenzziehung verändert sich bei jedem Individuum – unabhängig von der jeweiligen kulturellen Umwelt – im Laufe seiner Entwicklung vom Kind zum Erwachsenen. Unmittelbar nach der Geburt ist kein menschliches Wesen in der Lage zu überleben, ohne von anderen genährt und gewärmt zu werden, ihre Zuwendung an Ansprache zu erfahren usw. Die erlebte Abhängigkeit bei der Befriedigung elementarer Bedürfnisse für das eigene Überleben bestimmt die Selbstorganisation von Selbst und Objekt, d. h. die Konstruktion des eigenen Bildes und des Bildes der Menschen, die diese versorgenden Funktionen übernehmen. In der Regel sind dies Mutter und Vater bzw. Personen, die deren Funktionen übernehmen. Angemessen ist daher eine Selbstdefinition, in der nicht klar und eindeutig zwischen »ich« und »du« unterschieden wird und in der die Aufrechterhaltung der Beziehung oberste Priorität besitzt. Man könnte in dem Zusammenhang auch von der Notwendigkeit sprechen, ein »Wir«-Selbst zu entwickeln, das ein die versorgenden Personen mit umfassendes soziales System als kleinste Überlebenseinheit repräsentiert.

Doch das ist kein prinzipieller Unterschied zwischen West und Ost. Die kleinste Überlebenseinheit für ein kleines Kind ist nicht der biologische Organismus, sondern der Organismus als Mitglied eines versorgenden sozialen Systems. Es sind deshalb zunächst nicht spezielle Fähigkeiten oder Kompetenzen, die das individuelle Überleben eines Menschen garantieren, sondern es ist die Mitgliedschaft in dieser sozialen Einheit.

Wo immer solch eine Situation gegeben ist, wäre die Konstruktion eines Selbst als isoliertem Individuum, das abgegrenzt, autonom und allein überleben kann, vollkommen unrealistisch. Doch dies ist im Westen das zeitgenössische Ideal psychischer »Reife«: die Autonomie des Individuums.

In einer modernen komplexen Gesellschaft, die gekennzeichnet ist durch die Auflösung traditioneller Werte und struktureller Zwänge, erhöhen sich die Handlungsspielräume des Individuums. Beziehungsstrukturen sind nicht mehr nur vorgegeben, sondern können relativ frei gewählt werden.

Auf den sich ändernden Kontext reagiert das Individuum in westlichen Gesellschaften mit einer Selbstthematisierung zur Aufrechterhaltung der Identität. Damit ist gemeint, dass es sich als abgegrenztes Selbst definiert, d. h. als eigenständig handelnde Überlebenseinheit, dessen Grenzen mit denen des eigenen Körpers identisch sind. Die persönliche Identität des Einzelnen wird u. a. dadurch gebildet, dass jeder sich selbst bestimmte, die Zeit überdauernde Eigenschaften zuschreibt, *unabhängig* vom Kontext, in dem er sich gerade bewegt und verhält. Diese »Persönlichkeitsmerkmale« werden ihm auch von den Menschen in seiner Umgebung zugeschrieben und wie physische Eigenschaften als nur schwer oder gar nicht veränderbar angesehen. Der Einzelne konstruiert seine Identität in der Interaktion mit den Menschen in seiner Umgebung analog zu der von »Objekten«, und so wird er auch von den Menschen in seiner Umwelt konstruiert. Er bzw. sein Selbst, seine Persönlichkeit, ist in diesem Modell zwar eine *besondere* Form eines Objekts – schließlich ist er ein Lebewesen –, aber was Objekte generell definiert, beschreibt auch das westliche Selbst: dauerhafte Merkmale, die als unabhängig vom Kontext bestehend betrachtet werden und idealerweise auch von außen analysiert werden können.

Solch eine Identitätsbildung ist idealtypisch für sogenannte *Low-Context-Kulturen* im Westen. Mit diesem Begriff ist bezeichnet, dass das *Verhalten* eines jeden Menschen durch Merkmale erklärt wird, die als seine Eigenschaften betrachtet werden (Motive, Strukturen, Macken etc.) und die als unabhängig von den Besonderheiten des jeweiligen aktuellen Kontextes existierend verstanden werden. Es ist also nicht (oder nur am Rande) die spezifische Situation oder die Beziehungskonstellation, die bestimmt, welche Bedeutung dem Verhalten eines Menschen zuzuweisen ist, da es isoliert und kontextfrei durch interne psychische Prozesse erklärt wird.

> »A high-context (HC) communication or message is one in which *most* of the information is already in the person, while very little is in the coded, explicit, transmitted part of the message. A low-context (LC) communication is just the opposite, that is, the mass of information is vested in the explicit code.«
> Edward T. Hall (1976, S. 91)

> »China, the possessor of a great and complex culture, is on the high context end of the scale.
> One notices this particularly in the written language of China, which is thirty-five hundred years old and had changed very little in the past three thousand years.«
> Edward T. Hall (1976, S. 92)

Dem steht die psychische Entwicklung und das individuelle Verhalten in sogenannten *High-Context-Kulturen* gegenüber. Als idealtypisches Beispiel dafür kann das traditionelle China betrachtet werden. Dort ist über die Jahrhunderte ein Kommunikationsstil entstanden, welcher der Tatsache Rechnung trägt, dass kein Individuum allein überlebensfähig ist.

Die kleinste Überlebenseinheit war in der Geschichte Chinas stets eine soziale Einheit, sei es die (Groß-)Familie, die Hausgemeinschaft oder im kommunistischen China die (Arbeits-)Einheit.

In den traditionellen asiatischen High-Context-Kulturen gilt die Notwendigkeit, sich den Spielregeln einer größeren sozialen Einheit einzufügen, nicht nur während der Kindheit, sondern auch im Erwachsenenalter. Deswegen erwirbt jedes Mitglied solch einer Kultur von

## 6.3 High-Context- und Low-Context-Selbst

früh an eine hohe soziale Sensibilität. Es geht darum, Beziehungen zu erfassen, Konventionen zu befolgen, sehr klar definierte Erwartungen, die mit einem bestimmten Status verbunden sind, zu erfüllen. Und die Definition des individuellen Selbst ist bestimmt von der Position, die es im jeweiligen Beziehungsnetzwerk einnimmt. Die persönliche Identität ist also nicht durch interne Merkmale (psychische Strukturen und Prozesse), sondern durch externe Merkmale – Beziehungen, Hierarchien, Konventionen, Erwartungen von Erwartungen – bestimmt. Man wird nicht als Person mit den Charakteristika x oder y betrachtet (auch nicht von sich selbst), sondern als »älterer Bruder« oder »jüngerer Bruder«, als »väterlicher Onkel«, als »Lehrer« oder »Schüler« usw., und diese Beziehungskonstellation und Rolle, in der man sich aktuell befindet, bestimmt das individuelle Verhalten.

> »Confucius described five cardinal relations (*wu lun*): those between sovereign and subject, father and son, elder and younger brother, husband and wife, and friend and friend. On these five basic dyads, three belong to the family and the other two are based on the family model, with sovereign and subject as father and son, and friend and friend as brothers. In Confucian social theory, the family occupies a central position; it is not only the primary social group, but the prototype of all social organization.«
> Yan Heqin (2005, S. 138)

Das hat zwangsläufig Auswirkungen auf den Kommunikationsstil, da der Sachdimension (Inhaltsebene) der Kommunikation im Vergleich zur Sozialdimension (Beziehungsebene) weniger Bedeutung zugebilligt wird. Wenn es mit der Beziehung nicht vereinbar ist (z. B. in einem hierarchischen Kontext), dann kommt es nicht zu offenen inhaltlichen Konflikten. Ein Untergebener würde nie seinem Vorgesetzten widersprechen, weil dies der Erwartung an eine hierarchische Beziehung zuwiderlaufen würde.

Generell kann man wohl feststellen, dass Low-Context-Kulturen im Zweifel die Sachdimension in den Vordergrund der Kommunikation stellen – vor allem natürlich in einem wissenschaftlichen oder professionellen Kontext –, auch wenn dies zu Konflikten auf der Beziehungsebene führen könnte, während in High-Context-Kulturen die Sozialdimension immer wichtiger ist als die Sachebene. Erklären lässt sich dies u. a. damit, dass der Einzelne, der nicht als Individuum überlebensfähig ist, stets darauf bedacht sein muss, dass er kein Verhalten zeigt, das ihn mit Ausgrenzung bedrohen würde. Daher sind solche Kulturen immer sehr konservativ, und Innovation kann eigentlich nur »von oben« eingeleitet werden (Beispiel: Kulturrevolution). Wenn man diese sozialen Bedingungen der Sozialisation in Rechnung stellt, dann ist die Frage, ob sich die beispielsweise im Rahmen der psychoanalytischen Entwicklungspsychologie beschriebenen Stufen der Identitätsentwicklung wirklich auch im traditionellen China erwarten ließen. Das bezieht sich vor allem auf Aspekte der Selbst-Objekt-Abgrenzung, der Bildung von Ich-Grenzen usw.

Legt man ein sozialpsychologisches Modell zugrunde, wie etwa das von Riesman und Kollegen (Riesman et al. 1950), das zwischen der Innen- und Außenkontrolle des individuellen Verhaltens unterscheidet, dann erweisen sich Individuen in High-Context-Kulturen als »außenkontrolliert«, während sie sich in Low-Context-Kulturen als »innenkontrolliert« zeigen.

Das Verhalten des Einzelnen lässt sich im ersten Fall durch äußere Regeln erklären, und das Individuum entwickelt im Laufe des Sozialisationsprozesses die zu diesen passenden und sein Überleben sichernden – nur wenig auf »Ich«-Stärke und Autonomie gerichteten – psychischen Strukturen. Im zweiten Fall hingegen ist der Spielraum individuellen Verhaltens weit größer und weniger normiert, sodass der Einzelne weit öfter vor der Notwendigkeit steht, selbst zu entscheiden, was er tut, weil es keine verbindlichen sozialen Vorgaben gibt. In solch einem sozialen Rahmen ist die Wahrscheinlichkeit, dass jeder Einzelne eine gewisse »Ich«-Stärke entwickelt, ziemlich groß.

Die Wechselbeziehung zwischen inneren, psychischen Strukturen und äußeren, sozialen (Kommunikations-)Strukturen lässt sich schematisch folgendermaßen darstellen:

| Kultur | Kontrolle | Selbst-Objekt-Grenzen | Überlebenseinheit | Ich-Stärke |
| --- | --- | --- | --- | --- |
| High-Context | außen | durchlässig | »wir« | gering |
| Low-Context | innen | undurchlässig | »ich« | groß |

Abb.: Innen- und Außensteuerung

Wenn man dies so konzeptualisiert, dann sind in High-Context-Kulturen phänomenologisch keine typischen Ich-Störungen zu erwarten: Was in Low-Context-Kulturen als Hinweis darauf angesehen werden würde, sollte in einer High-Context-Kultur nicht als abweichend oder pathologisch diagnostiziert werden, denn es ist mit Blick auf die Überlebensfunktionen als angepasst und angemessen zu bewerten.

> »The sense that the self was linked in a network of relationships and social obligations might have made it natural to view the world in general as continuous and composed of substances rather than descrete and consisting objects. Causality would be seen as being located in the field or in the relation between the object and the field. Attention to the field would encourage recognition of complexity and change, as well as of contradiction among its many and varied elements.«
> Richard Nisbett (2003, S. 35)

## 6.4 Exkurs: Chinesische Sprache und Schrift

Die Idee einer zeit- und kontextunabhängigen Identität gehört zum aristotelischen Erbe, das die Grundlage westlichen Denkens (in seiner Extremform: die zweiwertige, aristotelische Logik) bestimmt. Sie findet sich im chinesischen Denken nicht oder nur begrenzt. Dies drückt sich auch in der Sprache aus. Als Kommunikationsmedium formt Sprache immer das Denken der Angehörigen einer Kultur, sei es in China, sei es im Westen.

> »Why are Westerners more likely to apply formal logic when reasoning about everyday events, and why does their insistence on logic sometimes cause them to make errors? Why are Easterners so willing to entertain apparently contradictory propositions and how can this sometimes be helpful in getting at the truth?«
> Richard Nisbett (2003, S. XIX)

Richten wir daher den Blick auf einige Aspekte der chinesischen Sprache und Schrift, die eng mit der Unterscheidung High- vs. Low-Context-Kultur verbunden sind. Im Deutschen werden Wörter aus Buchstaben gebildet, die wiederum zur Wiedergabe von Lauten dienen. Sie bilden die basalen Elemente, durch deren Kombination und Kopplung sich ein nahezu unbegrenzter Möglichkeitsraum sprachlicher Formen eröffnet. Die chinesischen Zeichen[44] bestehen hingegen

## 6 Der Wandel der Strukturen

aus einzelnen Strichen, von denen sich jeweils wiederholende zu Teilzeichen, sogenannten Radikalen, gruppiert werden.

Die chinesische Sprache setzt sich zusammen aus etwa 415 Silben. Jede Silbe steht für ein Wort. Mit lediglich 415 Begriffen kann aber eine komplexere Kommunikation nicht gelingen. Deswegen werden viele Silben im Hochchinesischen in bis zu vier unterschiedlichen Tonlagen ausgesprochen. Das vervielfacht den Wortschatz, der aber immer noch sehr begrenzt ist (ca. 1350–1600 klanglich unterscheidbare Wörter). Die unterschiedlichen Betonungen ermöglichen noch immer nur eine sehr einfache Kommunikation.

Es gibt im Chinesischen weit mehr Begriffe, als phonetisch unterscheidbar sind. Tausende Wörter klingen phonetisch gleich, bedeuten aber etwas ganz anderes. Zum Beispiel bedeutet das Wort »jia« in gleichbleibend hoher Aussprache »Familie«. Es gibt es in identischer Aussprache (mit derselben hohen Tonlage) noch über ein Dutzend Mal, allerdings mit anderer Bedeutung. Es kann zum Beispiel auch »addieren« heißen oder »etwas zusammenpressen«, es kann »ausgezeichnet« oder »einen hölzernen Kragen« (ein altes Bestrafungsinstrument) meinen, es kann eine »Kruste« bezeichnen oder »gut«, »vornehm« oder eine philosophische Schule bedeuten – und noch vieles mehr.

Eine sinnvolle Verständigung ist deshalb oft schwierig, selbst wenn man aus dem Zusammenhang eines Satzes entnehmen kann, dass die Familie und nicht der hölzerne Kragen gemeint ist. Aus diesem Grund kombinieren die Chinesen häufig zwei Silben miteinander und erhöhen so die Zahl der unterscheidbaren Wörter.

Seit der Öffnung des Landes in den 90er-Jahren verstärkt sich diese Tendenz noch, vor allem durch das Hereinströmen neuer Begriffe der Wissenschaft, Technik, Wirtschaft, Mode, Kultur etc. aus dem Ausland. Eine weitere große Schwierigkeit kommt hinzu: Chinesen lieben es ganz außerordentlich, idiomatische Redewendungen zu benutzen. Diese bestehen in der Regel aus jeweils vier Silben, die im Grunde unverbundene Wörter darstellen. Hinter ihnen verbirgt sich jedoch häufig eine Anekdote aus der Geschichte Chinas, die den Chinesen meist bekannt ist, uns aber eher nicht. So lassen sich mit 4 Zeichen komplexe Sachverhalte darstellen.

Dialekte, die oft die Töne variieren, erschweren das Verstehen. Daher zeichnen sich Chinesen in der Face-to-Face-Kommunikation zur Verdeutlichung dessen, was sie meinen, gern das jeweilige Wort als Ideogramm auf die Hand.

Ohne einen sinnstiftenden Kontext herzustellen, können sich Chinesen praktisch nicht verständigen. Die Schrift erhält so eine überragende, Kommunikation auch unter Anwesenden oft erst ermöglichende Bedeutung. Das zeigt sich unter anderem darin, dass bei Tagungen die Teilnehmer die Redebeiträge mitlesen, wenn ihnen das möglich ist. Ohne die klärende Funktion der Schriftzeichen bleibt die Kommunikation weit vieldeutiger als im Westen, wo Worte sich sehr häufig auf konkrete Gegenstände beziehen und suggerieren, dass deren Identität und Eigenschaften absolut und kontextfrei wären.

Ein weiterer Unterschied ist, dass es die für das westliche Denken charakteristische Kategorienbildung, die auf Abstraktion beruht, kaum gibt. So gibt es keine Begriffe, die kontextfrei Klassen von Gegenständen beschreiben, die eine abstrakte Eigenschaft bzw. per Abstraktion konstruierte Eigenschaften teilen. Eine Welt, wie von Platon entworfen, in der Ideen die eigentliche Wirklichkeit bilden und alle Erscheinungen nur Trugbilder sind, stellt das Gegenbild zur chinesischen Sicht der Welt dar.

> »There is no word for ›size‹, for example. If you want to fit someone for shoes, you ask them for the ›big-small‹ of their feet. There is no suffix equivalent to ›ness‹ in Chinese. So there is no ›whiteness‹ – only the white of the swan and the white of the snow. The Chinese are disinclined to use precisely defined terms or categories in any arena, but instead use expressive, metaphoric language.«
> Richard Nisbett (2003, S. 17 f.)

Es gibt etwa 54 000 Schriftzeichen in China von denen im täglichen Leben ca. 9000 eine Rolle spielen. Aber da sie aus verschiedenen Elementen bestehen, heißt dies, dass mit ihnen über die Bezeichnung einer Sache hinaus vielfältige Inhalte kommuniziert werden können.

Als Beispiel mag wiederum das bereits erwähnte Zeichen »jia« dienen:

Es besteht aus dem Zeichen für Dach und einem alten Zeichen, das Schwein (hier als altes Zeichen *shi*, als neues Zeichen *zhu*) bedeutet – ein Schwein unter dem familiären Dach = trautes Heim:

Abb.: Die Konstruktion des chinesischen Wortes »Familie« (Zhao 2002)

## 6.5 Individuum oder soziales System als Überlebenseinheit

Die Idee des isolierten Individuums, das ohne soziale Bindungen und Verpflichtungen überleben kann oder könnte, ist menschheitsgeschichtlich sehr jung – auch im Westen. Bis zum Beginn der industriellen Revolution war auch in Europa die Zugehörigkeit zu dem sozialen System, in das man hineingeboren wurde, überlebenssichernd. Schaut man in die Wirtschafts- und Sozialgeschichte, so war (und ist) es in sogenannten Stammesgesellschaften für den Einzelnen absolut notwendig, sich in die vorgegebenen Strukturen zu integrieren, wenn er seine Existenz sichern will. Ein Leben als Einzelner, d. h. außerhalb der Strukturen des Stammes, war nicht möglich. Die Fähigkeiten, die jedes Individuum im Laufe seiner Sozialisation erwerben musste, waren also auch hier vorwiegend beziehungsorientiert (»high-context«).

Analoges kann für die Feudalgesellschaft gesagt werden. Die in der Landwirtschaft arbeitenden Leibeigenen mussten ihre Arbeitsleistung dem Feudalherren zur Verfügung stellen und die erwirtschafteten Ernteerträge bei ihm abliefern, dafür hatte er aber auch die Pflicht der Versorgung seiner Untertanen in Notzeiten. Auch hier war die Zugehörigkeit der über Leben und Tod entscheidende Faktor (vgl. Heinsohn u. Steeger 1996, S. 165).

All dies änderte sich nach und nach mit dem Siegeszug des Marktes als Verteilungsmechanismus für »knappe«, lebenswichtige materielle Bedürfnisse befriedigende Güter. Der erste Schritt dazu war die Trennung von Arbeitsplatz und Lebensort, der mit der Schaffung von Fabriken verbunden war. In der Landwirtschaft gab es diese Trennung nicht, denn diejenigen, die zusammenarbeiteten, lebten auch zusammen unter einem Dach. Nun aber wohnte man an einem Ort und arbeitete an einem anderen – in der Fabrik. Und an die Stelle des Patriarchen oder Feudalherren, der Vorräte für schlechte Zeiten anlegte und die Verantwortung dafür trug, dass seine Leute nicht verhungerten, trat der Unternehmer, der seine Arbeitskräfte aufgrund ihrer individuellen Leistung bezahlte. Geld wurde damit zum leitenden Steuerungsmedium bei der Verteilung knapper Güter. Und an die Stelle der Sicherheit, die durch die Zugehörigkeit zu einer übergeordneten sozialen Einheit und die Unterordnung unter Hierarchen gegeben war, trat die Konkurrenz im Prinzip gleichberechtigter Individuen um Arbeit und das damit zu verdienende Geld. Denn die Zukunftssicherung des Einzelnen und seiner (Klein-)Familie war an die Erwirtschaftung eines Vorrats von Geld gebunden. Ein »Vermögen« sein eigen zu nennen, hieß, etwas zu vermögen ... Individuelles Eigentum wurde zum Mittel der Unsicherheitsbewältigung, das an die Stelle der Zugehörigkeit zu einem übergeordneten sozialen System (Familie, Stamm, Herrschaftsbereich eines Feudalherren ...) trat (Simon 2009, S. 71 ff.).

Die moderne Familie oder Partnerschaft hat zwar immer noch viele Aspekte dieser Funktion, aber in den heutigen Low-Context-Kulturen hat sich – ausgelöst durch die Veränderungen des Wirtschaftssystems – die Definition des Individuums als kleinster ökonomischer Überlebenseinheit entwickelt. Und es wird erwartet, dass es die dazu passenden psychischen Mechanismen entwickelt, die in den zeitgenössischen Wirtschaftswissenschaften unter dem Schlagwort »Homo oeconomicus« als Aspekt der Conditio humana quasi naturalistisch vorausgesetzt werden. Doch aus der Sicht der neueren Systemtheorie, die sich mit den Kopplungen psychischer und sozialer Strukturen beschäftigt, ist nicht irgendeine vorgegebene psychische Struktur des Menschen »an sich« verantwortlich für das auf seinen Vorteil bedachte, wirtschaftende Individuum, sondern umgekehrt: Die Veränderung der wirtschaftlichen Verhältnisse hin zu einer nahezu alle Bereiche des Lebens umfassenden Marktorganisation verändert die Beziehungen des Menschen und damit auch die dazu passenden psychischen Strukturen. An die Stelle zuverlässiger – aber den individuellen Handlungsspielraum einengenden –, die Zeit überdauernder Beziehungen treten Geschäftsbeziehungen, die im Prinzip jede

## 6 Der Wandel der Strukturen

der beiden an einer Transaktion beteiligten Personen austauschbar machen. Beziehungen werden kündbar, und jedes Individuum hat mit anderen potenziellen Funktionsträgern oder Dienstleistern oder Produzenten zu konkurrieren.

Geld als dominierendes Kommunikationsmedium ermöglicht Beziehungen, bei denen nahezu von allen Kontextvariablen abstrahiert werden kann, außer der Beziehung von Preis zu Ware, von Zahlung, die zu leisten ist, zu Zahlung, die zu erhalten ist. Der Tausch lebenswichtiger und anderer Güter und damit die Befriedigung von Bedürfnissen aller Art ist unabhängig von der Zugehörigkeit zu einem spezifischen sozialen System. Wer sein eigenes Geld verdient, kann im Prinzip ohne alle – ihn in seinem Freiraum einengenden – sozialen Kontakte überleben. Eine durch Geld als Leitmedium gesteuerte Kommunikation führt daher immer zur Reduktion der Wichtigkeit konkreter Beziehungen bzw. ihrer bindenden Wirkung (vgl. Simmel 1900, S. 375 ff; Simon 2009).

Im Westen hat diese Entwicklung etwa 250 Jahre gebraucht, und sie ist in unterschiedlichen Gegenden verschieden weit fortgeschritten. In den USA ist sie weit radikaler vollzogen worden als etwa in Westeuropa, wo der Sozialstaat gewissermaßen jedem seiner Bürger (= Zugehörigkeit) garantiert, dass er zu essen und ein Dach über dem Kopf hat und im Krankheitsfall versorgt wird. Das war in frühkapitalistischen Zeiten auch in Mitteleuropa anders, und der Wohlfahrtsstaat, wie er z. B. in der Bismarck'schen Sozialgesetzgebung Gestalt gefunden hat, ist eine Reaktion auf die Auswüchse des im 19. Jahrhundert herrschenden Marktfundamentalismus.

In China ist eine formal analoge Entwicklung in weit kürzerer Zeit vollzogen worden. Als Mao starb, war jeder Einzelne Mitglied einer sozialen Arbeits- und Lebens-Einheit, und er war in seinen Wahlmöglichkeiten weitgehend von deren Entscheidungen abhängig. So konnte er nicht unbedingt seinen Wunschberuf ergreifen, sondern er musste den Vorgaben der Einheit folgen. Die Teilnehmer des ersten Symposiums in Kunming 1988 hatten in der Regel ihren Beruf nicht selbst gewählt. Psychiater hatten auch in China damals nicht das höchste denkbare Sozialprestige, sodass die Einheit bestimmte, wer welche Art von Beschäftigung auszuüben hatte. Auch die Frage, ob jemand an dieser Veranstaltung teilnehmen konnte, war nicht der persönlichen Entscheidung überlassen, sondern der von Funktionären. Erst nach 1990 wurde es nach und nach erlaubt, eine eigene, von persönlichen

Motiven statt von kollektiven Notwendigkeiten getragene Entscheidung über den eigenen Beruf zu treffen.

Mit der unter Deng Xiaoping eingeleiteten Liberalisierung der Wirtschaft war auch eine Reduzierung der Macht und des Einflusses der Einheiten verbunden. Die Wirtschaft wurde nicht mehr in allen Aspekten geplant, sondern es wurden immer weitere Bereiche der Selbstregulierung von Märkten überantwortet.

In den Jahren, über die hier berichtet wird, haben Marktstrukturen immer stärker an Bedeutung gewonnen. Die Folge war zum einen, dass sich die Verfügbarkeit von Waren radikal veränderte. Während beim Symposium von Kunming noch alle Materialien abgeschrieben und mit Blaupapier Durchschläge angefertigt werden mussten, weil keine Fotokopiergeräte zur Verfügung standen, werden heute weltweit die meisten Kopierer in China produziert. Zum anderen ergab sich die Qual der Wahl nicht nur aus dem gesteigerten Warenangebot, sondern auch aus der vergrößerten Wahlfreiheit und dem größeren Handlungsspielraum für das Individuum. Sie haben zur Konsequenz, dass jeder selbst für seine eigene wirtschaftliche Wohlfahrt und die seiner Familie zu sorgen hat.

Als Folge dieser Änderungen im Wirtschaftssystem kam es auch in der chinesischen Kultur zur Verringerung der Bedeutung des Kontextes. Dennoch lagen und liegen immer noch Welten zwischen der westlichen und der chinesischen Kontextsensibilität. Aber die Entwicklung spezifischer Symptome (wie etwa der Magersucht), die es zu Beginn des Projektes noch nicht gab, ist durch derartige Prozesse gesellschaftlicher Veränderung zu erklären.

Für die Dozenten sollte in der Folgezeit (nach dem Symposium von Hangzhou), in der nicht nur punktuell und für ein paar Tage im Rahmen von Symposien, sondern über längere Zeit und immer wiederkehrend mit chinesischen Kollegen zusammengearbeitet wurde, der hier skizzierte Unterschied zwischen Low- und High-Context-Kulturen bzw. den damit verbundenen Gefühls- und Denkschemata deutlicher werden. Das bezog sich nicht nur auf die Symptombildung der präsentierten Patienten bzw. deren Veränderung im Laufe der Jahre, sondern auch auf die Beziehung der Teilnehmer zu den Dozenten als Autoritäten, denen Respekt gezollt werden musste, auch wenn diese gelegentlich – aus chinesischer Sicht – wenig sinnvolle oder gar vollkommen abseitige Handlungen zu vollziehen schienen. Im Zweifel war der Kontext einer hierarchischen Beziehung wichtiger als irgendwelche sachlichen Prinzipien. Doch es gab auch Überraschungen über die mangelnde Beziehungssensibilität der chinesischen Kollegen, die – etwa zwanzig Jahre nach dem ersten Symposium, d. h. aber auch: nach zwanzig Jahren forcierter marktwirtschaftlicher Entwicklung – ihren Geschäftssinn und ihre Marktsensibilität dadurch zeigten, dass sie sich, zum Beispiel, nicht scheuen, Supervisionssitzungen auf Video aufzuzeichnen und im Internet zu verkaufen ...

**Interview mit Antje Haag**
Sie war seit dem ersten Symposium in Kunming als Dozentin für Psychoanalyse in China tätig, unter anderem mehrere Monate im *Mental Health Center* in Shanghai.

*FBS: Du hast ja jetzt mehr als 20 Jahre Zeit mit und in China verbracht. Wie hat sich deine Sicht auf China verändert?*

ANTJE HAAG: Die Einladung 1988 kam für mich ganz überraschend. Ich hatte mich bisher nicht besonders für China interessiert und dachte auch, dass ich nicht so recht nach China passe, schon wegen meiner Körpergröße, aber auch wegen meiner Direktheit. Ich wusste relativ wenig über das Land und seine Geschichte. Was mich da hingebracht hat, war reine Neugier. Damals habe ich nicht geahnt, dass es dann in meinem Leben einen so großen Raum einnehmen würde.

Aber wenn ich jetzt zurückblicke, dann habe ich im Laufe der Jahre paradoxerweise ein immer fremderes Gefühl zu China entwickelt. Je häufiger ich da war, desto mehr Fragen stellten sich. Das ist wohl natürlich so, aber diese Verständnisschwierigkeiten haben mich sehr beschäftigt. Ich bedaure jetzt in der Retrospektive, dass ich den Eindruck habe, dass ich viel zu wenig verstanden habe und Missverständnissen nicht entschiedener nachgegangen bin. Diese betreffen besonders die kulturellen Unterschiede.

Darüber hinaus war es für mich auch (zunächst) verwunderlich, dass die Chinesen sich so wenig mit ihrer jüngeren Geschichte befasst haben. Dabei fanden sich in fast jeder Familie traumatische Erfahrungen, die aber nicht thematisiert wurden, auch nicht von den angehenden Psychotherapeuten, die ich ja unterrichtet habe. Die Themen Politik und Geschichte waren einfach tabu.

*FBS: Wie erklärst du dir diese Distanz zur eigenen Geschichte?*

ANTJE HAAG: Ich glaube, das hat etwas mit Scham zu tun. Dass der große Entwurf einer neuen, besseren, maoistischen Gesellschaft nicht realisiert werden konnte und dabei noch so viel Leid kostete, ist ja auch tragisch für dieses Volk. Ein Resultat war dann ja, dass die gesellschaftliche Struktur völlig durcheinandergeraten ist und die Mittelschicht verschwand. Da haben intellektuelle oder wohlhabende Männer und Frauen Arbeiter und Bauern geheiratet, um der Revolution Genüge zu tun – oder um zu überleben. Eine ganze Generation, die heute als die »verlorene« bezeichnet wird, hatte keine Bildungschancen. Dieses hatte erhebliche zivilisatorische Konsequenzen, die bis heute noch sehr spürbar sind. Insgesamt ist es für die Generation der jungen Erwachsenen zu einer Ent-Traditionalisierung gekommen, was die kulturelle Kohärenz beeinträchtigte.

*FBS: Es gibt in den Familien keine kulturelle Kohärenz und Konsistenz?*

ANTJE HAAG: Ja, und, überspitzt gesagt, sind jetzt an die Stelle dieser kulturellen Kohärenz ein überbetontes Leistungsstreben und das Geld getreten.

Die Gläubigkeit an alles, was teuer ist, war für mich befremdlich und zum Teil auch komisch. Denn mit meinem einfachen Laptop war ich ja z. B. hinter dem Mond gegen die viel teureren Geräte, die meine Teilnehmer hatten, obwohl sie nur 2500 Yuan, etwa 250 Euro, verdienten und sich das irgendwie mühsam zusammensparen mussten.

*FBS: Kann man sagen: Der Mangel an kulturell tradierten Werten, die in der Familie vermittelt werden, wird jetzt durch Konsum und Marktmechanismen kompensiert?*

ANTJE HAAG: Das würde ich so sagen, ja leider!

Aber so ganz stimmt das auch nicht, es gibt schon noch alte Werte, die das familiäre Zusammenleben bestimmen, wie zum Beispiel die absolute Loyalität der Kinder den Eltern gegenüber, auch wenn sie diese nicht lieben. Oder die nicht hinterfragte Unterwerfung unter die Vorgesetzten – alles konfuzianische Reste, die von der KP China jetzt wieder hoch besetzt sind. Ich habe das noch stark empfunden, wenn ich ältere Menschen gesprochen habe, die sich bitter darüber beklagten, dass diese alten Werte langsam erodieren. Aber solche Klagen sind ja universell.

*FBS: Marktmechanismen fördern ja tendenziell die Auflösung bestehender Bindungen, sei es zwischen Menschen, sei es an alte Werte. Geld und Markt ermöglichen individuelles Überleben und damit Individualisierung.*

ANTJE HAAG: Denkt man. Schon wegen des Wettbewerbs. Aber diese Individualisierung geht meinem Eindruck nach nicht in Richtung einer Selbstverwirklichung, die über den wirtschaftlichen Erfolg hinausreicht.

Es gab allerdings einen meiner Schüler, der mir gegenüber sehr kritisch war – obwohl ich nicht weiß, ob das mir oder der Psychoanalyse galt, der war ein sehr gebildeter Mann; er wusste viel über Daoismus und Buddhismus; und er guckte mich so an, als wollte er sagen: »Du hast doch keine Ahnung über uns!« Und damit hatte er auch absolut recht – obwohl ich natürlich etwas gekränkt war. Er entwickelte allerdings etwas Elitäres und hat schließlich viele Kollegen gegen sich eingenommen, die ihn gleichzeitig bewunderten, weil er seine eigene Position hatte. Jetzt verstehe ich ihn besser, wenn er mich so anguckte und sagte, dass ich mit meiner westlichen Psychoanalyse keine Ahnung von der chinesischen Gesellschaft hätte. Aber er konfrontierte mich auch damit, wie wenig ich eigentlich wusste. Es ist schade, dass wir nicht recht in einen Dialog gekommen sind, er blieb dann vom Unterricht weg.

*FBS: Was ist denn, rückblickend betrachtet, für dich der wichtigste kulturelle Unterschied?*

Antje Haag: Mir hat François Jullien da die Augen geöffnet. Er benennt ja den Unterschied zwischen uns im Westen bzw. unserem Bedürfnis nach Klarheit und Struktur und unserer Aggression – und den Chinesen, die eben alles offen und im Fluss lassen, und wenn sie Glück haben, dann können sie das Situationspotenzial nutzen ... Diese Unentschiedenheit und Vagheit, die mir oft begegnete, war für mich nicht leicht zu händeln, auch wenn ich meine Erfahrungen retrospektiv besser einordnen kann. Wenn ich, um ein Beispiel aus meiner Arbeit zu nehmen, bei einer Fallbesprechung gefragt habe: »Was hat das denn bei Ihnen ausgelöst, ... hat Sie das traurig gemacht oder wütend?« – dann war die Antwort: »Ja!« Es blieb beides nebeneinander stehen. Wenn man fragt, ob etwas grün oder rot ist, und mit einem »Ja« geantwortet wird, dann weiß man immer noch nicht, welche Farbe es hat. Aber für Chinesen ist das denkbar, Widersprüche werden nicht aufgelöst, sondern bleiben nebeneinander stehen.

*FBS: Die zweiwertige Entweder-oder-Logik ist für sie offenbar bei solchen Fragen nicht anwendbar.*

Antje Haag: Ja, genau. Manche Autoren nennen das »naive Dialektik«.

*FBS: Mir scheint dies wenig naiv, sondern – ganz im Gegenteil – angemessen für die Beschreibung lebender oder auch psychischer und sozialer Systeme. Denn bei denen ist ja Ambivalenz der Normalzustand. Was meinen diese Autoren mit »naiver Dialektik«?*

ANTJE HAAG: Dass es nach These und Antithese keine Aufhebung des Widerspruchs in der Synthese gibt.

*FBS: Das in der Systemtheorie verwendete Konzept der Paradoxie-Entfaltung dürfte hier passender sein: Es geht davon aus, dass die genannten Typen von Systemen (soziale, psychische und biologische Systeme) widersprüchlich organisiert sind, d. h., dass sie ständig antagonistische Tendenzen zu bewältigen haben. Es müssen Überlebensnotwendigkeiten realisiert werden, die sich im Sinne der zweiwertigen Logik gegenseitig ausschließen. Das verwickelt sie in pragmatische Paradoxien. Das heißt, wenn man solche Anforderungen als Alternativen formulieren wollte, dass solche Systeme – um in der von dir gegebenen Metapher zu bleiben – immer sowohl grün als auch rot sein müssen. These und Antithese bestehen bei der Entfaltung der Paradoxie nebeneinander, und ihr Widerspruch wird nicht in einer Synthese aufgehoben. Daher gibt es auch keine Klarheit im Sinne eines Entweder-oder. Und so bekommen es Chinesen – das wäre nun meine Hypothese – auch hin, sich nicht zu entscheiden zwischen den beiden Seiten der Alternative, und sie antworten auf deine Entweder-oder-Fragen mit »ja«.*

ANTJE HAAG: Genau. Und ich bin interessiert an Klarheit. Wenn Patienten vorgestellt wurden, dann habe ich da manchmal keinen roten Faden oder eine Gestalt erkennen können. Erstens wusste ich häufig nicht, ob sie (die Therapeuten) über sich oder den Patienten redeten, und dann wirkte es auf mich inkohärent, was meine Schüler aber ganz offensichtlich wenig störte. Es gab also gewissermaßen ein Kommunikationsproblem aufgrund der unterschiedlichen Bedürfnisse nach Konsistenz.

*FBS: Konsistenz wird ja nicht gebraucht, denn die wird lediglich von der zweiwertigen Logik gefordert. Wer nicht in diesem Entweder-oder-Sinne denkt, der braucht keine Konsistenz.*

ANTJE HAAG: Das brauchten sie nicht, und ich habe da manchmal richtig kapituliert. Heimlich habe ich es gelegentlich als Unfähigkeit verbucht. Heute frage ich mich, ob die größere Offenheit des Denkens, die generell höhere »Ambiguitätstoleranz«, wie die Analytiker sagen, nicht auch andere, wertvolle Erlebensdimensionen ermöglicht.

*FBS: Du warst dir wahrscheinlich ja nicht bewusst, welche blinden Flecken du dir schaffst, wenn du im Sinne der zweiwertigen Logik von allem Möglichen abstrahierst, nur um dir Konsistenz zu schaffen.*

ANTJE HAAG: Ja, das sind alles Prozesse, die ich dann erst bei der Reflexion in der Rückschau durchgemacht habe. Meine Vorstellung in der Vermittlung von psychodynamischem Verständnis war immer, dass es wichtig sei, eine »Gestalt« zu erarbeiten, was Konsistenz beinhaltet. Im Begreifen einer Persönlichkeitsproblematik oder einer Symptomatik aus einer spezifischen Lebenskonstellation oder bestimmten Entwicklungsbedingungen. Wir suchen da einen roten Faden und finden ihn auch meistens. Für Chinesen ist das manchmal nicht so einfach – wenngleich ich auch betonen möchte, dass es einigen Kollegen sehr wohl gelang, hinsichtlich ihrer Fallgeschichten »konsistent« zu denken. Aber ich meine auch, dass ich oft an ihnen vorbeigeredet habe mit meinem Ansatz: Gestalt, Konsistenz, roter Faden. Die Lebensgeschichte als Gestalt, auch das Verstehen aus der aktuellen biografischen Krise des Patienten, warum er jetzt krank wird. Was ist das auslösende Erleben, das mit früheren Erfahrungen und Ängsten zu tun hat? Oder welche Fehlentwicklungen sind wie zu verstehen? Das ist ja unser Konzept. Und ich denke, das ist manchmal nicht richtig verstanden worden.

Nun muss ich sagen, dass ich in Shanghai auch besondere Bedingungen hatte, weil mein Unterricht von der Direktorin den Kollegen gleichsam »verordnet« worden war. Darunter waren natürlich einige, die nicht so motiviert oder introspektiv waren. Dieses spielte in den sog. »Selbsterfahrungssitzungen« dann auch eine beeinträchtigende Rolle. Ich glaube, einige Kollegen sind nur gekommen, weil die anderen es auch taten – und vielleicht profitierten sie auch, aber ein wirklich inneres Anliegen war es nicht.

Während in die Kurse, die meine deutschen psychoanalytischen Kollegen heute anbieten, hoch motivierte Teilnehmer aus zahlreichen Provinzen kommen, die viel Geld dafür zahlen. Das ist eine andere Selektion.

*FBS: Das wäre in Deutschland wahrscheinlich ja nicht anders. Wenn man die Zwangspsychoanalyse bei unmotivierten Ärzten vorschreiben würde ...*

*Aber lass uns noch mal zu deinem Nichtverstehen zurückgehen ...*

ANTJE HAAG: Ein Beispiel: Einmal hielt ein deutscher Kollege, ein Psychoanalytiker, einen Vortrag; er war im selben Hotel wie ich untergebracht. Mir wurde weder etwas von dem Vortrag gesagt noch davon, dass er sich ganz in meiner Nähe aufhielt. Ich war ja ausgehungert nach Kontakten aus Deutschland. Aber keiner hat mir was gesagt. Ich habe ihn dann später zufällig im Fahrstuhl getroffen.

*FBS: Wie erklärst du dir dieses Verhalten?*

ANTJE HAAG: Es ist mir ein Rätsel, aber vielleicht fürchteten sie, dass ich ihn als Konkurrenz erleben würde.

FBS: *Sie wollten dich schützen?*

ANTJE HAAG: Ja, sie wollten mich vor der Erkenntnis schützen, dass es noch andere Analytiker geben könnte ...

FBS: *Oder sie wollten sich davor schützen, dass du merkst, dass sie nicht nur dich lieben, sondern auch noch andere Götter neben dir anbeten. Sie haben eine Dreiecksbeziehung kreiert, von der ihr beide nichts wusstet und in der sie die Kontrolle hatten ...*

ANTJE HAAG: Keine Dreiecksbeziehung. Eher, so glaube ich, war das eine Spaltung. Zwei Zweierbeziehungen. Das ist mir öfter passiert.

FBS: *Sie haben zwei vollkommen separate Zweierbeziehungen nebeneinandergestellt? Warum? Weil sie über kein Schema für den Umgang mit Dreierbeziehungen verfügen?*

ANTJE HAAG: Das ist für mich ein neuer Gedanke, wenn du das mit den getrennten Zweierbeziehungen so formulierst. Eine interessante Perspektive, an der – glaube ich – etwas ist.

FBS: *Eine klassische Kommunikationsform, um die Kontrolle zu behalten.*

ANTJE HAAG: Ich war da immer sehr irritiert. Es ist mir häufig so gegangen, dass ich nicht informiert wurde über Dinge, die für mich wichtig oder interessant gewesen wären. So hat der genannte Kollege einen Vortrag gehalten, auf den ich in meinem Unterricht ja hätte aufbauen können. Ich habe das alles erst später erfahren, aber man hätte da viel gemeinsam machen können. Ich habe auch erst allmählich erfahren, dass viele chinesische Kollegen gleichzeitig Ausbildungen in anderen Therapierichtungen machten. Ich hätte es sehr interessant gefunden, mit ihnen darüber zu diskutieren – auch z. B. darüber, welcher therapeutische Zugang ihnen am nächsten wäre.

FBS: *Ich verstehe das noch nicht ganz: Es werden immer getrennte Kontexte konstruiert, in denen jeweils dyadische Beziehungen bestehen ...*

ANTJE HAAG: ... und in dem sie den anderen in dem Bewusstsein lassen wollen, er sei der einzig Wichtige.

FBS: *Aber eigentlich denken Chinesen doch in komplexen Beziehungsgefügen.*

ANTJE HAAG: Wenn sie ihre Grundannahmen einer starken Vernetzung zugrunde legen, hätten sie einer so einsamen Person wie mir damals, als ich vier Monate relativ auf mich gestellt in Shanghai lebte, schon Wochen vorher etwa sagen können: »Da kommt der Soundso und dann machen wir ein gemeinsames Essen!«

Ich habe nie mit einem ausländischen Kollegen, der gleichzeitig an der Klinik unterrichtete, gesprochen.

FBS: *Wahrscheinlich ist das Verständnis von Netzwerk anders. Als Chinese wird man ja in ein bestehendes Netzwerk mit klar definierten Positionen und Beziehungen geboren. Jeder weiß, wie er sich auf wen zu beziehen und wie er sich zu verhalten hat. Erst gibt es das Netzwerk, und dann kommen die Personen dazu, die an vordefinierten Knotenpunkten (großer Bruder, kleine Schwester usw.) positioniert werden. Und du warst als Person keinem solchen Netzwerk zuzuordnen. Deswegen gibt es auch kein normativ wirksames oder die Unsicherheit beseitigendes Verhaltensschema, auf das man sich im Umgang mir dir und anderen Deutschen, die zu Besuch kommen, beziehen kann. Es bleibt daher bei zwei voneinander getrennten Zweierbeziehungen zu dir und zu ihm.*

ANTJE HAAG: So, wie du das jetzt sagst, mag das nachzuvollziehen sein. Aber in der Situation war es für mich vollkommen unverständlich. Das habe ich nicht zusammengebracht.

FBS: *Du denkst offensichtlich von der Person her: Was braucht jemand, der einsam und allein in einem fremden Land sitzt? Aber darum geht es gar nicht. Es geht nicht um die Personen, sondern um das Netzwerk und die Stellung, die jemand darin innehat.*

ANTJE HAAG: Ja, so ist es wohl. Auf der anderen Seite hat mich die »Vernetzung« der Chinesen auch sehr beeindruckt, weil ich dieses unhinterfragte Zusammengehörigkeitsgefühl bei uns in diesem Ausmaß nie erlebt habe. Wenn man z. B. auf dieselbe Schule gegangen ist, dann gehört man zum selben Netzwerk, auch wenn man sich gegenseitig nicht persönlich kennt. Man erweist sich auch völlig selbstverständlich Gefälligkeiten, man gehört einfach zusammen, das ist das Schicksal. Das würde deine Hypothese ja eher bestätigen. Das Netzwerk der Schule gab es schon vorher, und als Person kommt man hinzu.

FBS: *Das Netzwerk definiert die Identität des Individuums, nicht umgekehrt. Und das Individuum definiert sich über die Zugehörigkeit zum Netzwerk, über den Knoten, den es besetzt, über die Verhaltenserwartungen und -schemata, die damit verbunden sind usw.*

ANTJE HAAG: Möglich ... Ich habe immer gedacht, sie wollten mich in der Vorstellung lassen, dass ich die einzige große Lehrerin bin. Wenn da jemand kommt, dann darf ich das gar nicht wissen, damit ich meine Grandiosität nicht infrage gestellt sehe.

FBS: *Das würde meiner Hypothese nicht widersprechen. Du bist die Autorität, die Hierarchin, und wenn eine zweite Autorität danebengestellt wird, dann wird es schwierig, mit zwei Hierarchen umzugehen ...*

*Aber lass uns noch über das Thema deines eigenen Buches[45] sprechen: die chinesische Seele. Einiges hast du ja schon erwähnt. Was fehlt noch?*

ANTJE HAAG: Das sind psychoanalytische Überlegungen. Das betrifft zunächst das Aufwachsen der Kinder. Bei uns ist es so, dass die kleinen Kinder relativ begrenzte und damit sehr prägende Identifikationsmöglichkeiten haben: Papa, Mama, ältere Geschwister. In China ist das anders, besonders war es das natürlich vor der Ein-Kind-Politik. Die emotionale Bezogenheit ist verteilt auf eine Gruppe, was bis heute so ist, denn die Einzelkinder werden auch substanziell von den Großeltern mit erzogen. Es war ja interessant, dass die westlichen Psychoanalytiker sich immer aufregten, wenn zum Beispiel von Zwillingen einer zur evtl. kinderlosen Schwester der Mutter oder des Vaters gegeben wurde. Das wurde von den Analytikern immer als Trauma gesehen.

Ich war damit eigentlich nie einverstanden, weil es ein generelles Muster war, das ich erlebt habe, dass Kinder zur Tante, zum Onkel usw. gegeben wurden. Das war gar kein Problem. Diese Unbefangenheit in der Familie, das Kind der Gruppe zu überlassen, führt zu einer multilateralen Identifikation. Und diese ist m. E. auch die Voraussetzung für die kollektivistische Grundstruktur der Gesellschaft und der Kultur, über die wir gesprochen haben.

Das chinesische Selbst, so hat es mal jemand formuliert, ist vergleichbar mit einem Ei ohne seine harte Schale. Das Ei hat ja auch noch eine weiche, flexible Haut. Bei uns hat das Selbst eine eindeutige, harte Schale, die die Identität ausmacht. Deren Entstehung kann man in der analytischen Arbeit gut zurückverfolgen: Vaterübertragung, Mutterübertragung, was immer ... Es sind immer Einzelbeziehungen, die dann eine stärkere Konturierung eines Selbst zur Folge haben.

In China ist das anders. Durch die Sozialisation im Kollektiv gibt es andere, multilaterale Beziehungsmuster. Das Selbst ist weniger scharf abgegrenzt. Und wir Analytiker haben unsere westlichen Modelle 1:1 auf China übertragen. Ich glaube, dass das nur eingeschränkt möglich ist und dass – auch wenn basale Konzepte übertragbar sind – die Psychoanalyse sich an die Kultur anpassen und neue, kulturspezifische Denkmodelle entwickeln muss. Auch wenn China derzeit eine Übergangsgesellschaft ist, wird es sicher noch Generationen dauern, bis sich, wenn überhaupt, ich bin da skeptisch, seelische Strukturen bilden, die vergleichbar mit unseren sind. Und ob unsere westliche Kultur, in der Autonomie und Individualität so idealisiert werden, die beste aller Kulturen ist, das ist ja noch eine große Frage ... Und diese westlichen Werte sind ja identisch mit den Zielen, die sich psychoanalytische Behandlungen gesetzt haben.

## 6.6 Die chinesische Familie – von der Großfamilie zur staatlich verordneten Ein-Kind-Familie

Traditionell war die Familie in China das soziale System, das den größten Einfluss auf das Denken und Entscheiden des Einzelnen hatte – nicht nur der Kinder, sondern auch der Erwachsenen. Wenn von High-Context-Kultur in China gesprochen wird, in der die Orientierung an Beziehungen das Verhalten leitet, so wird diese Kultur – wie jede andere – in der familiären Primärsozialisation vermittelt. Die Familienorientierung, der Clan verkörpert diese Art Kultur. Der Konfuzianismus hat über 2500 Jahre am meisten dazu beigetragen, diese Orientierung zu schaffen und zu erhalten. Zur Kaiserzeit, die erst 1911 ihr Ende fand, und auch noch in den ersten Jahren der jungen Republik umfasste die patrilinear organisierte Familie nicht allein eine große Zahl Verwandter, sondern auch Bedienstete. Die Zahl der Verwandten war unter anderem deshalb größer als im Westen, weil das männliche Familienoberhaupt, zumindest wenn es wohlhabend war, mehrere Frauen und mit jeder von ihnen mehrere Kinder haben konnte. Mehrgenerationsfamilien lebten zusammen. Cousins und Cousinen wurden ebenfalls Geschwister genannt. Die Bezeichnung der Geschwister differenzierte nicht nur nach älter oder jünger, sondern zeigte auch die Rangfolge. Der Einzelne war also Angehöriger einer erweiterten Familie.

Es gab und gibt eine familiäre Innen- und Außengruppe. Ob jemand zum »Wir« einer Innengruppe gehört, wird mit dem Wort »za(n)men« für »wir« bezeichnet, während das Wort »women« ein weiteres »Wir« ausdrückt, das Innen- und Außengruppe umfasst. In der Innengruppe der Familie ist man hilfsbereit, selbstlos, ordnet sich ein usw. Diese Innen-außen-Unterscheidung wird sogar innerhalb der patriarchalen Familie vollzogen, wobei die mütterlichen Verwandten als (relativ) außen verortet werden. Ihre Bezeichnungen enthalten das Präfix »wai« (= »außen«) (Shi 2003, S. 115).

Die Folge war ein hochkomplexes Beziehungsgefüge, in dem es klare hierarchische Regeln der Über- und Unterordnung gab: Der ältere Bruder hatte ein Recht auf die Achtung des jüngeren Bruders und war ihm gegenüber gewissermaßen weisungsbefugt. Die persönlichen Beziehungen entwickelten sich nicht allein aufgrund gegenseitiger Sympathien oder anderer gegenseitiger Emotionen, sondern aufgrund tradierter Konventionen, die mit den jeweiligen Rollen und Stellungen in einem streng reglementierten verwandtschaftlichen Beziehungsnetz verknüpft waren.

In den turbulenten Zeiten der rechtlichen Verunsicherung und der Kampagnen blieb das familiäre Beziehungsgeflecht gegenseitiger Unterstützung und Abhängigkeiten, das die erweiterte Familie umfasste, eine soziale Sicherung. Zur Gruppe gehörten die »zijiren« (»ziji« = »selbst«, »ren« = »Mensch«). In diesem Geflecht von Beziehungen (»guanxi«) hatte man Erwartungen zu erfüllen, konnte sich auf Unterstützung verlassen. Es war ein Netz gegenseitiger Verantwortlichkeiten, Pflichten und Rechte.

Es war ein explizites Ziel des nachrevolutionären chinesischen Staates bzw. der politischen Führung, diese familiären Hierarchien infrage zu stellen. Doch da diese Muster Aspekte jahrhundertealter kultureller Traditionen sind, die man weder per Dekret beschließen noch abschaffen kann (»nichtentscheidbare Entscheidungsprämissen«), wurden die vorgegebenen familiären Strukturen durch neue Gesetzte zwar nicht beseitigt, aber doch massiv durcheinandergebracht. Dabei blieben vor allem die gesetzlichen Regelungen, die auf die Gleichstellung der Geschlechter zielten, nicht ohne Folgen für die Entwicklung der Familien in China.

Seit dem Ende der Kulturrevolution haben die Chinesen nun einen anderen radikalen Kulturwandel, der durch die Veränderung der ökonomischen Bedingungen ausgelöst wurde, zu bewältigen: Sie müssen sich als selbstständige Individuen in einem Wirtschaftssystem zurechtfinden, das von Konkurrenz geprägt wird, ohne dass sie dabei auf starke familiäre Netzwerke, wie in alten Zeiten, zurückgreifen können.

Die Veränderung der Familienstruktur, das Auflösen der Clans, des Kollektivismus der sozialistischen Phase (Einheiten) verlangt individuelle ökonomische Autonomie in einer sich rasant verändernden Umwelt, ohne klare Werteorientierung. Dies ist ein so radikaler Einschnitt, dass seine Auswirkungen noch nicht abzusehen sind. Soziale Netzwerke über die erweiterte Familie hinaus (»guanxi«) behalten aber ihre Bedeutung. Dabei erweisen sich Beziehungen zu höherrangigen Personen als besonders hilfreich. Die zentrale Funktion persönlicher Vernetzung bleibt als kulturelles Muster erhalten, aber sie ist nicht mehr primär auf die Familie bezogen, wenn es um professionelle oder geschäftliche Fragen geht.

## 6 Der Wandel der Strukturen

Die wohl weitreichendste staatliche Vorgabe wurde 1979 mit der Ein-Kind-Politik beschlossen. Danach darf jedes Paar, das in der Stadt lebt, von genau definierten Ausnahmen abgesehen, nur noch ein Kind haben und jedes Paar auf dem Land zwei. Andernfalls ist es von gravierenden Sanktionen bedroht.

Hintergrund dieser Politik war, dass das »Neue China« von 1949 bis 1979 einen Geburtsboom erlebt hatte, sodass die Bevölkerungszahl sich von 540 Millionen im Jahre 1949 auf ca. eine Milliarde Menschen 30 Jahre später fast verdoppelt hatte. Während der Kulturrevolution, und zwar am Anfang der 1970er-Jahre, begann Mao Zedong den Bevölkerungsboom als Bedrohung einer Wohlstandsentwicklung ernst zu nehmen. Ziel war es, die Bevölkerungsexplosion in China zu stoppen. Der Erfolg dieser Politik zeigt sich darin, dass die Bevölkerungszahl Chinas im Jahre 2005 ca. 1,3 Milliarden betrug, d. h. etwa 300 Millionen Menschen weniger, als zu erwarten gewesen wären ohne diese Politik.

Eine der – wahrscheinlich nicht intendierten – Nebenwirkungen war eine radikale Umformung der Familie hin zu einer 4–2–1-Konstellation: Vier Großeltern und zwei Eltern konzentrieren sich und ihre Aufmerksamkeit auf ein Kind (»kleine Kaiser«).

Während früher Einzelkinder die Ausnahme waren, wurden sie nun zur Regel – und mit ihnen eine Kindzentrierung der Familiendynamik. Die damit verbundenen Änderungen der Sozialisationsbedingungen führten dazu, dass jedes dieser Einzelkinder für seine Eltern und Großeltern eine besondere Bedeutung bekam. Die Hoffnungen und Erwartungen, die sich früher auf eine Kinderschar verteilten, ruhten nun auf einem einzelnen Kind. Delegationen waren nicht zu vermeiden, Überforderung, Verwöhnung und Versagung die Konsequenz.

Es kam aber auch – ungeachtet der offiziellen Politik der Gleichstellung der Geschlechter – zu einer pränatalen Selektion: Weibliche Föten wurden und werden öfter abgetrieben als männliche. Dies veränderte in den letzten 30 Jahren das quantitative Gleichgewicht zwischen Männern und Frauen, d. h., es gibt inzwischen 20 % mehr Männer als Frauen in der Generation der seit Einführung der Ein-Kind-Politik geborenen Chinesen.

Eine weitere, Probleme in der Zukunft versprechende Folge dieser Politik ist die Überalterung der Bevölkerung. Die immer geringere Zahl junger und arbeitsfähiger Chinesen steht der immer größeren Zahl alter und arbeitsunfähiger Menschen gegenüber: Die Bevölkerungspyramide steht auf dem Kopf. Nach dem neuesten Zensus Chinas, der Ende 2010 durchgeführt worden ist, hatte China zum damaligen Teitpunkt 1,34 Mrd. Einwohner, und ist es davon auszugehen, dass die Anzahl von Menschen über 60 Jahren im Jahr 2015 bis zu 210 Mio. beträgt und deren Anteil an der Gesamtbevölkerung auf 16,7 % ansteigen wird; darunter werden 24 Mio. (11,1 %) Menschen über 80 Jahre alt sein.

All dies sind gesellschaftliche Veränderungen, die ein für das hier beschriebene Projekt günstiges Situationspotenzial aufbauten (d. h. einen von offizieller Seite nicht zu übersehenden oder zu leugnenden Bedarf an Psychotherapie), das seinen Erfolg ermöglichte.

# 7. Die »Chinesisch-Deutsche Klasse«

## 7.1 Die Gründung der »Deutsch-Chinesischen Akademie für Psychotherapie«

Die Bildung des *Committee for Psychotherapy and Counseling* innerhalb der *Chinese Mental Health Association* war der erste Schritt zur Institutionalisierung der Psychotherapie und der Schaffung psychotherapeutischer Fachorganisationen in China. Ein anderer Schritt wäre damals, nach dem Kunming-Symposium, nicht möglich gewesen. Es ist ohnehin bemerkenswert, dass die chinesischen Psychiater und Psychologen diesen Schritt zur internen Differenzierung innerhalb der bis heute wichtigsten Fachgesellschaft für den gesamten Mental-Health-Bereich so früh vollzogen. Eine weitere Differenzierung im Sinne einer Schulenbildung spielte keine Rolle. Psychotherapie war ja gerade erst dabei, geboren zu werden. Die Gründung des Committees war daher ein fachlicher, aber auch ein bis heute wichtiger politischer Schritt in einem damals noch stark konservativ beeinflussten psychiatrischen Umfeld.

Ganz anders stellte sich die Lage auf deutscher Seite dar. Jede Einordnung in eine bereits bestehende Fachgesellschaft hätte die Übernahme der fachlichen Konflikte innerhalb der therapeutischen Szene zur Folge gehabt. Außerdem hätte man sich den vorgegebenen Strukturen und Hierarchien unterordnen müssen. Während dies in China Schutz und Legitimation bedeutete, hätte es in Deutschland wohl eher zur Delegitimation der Aktivitäten und zu Machtkämpfen geführt, da der Schulenstreit sich auch auf das China-Projekt übertragen hätte. Außerdem wäre die Handlungsfreiheit derer, die seit Jahren dieses Projekt vorantrieben, infrage gestellt worden. Es lag also nahe, eine eigene Organisation zu gründen, in der das über Jahre praktizierte, schulenübergreifende Modell zur Grundlage der Kooperation gemacht wurde. Schließlich war es ja das *gemeinsame* Ziel, ein längerfristiges Ausbildungsprogramm in *unterschiedlichen* therapeutischen Methoden in China zu organisieren. Solch eine Einheit ohne Leugnung der Differenzen wurde in Deutschland durch keine der bestehenden Fachorganisationen angemessen repräsentiert.

Nach einer Reise von Margarete Haaß-Wiesegart 1995 nach Peking, Shanghai und Kunming, in der sie nochmals mit den chinesischen

Lehrtherapeuten über deren Vorschläge zur weiteren Kooperation und die Möglichkeit einer Reise nach Deutschland gesprochen hatte, kam es 1995 in Hamburg zur Gründung der *Deutsch-Chinesischen Akademie für Psychotherapie (DCAP)*[46]. Damit wurde der erste Schritt vom Personennetzwerk hin zur Organisation vollzogen. Zweck solcher Organisationsbildung ist generell, charakteristische Funktionen (hier: die Psychotherapie-Ausbildung) dadurch sicherzustellen und zu standardisieren, dass sie von konkreten, nicht ersetzbaren Personen unabhängig gemacht werden. Die Austauschbarkeit der Dozenten ist Voraussetzung dafür, dass sachlich definierte Curricula zuverlässig angeboten und durchlaufen werden können. Wer den Anspruch hat, eine inhaltlich fundierte Ausbildung zu institutionalisieren, kann diese nicht als Privatperson vermitteln, auch nicht als Gruppe, wie kompetent die sie bildenden Personen auch immer sein mögen. Mit anderen Worten, es muss zu einem Wechsel der Entscheidungsprämissen kommen: von den Personen zu *Zweckprogrammen,* und diese müssen im Kontext der Aktivitäten einer Organisation realisiert werden.

Dies ist vor allem deswegen notwendig, weil der Staat ins Spiel kommt, sobald es um Heilkunde geht. Er muss potenzielle Patienten vor Scharlatanen schützen und dafür sorgen, dass die sich »Therapeut« nennenden Personen qualifiziert sind, ihren Beruf auszuüben. Für die Diskussion der dazu nötigen Qualifikationen und Ausbildungen – Fragen, die ja auch im Westen konfliktträchtig und nicht einfach zu beantworten sind – stellen in der Regel Einzelpersonen keine akzeptablen Gesprächspartner für staatliche Stellen, Krankenkassen und andere Organisationen des Gesundheitssystems dar, es sei denn, sie sind formal legitimiert, für ihre Profession zu sprechen. Das gilt auch für die Beziehung zu potenziellen Geldgebern für solch ein Vorhaben. Als Individuum bedarf man des Status des offiziellen Sprechers oder Vertreters einer Organisation, wenn man Finanzierungsanträge stellt – auch wenn diese Organisation von einem selbst gegründet wurde ...

## 7.2 Die »Zhong De Ban«

Ein chinesischer Spruch sagt: »Wer den Titel hat, hat das Sagen.« Deswegen hat das Projekt einen langen chinesischen Namen:

中德高级心理治疗师连续培训项目

## 7 Die »Chinesisch-Deutsche Klasse«

Auf Englisch heißt dies: »Chinese-German Advanced Continuous Training Program for Psychotherapy« (»Chinesisch-deutsches fortschrittliches kontinuierliches Ausbildungsprogramm für Psychotherapie«). Alle Wörter in diesem langen Namen wurden von den chinesischen Organisatoren aufgrund intensiver Diskussion sorgfältig ausgewählt, damit das Projekt sich von anderen möglichen konkurrierenden Projekten augenfällig unterscheidet und um die Attraktivität für die besten Kandidaten zu erhöhen. Der Titel weist die wichtigen Besonderheiten für ein gutes Projekt auf, nämlich: *international, fortschrittlich, kontinuierlich*.

Die erhoffte Resonanz trat ein. »Zhong De Ban« ist die inoffizielle, aber geliebte Abkürzung des oben erwähnten Titels – wörtlich heißt die Abkürzung »China-Deutschland-Klasse« oder »Chinesisch-Deutsche Klasse«.

Die Curricula, die der Ausbildung in China zugrunde gelegt wurden, orientierten sich an den in Deutschland (d. h. international/in der westlichen Welt) gelehrten Inhalten und Methoden. Allerdings mussten sie – das war von Beginn an klar – bestimmten Beschränkungen unterworfen werden, die zum einen aus dem nur begrenzten Zeitbudget, zum anderen aus den geografischen und finanziellen Gegebenheiten resultierten. So wurde auf der Gründungsversammlung der Deutsch-Chinesischen Akademie für Psychotherapie ein Trainingsprogramm beschlossen, bei dem über drei Jahre zweimal im Jahr jeweils sieben Tage dauernde Seminare stattfinden sollten. Es sollten geschlossene Gruppen von ca. 30 Personen sein, die jeweils in nur einer Therapieschule unterrichtet würden.

Das Format, zweimal im Jahr ein siebentägiges Seminar, und das über drei Jahre, wirkte für die Einheiten als größere Irritation: Der Besuch von Kongressen o. Ä. war bis dahin als Anerkennung für die geleistete Arbeit betrachtet worden. Solche Sonderleistungen wurden, wie bereits erwähnt, oft aufgrund von Beziehungserwägungen verteilt, nicht wegen sachlicher Notwendigkeiten. Es ging mehr darum, das Gefühl der Gerechtigkeit und Gleichheit in den Einheiten aufrechtzuerhalten, als um die Qualifikation von Einzelnen. Daher war die Forderung, dass *dieselben Personen* drei Jahre lang zweimal im Jahr zu einer Veranstaltung geschickt werden sollten, die eigentlich als Belohnung für Wohlverhalten angesehen wurde, eine Unerhörtheit. Dennoch gelang es, dieses Format durchzusetzen, was mit der positiven Resonanz der Symposien zusammenhing. Wer freigestellt wurde, aber selbst zahlen musste, lieh sich das Geld für die Teilnahme bei Freunden oder Verwandten.

Insgesamt bewarben sich über 300 Personen, um an dieser Ausbildung teilzunehmen. Es wurden insgesamt 138 Personen im Alter zwischen 28 und 50 Jahren, Durchschnittsalter war 35 Jahre, ausgewählt. Sie stammten aus 21 verschiedenen Provinzen Chinas. Es handelte sich um, nach chinesischen Maßstäben, sehr gut ausgebildete Personen: Mehr als die Hälfte von ihnen hatte einen Master- oder Doktor-Titel und einen hohen akademischen Status wie Chefarzt oder stellvertretender Chefarzt, Professor oder Associate Professor. Einige waren Leiter nationaler Institutionen. Jeder hatte neben diesen formalen Angaben auch schriftlich bei der Bewerbung seine Motivation darzustellen. Psychoanalyse wurde von den Bewerbern bevorzugt. Während in der Verhaltenstherapie und der Familientherapie die Geschlechter sich gleich verteilten, war das Verhältnis in der psychoanalytischen Gruppe 3:1 zugunsten der Männer.

Aus Kosten- und Aufwandsgründen für die chinesische Seite wurde vereinbart, dass jedes der halbjährlich stattfindenden Seminare in einer anderen Stadt veranstaltet werden sollte. Start war, schon um der in Kunming begonnenen Tradition der Symposien Rechnung zu tragen, im Frühjahr 1997 in Kunming. Weitere Orte waren dann Peking, Shanghai, Wuhan, Chengdu und am Ende, um die Gestalt zu schließen, wiederum Kunming (1999).

Jede methodenorientierte Gruppe wurde von mehreren deutschen und mehreren chinesischen Dozenten betreut. Jedes Seminar dauerte 7 Tage. Die ersten beiden Tage unterrichteten die chinesischen Lehrer, dann 5 Tage die Deutschen. Die Curricula wurden von den Deutschen in Absprache mit den chinesischen Lehrern erstellt. Nur wenige der chinesischen Lehrtherapeuten waren längere Zeit im Westen, wo sie eine intensivere Aus- bzw. Weiterbildung in der jeweiligen Methode erhalten hatten. Einige sprachen Englisch und/oder Deutsch, sodass sie auch als Dolmetscher, die über die notwendige Fachterminologie verfügten, fungieren konnten. Sie wurden in der Übersetzung unterstützt von ausgewählten jungen Teilnehmern, die gut Englisch sprachen. Im Falle der systemischen Familientherapie mussten von Zhao Xudong neue Begriffe im Chinesischen geschaffen werden. Da man nicht einfach 1:1 Worte übersetzen kann, sondern, die jeweils gewählten Schriftzeichen aufgrund ihrer Eigentümlichkeiten selbst Inhalte transportieren, galt es, bei der Wahl der Zeichen besonders sorgfältig zu sein. Da alles Lehrmaterial der drei Therapieschulen ins Chinesische übersetzt wurde, lagen am Ende der Ausbildung Materialien mit nahezu 500 000 Zeichen vor.

Was ebenfalls verbindlich für alle Teilnehmer vorgeschrieben wurde – und von vielen als unerwartete Möglichkeit dankbar angenommen wurde –, war »Selbsterfahrung«. Gemessen an den Forderungen an die Selbstreflexionsleistungen, die im Westen gefordert werden, waren die Gespräche, die jeder Teilnehmer mit einem der Dozenten hatte und die sich mit ihm bzw. seinen psychischen und interaktionellen Mustern beschäftigten, natürlich nicht mehr als ein symbolischer Akt. Aber darum ging es auch: zu signalisieren, dass die Bereitschaft und Fähigkeit zur Selbstreflexion ein integraler Bestandteil psychotherapeutischer Professionalität ist. Dass dieses »Angebot«, da es ja nicht abgelehnt werden konnte, von den einzelnen Teilnehmern sehr unterschiedlich genutzt wurde, bedarf wahrscheinlich keiner besonderen Betonung.

Ab dem zweiten Seminar gab es täglich eine Stunde, in der chinesische Lehrtherapeuten mit den Teilnehmern die Tagesthemen ohne die Deutschen diskutierten. Diese »Transferstunde« wurde auch bei späteren Ausbildungsprogrammen übernommen. Bereits sehr früh war klar, dass die Rolle der deutschen Lehrer die der Wissensvermittlung war. Es galt, eventuelle Kontrollerwartungen aufzugeben. Ihre »Ignoranz« entlastete paradoxerweise die deutschen Kollegen. Sie bezogen zwar den vorgegebenen Rahmen in ihre Art des Lehrens ein, aber sie zerbrachen sich den Kopf ihrer chinesischen Kollegen immer weniger. Sie präsentierten den Stoff, den sie für wichtig erachteten, und sie taten das so, wie es ihnen richtig erschien, aber sie wurden sich zunehmend darüber klar, dass sie nur sehr begrenzte Vorstellungen davon hatten, wie die chinesischen Ausbildungskandidaten das angebotene Material verarbeiteten.

Der Transfer westlicher Therapiekonzepte und -methoden in den chinesischen Kontext blieb eine den chinesischen Teilnehmern vorbehaltene Aufgabe. Sie waren daher einerseits Lernende, aber andererseits immer auch Experten für ihr Heimatsystem. Dies war ein Unterschied zu deutschen Lehrverhältnissen, wo Lehrende und Lernende meist aus dem gemeinsamen kulturellen Kontext stammen. Unterstrichen wurde das Expertentum der chinesischen Teilnehmer durch ihre ohnehin gute Ausbildung, ihre Rolle als leitende Funktionäre oder junge Hoffnungsträger in ihren Einheiten.

In einer gemeinsamen Sitzung der chinesischen und deutschen Lehrtherapeuten wurde jedes Seminar ausgewertet, und es wurden gegebenenfalls neue Absprachen getroffen. Alle chinesischen und deutschen Mitglieder der *Deutsch-Chinesischen Akademie für Psychotherapie* waren damals noch an diesem Ausbildungsprogramm beteiligt. So wurde auf dem Treffen am 30.3.1997 nach dem ersten Seminar die Seminarstruktur verändert, indem den Chinesen eine aktive Rolle im Transferprozess zugeteilt wurde. Vor jedem Seminar sollte für jede Gruppe ein kleiner Reader mit den Lehrmaterialien zusammengestellt und gedruckt werden. Die Teilnehmer hatten beschlossen, für jede Gruppe einen Newsletter zu publizieren. In diesen Sitzungen wurde auch der jeweils nächste Seminarort endgültig festgelegt.

Als ein Problem des ersten Seminars hatten sich die unterschiedlichen Ausgangsvoraussetzungen der Teilnehmer gezeigt. Ältere, erfahrene Kollegen sahen sich jüngeren, unerfahrenen Kollegen gegenüber. Es wurde beschlossen, die Gruppen in ihrer Unterschiedlichkeit zu belassen. Dies sollte sich als eine gute Entscheidung erweisen, denn in Bezug auf Psychotherapie waren ja auch die älteren, vermeintlich »erfahrenen« Kollegen Neulinge, ungeachtet ihres höheren sozialen Status. Der Sachebene wurde Priorität vor der Beziehungsebene gegeben, was für chinesische Verhältnisse ungewöhnlich war.

Zu diesem Zeitpunkt war die weitere Finanzierung des zweiten Jahres der Ausbildung noch völlig unklar.

Die Deutschen trafen sich vor jedem Seminar, um es vorzubereiten. Außerdem trafen sich alle deutschen Mitglieder der *Deutsch-Chinesischen Akademie für Psychotherapie* regelmäßig. Die jährliche Mitgliederversammlung wurde bald durch einen »Studientag« erweitert, an dem Referate über China gehalten und diskutiert wurden. Nach jedem Seminar in China reisten die deutschen Mitglieder für einige Tage durchs Land.

Das Lehrkonzept war neu für China, fremd für die chinesische Kultur. Seine Gefühle und Gedanken zu artikulieren und in die Kommunikation einzubringen, ohne Rücksicht auf Konventionen oder den Status der Beteiligten, stellte eine gravierende Abweichung von den üblichen Verhaltenserwartungen dar. Dass diese Vorgaben angenommen wurden, war eigentlich eher unwahrscheinlich, da es sich hier ja nicht um relativ wertfreie Techniken und Methoden wie in der Industrie handelte, sondern um kulturelle Muster, die eng mit der persönlichen Identität eines jeden verbunden waren. Dass diese Form der Ausbildung dennoch so bereitwillig angenommen wurde, dürfte auch mit dem Rahmen, d. h. der Einbettung in gegebene, Sicherheit stiftende hierarchische Muster zu tun haben. Das eigentlich um der Lastenverteilung willen etablierte Wandern zwischen unterschiedlichen Veranstaltungsorten erwies sich im Nachhinein als strategischer Geniestreich. Denn jedes Seminar – alle halben Jahre – wurde ritualisiert von einem örtlichen Würdenträger, wie etwa dem Gesundheitsminister der Provinz, eröffnet. Um sich die Bedeutung solcher formaler Akte zu verdeutlichen, braucht man sich nur vorzustellen, eine Psychotherapie-Weiterbildung in Deutschland würde jedes Mal von einem Landesminister, dem hohen Vertreter einer Stadt und Klinikdirektoren (o. Ä.) eröffnet. Hinzu kam, dass immer auch bekannte örtliche Psychiater auf dem Podium saßen. Wie sehr dieses Ritual auf der chinesischen Seite bedacht werden musste, wurde in Peking deutlich, als 19 Personen bei der Eröffnung auf dem Podium saßen.

Die so offiziell signalisierte staatliche und fachliche Anerkennung hat sicher dazu beigetragen, dass die »Chinesisch-Deutsche Klasse« sich von Beginn an in China eines extrem hohen Ansehens erfreuen konnte. Nach unserem aus der Organisationstheorie abgeleiteten Analyseschema heißt dies: Die vorgegebenen staatlichen und fachlichen Strukturen wurden als Entscheidungsprämisse für die chinesischen Teilnehmer wie auch für die Fachöffentlichkeit wirksam.

Diese äußeren Umstände können auch erklären helfen, warum diese erste »Chinesische-Deutsche Klasse« de facto die Standards für die Psychotherapie in China für die Folgejahre setzte. Denn auch an Programme, die seither von Norwegern, Schweizern und anderen nationalen Gruppen durchgeführt werden, wurde von chinesischer Seite die Forderung gestellt, sich formal an den durch die Zhong De Ban gesetzten Vorgaben zu orientieren.

### 7.3 Die verhaltenstherapeutische Ausbildungsgruppe

Da Verhaltenstherapie die westliche Psychotherapiemethode war, die in China den größten Bekanntheitsgrad genoss, standen hier mehrere kompetente chinesische Psychiater und Psychologen als Dozenten[47] zur Verfügung, die sich selbst weitergebildet hatten. Qian Mingyi hatte sich in Holland bei Albert Ellis mit Verhaltenstherapie befasst. Auch auf deutscher Seite gab es keinen Mangel an kompetenten Dozenten.

## 7.3 Die verhaltenstherapeutische Ausbildungsgruppe

Dass die Verhaltenstherapie die geringsten kulturellen Schwellen zu überschreiten hatte, lässt sich im Rahmen unseres vorgeschlagenen Analyseschemas dadurch erklären, dass sie auf der Ebene von Konditionalprogrammen relativ eindeutige, scheinbar kulturunabhängige Entscheidungsprämissen zur Verfügung stellt. Unterschiedliche Störungsbilder werden definiert, und dann werden Techniken zur Verfügung gestellt, die, der jeweiligen Indikation folgend, angewandt werden können. Der soziale Kontext wird dabei durchaus in Rechnung gestellt, aber im Prinzip wird das Individuum als Gegenstand der Analyse und Therapie definiert.

Aus diesem therapeutischen Selbstverständnis ergeben sich weitreichende Konsequenzen für die Entwicklung des Curriculums. Allerdings lieferten in diesem Projekt ganz offensichtlich nicht allein die Sachebene bzw. die auf sie bezogenen Programme die Entscheidungsprämissen. Da Dirk Revenstorf als prominenter Hypnotherapeut (und Verhaltenstherapeut) zum Trainerstab gehörte, wurde das Spektrum der gelehrten Inhalte um hypnotherapeutische Ansätze erweitert. Die Erwartung an Verhaltenstherapie in China orientierte sich an den einfacheren Modellen der 60er-Jahre. Die vorherrschende Methode war ein einfaches Reparaturmodell. Die »kognitive Wende« in der Verhaltenstherapie, nach der irrationale Einstellungen, negative Bewertungen und Fehleinschätzung des Selbst und der Selbsteffizienz in der Therapie korrigiert werden, war noch nicht Grundlage der Behandlung in China. Das Konzept von Symptomen als Lösungsversuch eröffnete neue Perspektiven in der Ausbildung. Mit Margit Babel, Hans Lieb und Dirk Revenstorf lehrten Therapeuten, die auf eine genaue Verhaltensanalyse und das Erlernen konkreter Techniken ebenso Wert legten wie auf die Therapeut-Patienten-Beziehung und die Selbsterfahrung der Teilnehmer. Dadurch, dass das deutsche Lehrtherapeutenteam immer gleich blieb, entstand eine enge Bezogenheit der Teilnehmer auf die Lehrtherapeuten. Diese starke Orientierung von Teilnehmern an ihrem Lehrer entspricht dem chinesischen Meister-Schüler-Modell.

Die Orientierung an den Lehrern bezog sich auch auf die von ihnen vertretenen Themen. So führte ein Abendvortrag von Hans Lieb über Machtmissbrauch in der Therapie (1998) zu einer lebhaften Diskussion in der Nacht. Und die Frage nach der Ethik in der Psychotherapie bzw. entsprechenden Richtlinien wurde schließlich, erstmals in China, von Qian Mingyi auf einem Symposium, das sich an das Ende des ersten Ausbildungskurses (1999) anschloss, thematisiert.

### Interview mit Hans Lieb

Hans Lieb war Trainer in den Verhaltenstherapiegruppen 1–3, seit 2010 ist er Trainer im dritten Durchgang des Familientherapielehrgangs

*FBS: Was war deine Motivation, dich an diesem Projekt zu beteiligen?*

HANS LIEB: Für mich war es ein Abenteuer, das ich in Deutschland nicht hatte, in Verbindung mit der Ehre, zu einer Crew von »Westlern« zu gehören, denen das zugetraut wird. Und als Drittes: China. Ich war schon als Student politisch sehr an China interessiert. China war für mich politisch ein faszinierendes Land, aber damals nur im Kopf. Die Idee, auf diese Weise nach China zu kommen – nicht als Tourist, das hätte ich ja auch machen können, und das hätte ich wahrscheinlich auch irgendwann getan –, in näheren Kontakt mit den Leuten treten zu können, das zusammen waren meine wichtigsten motivierenden Faktoren.

*FBS: Das Abenteuer bestand oder besteht worin?*

HANS LIEB: Es war eine Herausforderung, vor der ich auch etwas Angst hatte. Zum einen musste ich mein Englisch aufpolieren. Zum anderen hatte ich ja keine Ahnung, was es heißt, in eine vollkommen fremde Kultur das Wissen oder Können hereinzubringen, dessen ich mir in Deutschland einigermaßen sicher war. In eine fremde Welt zu gehen und dort Erfahrungen als Vermittler zu machen, war und ist für mich ein Abenteuer.

*FBS: Was heißt für dich Vermittler?*

HANS LIEB: Ich hatte einen Auftrag – den ich mir selber gegeben hatte und den ich auch von der Organisation, speziell von Margarete, bekommen hatte –, den chinesischen Seminarteilnehmern eine bestimmte therapeutische Haltung und Schule beizubringen. Das meine ich mit »Vermittlung«. Sie sollten ja am Ende zufrieden sein und sagen: Wir haben ein brauchbares Produkt bekommen.

*FBS: Du hast die Idee gehabt, du müsstest was liefern ...*

HANS LIEB: Ja, die hatte ich.

*FBS: Dass sie am Ende das können, was du kannst?*

HANS LIEB: ... dass sie das können, was ich denke, was sie können sollten. Aber der erste Punkt war für mich, dass sie erst einmal zufrieden sind, damit auch ich und die DCAP zufrieden sind.

Ich verstehe das im Nachhinein heute so: Mein Hauptziel war, das erst mal einigermaßen zu überleben – my own survival. Und dann, dass die chinesischen Kollegen davon profitieren.

Was sie konkret daraus machen, ist natürlich wichtig, war aber für mich nicht das Primäre. Ich habe mir dazu im Laufe der Zeit in China die Einstellung angeeignet: Sollen sie daraus machen, was sie wollen. Ich hatte zu keinem Zeitpunkt eine missionarische Idee.

FBS: *Kann man sagen: Dir war die Beziehungsebene wichtiger als die Sachebene?*

HANS LIEB: Ja.

FBS: *Und wenn du von Herausforderung sprichst, worin bestand sie? In deiner Fantasie vorher und dann tatsächlich ...*

HANS LIEB: Die mir weniger Druck machende Fantasie war die, dass ich »vorne stehe« und die Teilnehmer mitschreiben. Die wirkliche Herausforderung bestand natürlich darin, kommunikativ so anzudocken, dass sie es für ihre eigene Arbeit auch sinnvoll finden, was ich ihnen da beibringe. Welchen Sinn es dann tatsächlich in ihrer realen Praxis später für sie ergeben wird, war mir während meiner Lehrtätigkeit zweitrangig. Dass ich mich dafür nicht auch noch verantwortlich fühlen muss, habe ich mehr und mehr gelernt.

Ich hatte vor allem am Anfang die Befürchtung, dass meine bzw. unsere Art von therapeutischen Fragen und Interventionen nicht in die chinesische Kultur passen könnte. Was ich befürchtet hatte, war ein »cultural lag«. Am Anfang fühlte ich mich noch hauptverantwortlich für dessen Überwindung. Das legte sich mit der Zeit.

Dabei hat mir übrigens ein Satz geholfen, den du mir in China mal gesagt hast und der bei mir hängen geblieben ist. Wir saßen im Bus – das war eines der schönen Rituale: die Busfahrten vom Hotel zum Seminar und zurück. Die aufregende Busatmosphäre habe ich nicht vergessen. Während einer solchen Fahrt hast du irgendwann sinngemäß gesagt: »Dafür, dass die Teilnehmer mit dem, was wir lehren, etwas anfangen können, und dafür, was sie tatsächlich damit anfangen, sind sie selber verantwortlich!« Das fand ich zuerst, ehrlich gesagt, ziemlich arrogant. Das war mir zu distanziert. Aber im Nachhinein, im Prozess, war das für mich eine Hilfe.

FBS: *Hintergrund dieses Satzes war ja, dass ich meine Verantwortung auf das zu begrenzen versuche, was ich kontrollieren kann: Ich kann kontrollieren, was ich lehre, aber nicht, was gelernt wird ...*

HANS LIEB: Ja. Aber, um zu dieser Haltung zu kommen, muss man schon eine sichere Identität und eine gute Portion Selbstbewusstheit haben. Die hatte ich in China nicht von Anfang an. Meine

Angst war, dass die Teilnehmer sagen: Mit dem, was der Hans Lieb uns da erzählt, können wir nichts anfangen! Da wäre für mich meine Selbstsicherheit erst mal beendet gewesen. Heute wäre ich da schon etwas lockerer. Aber das ist ja jetzt 14 Jahre her ...

FBS: *Wenn wir die Sachebene betrachten, worin bestand denn da die Hauptherausforderung in deiner Vermittlerrolle? Vor allem, wenn du das mit der Weiterbildung vergleichst, die du in Deutschland durchführst?*

HANS LIEB: Es gab zwei Arten von Schwierigkeiten. Die eine hat mit den Teilnehmern zu tun, die andere mit unserer damaligen »Behavior-Therapy-Crew«.

Die Hauptschwierigkeit in Bezug auf die Teilnehmer war, dass ich keinerlei verwertbares Feedback bekommen habe. Außer dem für China typischen Lob: »Gut, gut, gut!«

Das hat mir natürlich gut getan, aber es hat mir nicht viel weitergeholfen. Wenn es im Seminar Krisen gab, wenn etwas nicht gelaufen ist und ich in verwirrte Augen blickte, hatte ich keine Chance, das in direkter Kommunikation mit den Teilnehmern zu klären, wie ich das in Deutschland gewohnt war.

Ich habe das einmal versucht und im Seminar eine Metakommunikation darüber gestartet, was im Seminarprozess gerade gelaufen war. Das ist vollkommen schiefgegangen! Die Teilnehmer haben aus meiner Sicht als Antwort eine vollkommen defokussierte Kommunikation hingelegt – sie haben über alles geredet, nur nicht über das, wonach ich im Hinblick auf den Seminarprozess gefragt hatte.

Ein anderes Beispiel: Ich habe einmal die Gender-Perspektive in der Therapie angesprochen und sie gefragt, a) wie sie das finden, dass wir das ansprechen, und b) was sie denken, was Männer und Frauen im privaten und professionellen Bereich in China an geschlechtstypischen Regeln zu beachten hätten. Die Antwort war wieder ein kommunikatives Chaos. Das hat dann eine Teilnehmerin aufgelöst durch den Vorschlag, eine Pause zu machen.

FBS: *Das ist offenbar ja ein chinesischer Weg, mit Konflikten umzugehen: Man vermeidet sie, macht eine Pause und hat das stillschweigende Übereinkommen, dass man sie lieber nicht thematisiert. Was nicht in die Kommunikation kommt, existiert sozial auch nicht.*

HANS LIEB: Zu der Zeit sah ich mich aber gerade an einem solchen Punkt in der Rolle, hierzu etwas zu vermitteln, was nach meiner therapeutischen Erfahrung in Deutschland gut ist: dass Selbstreflexion bzw. die metaperspektivische Reflexion eines laufenden

Prozesses etwas Sinnvolles ist. Aber dann musste ich akzeptieren, dass das nicht geht. Hier musste und konnte ich etwas lernen.

Der zweite Punkt, der für mich schwierig war, entstammte der Tatsache, dass wir drei Lehrenden in der deutschen Verhaltenstherapie-Crew kein eingespieltes Team waren. Wir drei – Margit Babel, Dirk Revenstorf und ich – hatten noch nie zusammengearbeitet und waren obendrein in vielen Aspekten ziemlich verschieden. Das war spannend – untereinander auch nett –, aber beim Versuch, etwas Einheitliches daraus zu machen, ziemlich anstrengend.

*FBS: Ich erinnere mich: Ihr habt eure Integration in unendlich vielen Sitzungen erarbeiten müssen.*

HANS LIEB: Wir hatten ja untereinander keine Hierarchie als sitzungsverkürzende Entscheidungsprämisse.

*FBS: Da haben wir bei der systemischen Familientherapie ein ganz anderes Modell gehabt. Da gab es eine klare Hierarchie: Ich war derjenige, der nicht nur das Curriculum weitgehend bestimmt hatte, sondern auch Kollegen aussuchte und einlud. Mir war damals wichtig, nur solche Kollegen nach China mitzunehmen, mit denen ich dieselben theoretischen Vorannahmen teilte, d. h. Mitglieder der Heidelberger Gruppe, sodass nicht immer wieder die Grundlagen der gemeinsamen Arbeit geklärt werden mussten – weder auf der Inhaltsebene noch auf der Beziehungsebene. Das war ganz klar meine Party, und ich habe eingeladen.*

HANS LIEB: Das war bei uns ganz anders. Mich hatte Margarete angesprochen, Margit war von Anfang an dabei, und ich habe dann noch mit Dirk jemanden vorgeschlagen, mit dem ich in Deutschland in der Lehre noch nie zusammengearbeitet hatte. Wir mussten unser System erst konstituieren.

*FBS: Das waren dann aber eure internen, fachlichen Konflikte, die ihr untereinander geklärt habt und von denen die Teilnehmer nichts mitbekommen haben.*

HANS LIEB: Das haben wir immer ausgesprochen positiv geschafft. Das ging auch gut, weil wir so viel vorbesprochen und dabei die Rollenaufteilung und die inhaltlichen Zuständigkeiten geklärt hatten.

Das war für mich einer der anstrengenderen Teile meiner Arbeit in China. Da bist du um sechs Uhr abends müde aus dem Seminar gekommen und wusstest, du hast jetzt noch einige Stunden Diskussion vor dir. Es war nicht so schön, wenn dann die Analytiker und die Systemiker sich am Nebentisch schon Witze erzählten und bemitleidend zu uns herüberguckten!

FBS: *Wenn innerhalb einer therapeutischen Schule schon so viel Integrationsaufwand betrieben werden musste, dann erklärt das ja auch, warum zwischen den Schulen Konflikte eher vermieden wurden.*

HANS LIEB: Wenn du oder ein anderer auch noch kommentiert hätte, was wir machen, wäre ich nicht begeistert gewesen. Da mussten wir uns abschotten.

FBS: *Und in der Arbeit mit den chinesischen Teilnehmern war für dich diese Unfähigkeit, oder besser: Unwilligkeit, zur Metakommunikation und zur Reflexion des Prozesses die Hauptschwierigkeit ...*

HANS LIEB: Ja – solange ich das einführen oder einfordern wollte. Es wurde leichter, als ich dann für mich entschieden hatte, dass ich mich nicht von solchen Reflexionen bzw. vom Teilnehmer-Feedback abhängig mache, das ich sowieso nicht bekommen hätte. Höchstens, wenn massive Kritik gekommen wäre – aber die gab es nie.

FBS: *Du bist ja der Einzige, der als Dozent und Trainer zweier verschiedener Schulen Erfahrungen sammeln konnte: in der Verhaltenstherapie und später – jetzt – der Familientherapie. Gibt es da irgendwelche Unterschiede in der Dynamik der Gruppe?*

HANS LIEB: Die epistemologischen Unterschiede beider Modelle haben natürlich Folgen für das jeweilige Curriculum. In der Verhaltenstherapie muss man sehr viele verschiedenen Topics unterbringen. Aber vom Lernprozess in den Seminaren her sehe ich keine großen Unterschiede.

Ich glaube, dass die Personen und ihre Unterschiede hier wichtiger sind für den Prozess.

FBS: *Lass uns mal auf die Theorie schauen. Wenn man, wie die Verhaltenstherapie, davon ausgeht, dass es einen Wissenskanon gibt, der vermittelt werden muss oder kann, dann stellt sich angesichts der begrenzten Zeit ja die Frage, welche Selektion man vornimmt. Aber über das Wissen und die therapeutischen Techniken gibt es eigentlich keine größeren Konflikte.*

HANS LIEB: Über die Bedeutung der einzelnen Inhalte nicht. Hinsichtlich der Selektion dessen, was davon in einer begrenzten Zeit präsentiert werden soll, gäbe es schon Konfliktpotenzial. Ein Gedanke, der mir gerade in unserem Gespräch hierzu kommt, ist der, dass wir intern in der Verhaltenstherapie-Crew dasselbe gemacht haben, was wir ja auch zwischen den Therapieschulen-Gruppen gemacht haben: dass wir diese Konflikte vermieden haben. Manche inhaltlich konfliktträchtigen Themen haben wir dann zu zweit besprochen und so gezielt aus der in der Hinsicht schwierigeren Dreierkommunikation ausgeschlossen.

*FBS: Ein Chinisierungseffekt ...*

HANS LIEB: Würde ich heute wieder so machen ... Das war zum Erhalt unserer Arbeitsfähigkeit als in China Lehrende gut und wichtig. Und natürlich: Der Common Sense zwischen uns Dreien war insgesamt recht hoch und tragfähig. Wir waren ja schon so zusammengestellt worden, dass die Wahrscheinlichkeit für einen hohen Common Sense groß war. Es gab viele Punkte, die passten einfach menschlich und inhaltlich gut zusammen. Ich kenne Kollegen aus der Verhaltenstherapie, mit denen wäre das nicht gegangen.

*FBS: Wenn du deine 14 Jahre China-Erfahrung zusammenfasst, was waren so die wichtigsten Lehren, die du für dich daraus gezogen hast?*

HANS LIEB: Es gab ein paar Feuerproben. Ganz am Anfang in Hangzhou hieß es plötzlich, ich solle am Abend eine Lecture zum Thema Homosexualität halten. Ich bin da zwar kein Spezialist, aber das habe ich mir zugetraut. Dann saß ich da am Abend vor 200 Personen und sollte ganz unvorbereitet einen Homosexuellen live interviewen, weil die Chinesen sehen wollten, wie man in Deutschland »Homosexualität behandelt«.

Da saß ich, überrascht, und hatte kein Konzept in der Tasche ... Das sind schon Feuerproben! Das Tolle war, dass mir da ganz viele Dinge eingefallen sind und ich gute Ideen hatte, die ich auch im Nachhinein noch brauchbar finde.

Oder, einmal war ich einfach krank. Ich hatte irgendwas Falsches gegessen, mir war speiübel, und ich musste am Abend wieder eine Veranstaltung mit einem Liveinterview vor 200 oder 300 Leuten halten. Ich habe jede Gelegenheit genutzt, um zu verschwinden ...

Das sind die weniger schönen Aspekte. Wichtiger waren die positiven Aspekte im ganzen Leben drum herum. Es war ein Leben wie in zwei Welten. Auf der einen Seite die Lehre und auf der anderen Seite dieses ritualisierte gemeinsame Leben in China, die Busfahrten, die Treffen am Abend im Hotel, die touristischen Reisen im Anschluss an die Seminare usw. – das war eine eigene Welt, wie ich sie in Deutschland nie erlebt habe.

*FBS: Was war da so besonders für dich? Es wird nicht das Busfahren gewesen sein ...*

HANS LIEB: Jede Menge Humor; sich mit allen in einem Restaurant zu treffen, ohne zu wissen, was da auf einen alles zukommt; ein Wohlwollen zwischen den Schulen – das alles war mir wichtig. Wenn Psychoanalytiker, Systemiker und wir zusammensaßen, dann wurde überhaupt nicht über Therapie geredet. Vielleicht kann ich es so beschreiben: ein Gefühl zu haben, bei einem etwas

»elitären Unternehmen« dabei zu sein. Du musst für so ein interkulturelles Projekt ja Leute nehmen, die von sich glauben, dass sie etwas zu vermitteln haben. Und dieses gemeinsame Leben in den Seminaren, bei Ausflügen, im Hotel – das ist kein Urlaub, das ist keine Arbeitsversammlung, das ist eine eigene Welt, die ich sonst nicht mehr erlebt habe.

*FBS: Ein exklusiver Club, der etwas Besonderes macht ...*

HANS LIEB: Das fing schon am Flughafen an, wenn man sich traf. Wenn wir uns in Deutschland zu Arbeitsmeetings getroffen hatten, war das schon wieder eine andere Atmosphäre.

Für mich war auch besonders wichtig, dass mich immer wieder ein Teil meiner persönlichen, privaten Welt in China begleitet hat: Meine Frau war ein paar Mal dabei, ebenso meine Tochter und einer meiner Söhne. Es war für mich sehr bereichernd, dass sie Anteil hatten an diesem gemeinsamen erfahrungsreichen Leben. Mit diesen positiven Gefühlen bin ich dann auch jedes Mal wieder heimgefahren. Diese Erinnerungen bewegen mich heute noch.

*FBS: Was hast du in China über Deutschland gelernt?*

HANS LIEB: Fachlich: In China konnten wir die Verhaltenstherapie so vermitteln, wie wir das wollten. Da gab es keine Politik, keine vorgegebenen Regeln, die uns hineingeredet haben. Von dieser Perspektive aus konnte ich dann noch deutlicher sehen, wie zerstückelt die Verhaltenstherapie-Ausbildung in Deutschland ist. Vor allem – das ist zwar nur ein kleines Item, aber nicht unwichtig – wie problematisch in Deutschland in der Verhaltenstherapie-Ausbildung der ständige Wechsel von Dozenten ist.

*FBS: Das heißt, ihr seid in China für die Ausbildungsteilnehmer als Personen viel wichtiger geworden, als dies in Deutschland der Fall ist.*

HANS LIEB: Ja. Ich war manchmal sogar überrascht, wie wichtig dieser Faktor war. Wenn es in meiner Hand läge, würde ich die Ausbildungscurricula in Deutschland in diese Richtung verändern. Nur gibt es da wissenschaftsimmanente, strukturelle und politische Bedingungen, die dem entgegenstehen.

Es war zum Beispiel etwas ganz Neues, dass wir eine Verhaltenstherapie vermittelt haben, in die die Hypnotherapie voll und ganz integriert war mit Dirk als einem der renommiertesten Vertreter dieser Schule. Die Ausbildungsstruktur in China hat es hergegeben, dass wir das realisieren konnten. Uns hat einfach niemand etwas vorgeschrieben.

Noch ein anderes Thema: der Kontakt zu den Teilnehmern. Ich habe außer in den jeweiligen Seminarteilen, zu denen das gehörte, eigentlich keinen weitergehenden persönlichen oder inneren Kontakt zu ihnen bekommen. Ich habe das auch nicht vermisst. In Selbsterfahrungssitzungen fand das natürlich für diesen Teil der Ausbildung statt. Aber im Gesamtsystem Lehre gab es darüber hinaus nicht viel Austausch. Ich trat als Lehrer auf, die Teilnehmer als Schüler. Was Letztere daneben denken und fühlen, darüber gab es wenig Austausch. Der hat mir auch nicht gefehlt.

**Interview mit Fang Xin**

Fang Xin war Teilnehmerin am ersten Durchgang des Verhaltenstherapie-Trainings (1997–1999). Fang Xin genießt heute in China als Verhaltenstherapeutin, Hypnotherapeutin und Traumatherapeutin hohes Ansehen. Sie ist Sekretärin der chinesischen Mitglieder der *Deutsch-Chinesischen Akademie für Psychotherapie (DCAP)*. Als Dozentin ist sie gegenwärtig in den Kursen der Zhong De Ban für Verhaltenstherapie engagiert. Sie hat u. a. die EMDR-Traumatherapie nach China eingeführt und die ersten chinesisch-deutschen Hypnotherapieausbildungen in China organisiert.

*FBS: Wann bist du in Kontakt mit dem Projekt gekommen?*
FANG XIN: Das war 1990 in Qingdao. Ich war 23 Jahre alt, ein junges Mädchen, das von seiner Arbeitseinheit gesandt wurde und nichts von Psychotherapie wusste.
*FBS: Hat die Einheit das entschieden, oder hast du dir das ausgesucht?*
FANG XIN: Ich habe es beantragt. Ich arbeitete im Anding Hospital, einem psychiatrischen Krankenhaus in Beijing. Damals war ich noch ein dummes Mädchen, das sich mehr um Fragen der Schönheit kümmerte und so etwas, nicht so sehr um Wissen. Mir fehlte noch das professionelle psychologische Training. Das Seminar im Jahr 1990 in Qingdao hat mir eine Tür zur Psychotherapie geöffnet, und ich erwartete noch weitere Chancen, mehr in diesem Bereich zu lernen.

Als die Ausbildung 1997 begann, war ich schon im Krankenhaus der Peking-Universität beschäftigt. Ich hatte da schon etwa acht Jahre als Psychotherapeutin gearbeitet. Eigentlich wollte ich zur Psychoanalysegruppe, aber Frau Professor Qian Mingyi, bei der ich damals als Dozentin an der Psychologischen Fakultät der Universität Peking arbeitete, sagte: »Wir wollen hier ein Verhaltenstherapie-Zentrum eröffnen, du solltest in diese Gruppe gehen!«

Das war der eigentliche Anfang meiner Beziehung zur Psychotherapie und zur DCAP.

FBS: *Was, denkst du, waren die wichtigsten Lehren, die du aus dem Training gezogen hast?*

FANG XIN: Es ist viel, sehr viel. Es beeinflusste mein ganzes Leben; nicht nur das professionelle, sondern auch das persönliche, das private Leben.

FBS: *In welcher Hinsicht? Behandelst du jetzt deinen Mann wie einen Patienten?*

FANG XIN (lacht): Ich teile meine Erfahrungen mit ihm. Unsere Beziehung hat sich geändert, meine Weltsicht. Ich fand einen besseren Weg, mit meinen Familienmitgliedern, meinen Kollegen und den Patienten zu kommunizieren. Auch mit meinen Eltern, mit meinem älteren Bruder, mit meiner jüngeren Schwester.

FBS: *Du hast Aspekte deines Verhaltenstherapie-Trainings in deinen Alltag integriert?*

FANG XIN: Nicht nur das, auch andere Dinge: Yoga, traditionelle chinesische Methoden ... Ich bin offener geworden, und ich schaue, was ist gut für mich und mein Leben. Ich finde alles gut, was für mein Leben nützlich ist.

FBS: *Du hast die Freiheit gewonnen zu wählen ...?*

FANG XIN: Ja, ganz allgemein zu sagen »Dies ist gut oder schlecht«, wäre dumm. Jedes Verhalten hat seine eigene Funktion, wenn es zu seiner Situation passt. Heute kann das eine gut für dich sein, in einiger Zeit etwas ganz anderes. Das habe ich akzeptiert, und das ist ein Ergebnis meines Entwicklungsprozesses.

Zum Beispiel: Ich bin ein sehr verantwortungsbewusster Mensch. Manchmal verhalte ich mich, zum Beispiel, sehr defensiv. Es ist immer erst mal meine Reaktion. Aber ich weiß, dass diese Eigenschaft aus meiner Familie stammt. Mein Vater hat in England studiert, und meine Mutter kam aus einer vornehmen Familie. Beides war während der Kulturrevolution – zwischen 1967 und 1976 – ein schlechter Familienhintergrund. Während dieser Zeit wurden meine Eltern aus politischen Gründen angegriffen und konnten nichts anderes tun als schweigen. Deshalb war ich von meinen Eltern dazu motiviert, meine Familie zu verteidigen, und ich trug in mancher Hinsicht die Verantwortung für meine Familie auf meinen Schultern.

Ich habe durch mein verantwortungsvolles Verhalten viele Freunde gewonnen, aber manchmal fühle ich mich auch müde, weil ich zu viel zu tun habe. Ich muss meine Familie schützen. Deshalb hat, wie ich gesagt habe, jedes Verhalten zwei Seiten.

## 7.4 Die psychoanalytische Ausbildungsgruppe

Die psychoanalytische Gruppe wurde in drei Untergruppen geteilt, sodass die deutschen Dozenten, Antje Haag, Margarete Berger und Alf Gerlach, jeweils mit einer überschaubaren Gruppe arbeiten konnten.[48] Dennoch erwies sich die Übertragung der didaktischen Methoden des Westens auf China nicht als einfach. Außerdem kamen noch weitere Dozenten hinzu; einige nur für ein oder zwei Seminare (z. B. Ulrich Stuhr), andere dann auf Dauer (Mathias Elzer). Sie alle stammten aus deutschen psychoanalytischen Instituten, die der DPV angehörten und der IPA, die sich im Allgemeinen eher orthodoxen psychoanalytischen Modellen verpflichtet fühlen (was langfristig Wirkungen haben sollte).

> **Interview mit Shi Qijia**
>
> Shi Qijia war Teilnehmer des ersten Kurses in psychoanalytisch orientierter Psychotherapie. Nach den ersten vier Seminaren ging er zunächst nach Frankfurt, dann nach Innsbruck, um dort seine psychoanalytische Weiterbildung intensiver fortzusetzen.
>
> SHI QIJIA: Ich bin zum ersten Mal 1994 für zwei Jahre als Stipendiat der *Baden-Württemberg Stiftung* zur Förderung des wissenschaftlichen Nachwuchses nach Deutschland gekommen. Dort habe ich mich mit Neurologie und Neurophysiologie beschäftigt.
>
> Als ich 1997 zurückkam, sagte mir der Dekan der Tongji-Universität – ein Freund Wan Wenpengs –, dass von der Tongji jemand zum deutsch-chinesischen Lehrgang geschickt werden müsse. Die Empfehlung war, dass drei Mitarbeiter der Tongji teilnehmen sollten, in jeder Therapieschule einer.
>
> Eigentlich hatte ich wenig Ahnung von Psychotherapie, obwohl sich meine Doktorarbeit auf Neuropsychologie bezog. Die Abteilung, in der ich arbeitete, war die Neurologie. Sie war aber auch für die Lehre in der Psychiatrie zuständig, und das war meine Aufgabe.
>
> Damals war ich 32 Jahre alt und hatte nur an der Universität gearbeitet. Erst als Student, dann als Doktorand, dann als Mitarbeiter. [...]
>
> An der Uni gehörte ich zur deutschen Klasse. Sie wurde Anfang der 80er-Jahre neu gebildet. Es gab Deutschkurse an der Medizinischen Hochschule in Wuhan. Die Tongji-Universität wurde lange vor dem Krieg von einem deutschen Arzt gegründet. Sie war ursprünglich in Shanghai, aber während des Krieges wurde die

medizinische Fakultät nach Wuhan verlegt. Nach der Kulturrevolution wurden wir als erster Jahrgang ausgewählt, unser gesamtes Studium auf Deutsch zu machen. Die Auswahl nahmen zwei hoch geehrte, in Deutschland ausgebildete Professoren vor. Die gesamte Lehre fand auf Deutsch statt. So entwickelten wir eine enge Beziehung zu Deutschland. [...]

Da ich damals – in meiner ersten Ehe – viele Konflikte hatte, habe ich, als ich 1997 in die psychoanalytische Gruppe kam, sofort mein persönliches, aber auch mein berufliches Ziel gefunden: innere und äußere Konflikte zu bearbeiten.

1998 wurde ich wieder eingeladen, nach Deutschland zu kommen. Zuerst war ich in Frankfurt, und drei Monate später bin ich zur Selbsterfahrung nach Innsbruck.

FBS: *Wie war das für dich, als du nach Innsbruck kamst?*

SHI QIJIA: In der Psychoanalyse redete ich in erster Linie über die Konflikte in meiner ersten Ehe. Es war ein großes Thema und hat mich ganz depressiv gemacht. Ich wohnte in einem Vorort von Innsbruck, und da sind hohe Schneeberge. Vor und nach der Sitzung war ich ganz allein, vor mir die Schneeberge ...

Vor Kurzem war ich wieder einmal in Innsbruck, und es hat mich erstaunt, dass ich nichts wiedererkannt habe. Die Erinnerung ist vollkommen gelöscht.

Und dann habe ich überlegt, ob mein Analytiker nicht zu kühl war. Er hat viel geschwiegen. Ich hatte nur 50 Sitzungen, zweimal pro Woche. Ich hätte mir ein etwas wärmeres Gefühl gewünscht, konkrete Unterstützung, Erklärungen. Obwohl ich weiß, dass er sicher ein netter Mann war, hatte ich den Eindruck, er wäre rigide, kühl und hohl.

Ich erinnere mich, dass ich viel über den Ärger mit meiner ersten Frau und auch mit einer deutschen Kollegin geredet habe, aber ich habe kaum irgendwelche Gefühle ihm gegenüber geäußert.

Als ich wieder in Wuhan war, haben wir eine psychoanalytische Gruppe mit den Teilnehmern der Deutsch-Chinesischen Akademie für Psychotherapie begonnen. Und dort wurden erstaunlicherweise alle Aggressionen und Unzufriedenheiten vollkommen offen geäußert, sodass nach meinem Gefühl eine ganz andere Atmosphäre herrschte, als ich sie in der Selbsterfahrung erlebt habe.

Ich wurde gefragt, ob ich damit zufrieden bin. Und ich habe mich zurückerinnert, dass er als Container fungiert hat. Aber ich habe immer noch die Frage, ob es nicht besser für mich gewesen wäre, wenn ich eine weibliche Analytikerin gehabt hätte.

FBS: *Wie schätzt du das heute ein?*

SHI QIJIA: Ich habe großes Interesse daran, ihn noch einmal zu treffen, um mit ihm direkt darüber zu reden.

Ich habe ihn einmal zufällig mit seiner Frau im Kaufhaus getroffen. Es war eine ganz peinliche Situation. Und ich frage mich jetzt, warum das so peinlich war. Ich erinnere mich an das Gefühl, das ich hatte, als ich jedes Mal fünf Minuten zu früh zur Sitzung kam. Eines Tages kam er drei Minuten früher aus seinem Raum und sagte: »Da ich keine Patienten habe, können Sie schon früher reinkommen.«

Das beeindruckte mich sehr, weil ich in dieser Szene meinen Psychoanalytiker zum ersten Mal als richtigen Menschen erlebt habe.

Das Schweigen, die Peinlichkeit, die Leere waren meine hauptsächlichen Eindrücke bei der Selbsterfahrung.

Eine Kollegin, die in Frankfurt ihre Analyse gemacht hat, hat mir gesagt, dass sie nach drei Sitzungen die Analytikerin gewechselt hat. Die hatte immer nur geschwiegen, aber ihre Bewegungen waren im Stuhl zu hören: »So eine ungeduldige Analytikerin«, fand sie.

Aber auf der anderen Seite kommt mir seit fünf Jahren das Bild meines schweigenden und lächelnden Analytikers, wenn ich mit schweren Borderline-Patienten arbeite. Jetzt verstehe ich langsam, warum er das gemacht hat.

FBS: *Lass uns auf das deutsch-chinesische Psychotherapieprojekt schauen. Welche Rolle hat es für deine Entwicklung gespielt?*

SHI QIJIA: Es hat meine fachliche Identität in der Zeit von 1997 bis 2007 geformt. Ich hatte auch vorher, wie die meisten Psychiater, in diesem Bereich gearbeitet. Und ich bin jetzt immer mehr an den in China durchgeführten Psychotherapie-Programmen beteiligt.

Als zweites ist meine Ich-Identität zu nennen. Wer bin ich? Ich bin reifer geworden, habe die Verantwortung für meine Familie übernommen. Das war wichtig für meine Selbst-Identität.

FBS: *Wie passt Psychoanalyse und China deiner Erfahrung nach zusammen?*

SHI QIJIA: Psychoanalyse hat eine unglückliche Geschichte. Sie wurde immer als Ideologie betrachtet. Ich will ein Beispiel geben: Meine Tutorin war eine Frau, die seit ihrem 15. Lebensjahr in Russland erzogen wurde und dort auch Medizin studiert hat. Sie spricht Deutsch, Russisch und Englisch. Wir hatten eine sehr enge Beziehung. Nach ihrer Pensionierung, als ich als Arzt arbeitete, habe ich sie öfter gebeten, irgendwelche Arbeiten zu übersetzen. Das hat sie gern getan. Dann, nach 1997, habe ich sie auch gebeten, manche psychoanalytische Literatur zu übersetzen. Zwei Tage später kam sie zu mir und sagte: »Ich gebe dir das zurück. Ich kann das nicht schaffen. Ich habe starke Kopfschmerzen.« Als Erklärung sagte sie mir, das sei totaler Idealismus. Psychoanalyse gilt nicht als evidenzbasierte Wissenschaft.

So wie meiner Mentorin geht es auch den Chefs der *Mental Health Center*. Die wissen nicht, ob das wissenschaftlich haltbar ist und ob das nicht politisch ganz gefährlich ist. Es ist also ein politischer und ideologischer Widerstand.

Und außerdem ist da die chinesische Philosophie. Die Chinesen sind sehr praktisch. Sie wollen sofort einen Nutzen haben von dem, was sie sehen. Die Psychoanalyse bietet das nicht. Die Abstinenzhaltung steht dem entgegen. Sie braucht lange Zeit und richtet sich auf innere Veränderungen.

Wenn es z. B. um Kinder geht, dann wollen die Eltern nicht mitarbeiten. Sie schicken die Kinder, damit etwas mit ihnen gemacht wird.

Solch eine Erwartung findet man nicht nur bei den Patienten, sondern auch bei den Ausbildungskandidaten. Sie wollen in kürzester Zeit Techniken lernen. Sie wollen eine eigene Praxis eröffnen und Geld verdienen.

Die weitere Ebene hat mit mir zu tun. Ich habe Psychoanalyse als Erstes gelernt. Später dann Hypnose, Gestalttherapie und Familientherapie. Jetzt weiß ich gar nicht mehr, was ich in der Sitzung gemacht habe. Ich bin da ganz flexibel. Aber ohne diese psychoanalytische Vorbildung könnte ich das gar nicht, auch wenn meine therapeutische Arbeit oberflächlich nichts mit Psychoanalyse zu tun hat.

Mir scheint die Philosophie der Psychoanalyse nach innen gerichtet, so wie die des Qigong. Das ist in einer Zeit, wo sich alles um das Äußere dreht, ein Gegenpol. Das wäre wenigstens mein Wunsch, nicht nur für den klinischen Bereich. Ich glaube, die Chinesen sind in der Lage, die Psychoanalyse als eigene Theorie zu integrieren. Denn alle alten Denker, die Vorfahren, Daoismus, Konfuzianismus, arbeiten mit der Innenwelt. Da gibt es Ähnlichkeiten. Natürlich mit einer anderen Begrifflichkeit ...

**Interview mit Alf Gerlach (Fortsetzung)**

Alf Gerlach war Psychoanalytiker von Yang Huayu, der zur Selbsterfahrung für mehrere Monate nach Deutschland kam.

*MHW: 1997 kam Yang Huayu nach Saarbrücken zu dir, um Selbsterfahrung zu machen.*

ALF GERLACH: Ja, er wohnte bei meiner Chinesisch-Lehrerin und ihrer Familie. Zhao Xudong kannte sie.

*MHW: Was würdest du über seinen Aufenthalt sagen?*

ALF GERLACH: Er war ja nur drei Monate da. Aber es war eine intensive Erfahrung für mich. Er kam vier Mal pro Woche, d. h., es war ein hochfrequentes Setting. Es war meine erste Erfahrung mit der Analyse eines Chinesen.

Die Abstinenz war nicht einzuhalten. Ich gab ihm die Bürgschaft für die Einreise seiner Frau, ich regelte Behördliches. Wir haben gemeinsam gegessen …

Er hat einen tiefen Eindruck des analytischen Verstehens mitgenommen.

*MHW: Was würdest du heute anders machen?*

ALF GERLACH: Wir achten mehr darauf, dass jemand, der aus China kommt, um hier Selbsterfahrung zu machen, noch stärker in einer Einrichtung eingebunden ist. Yang Huayu hatte während seines Aufenthaltes einen Arbeitsplatz bei Prof. Zepf in Homburg, an der Uniklinik.

*MHW: Um die Einsamkeit, die von den Chinesen, die in Deutschland sind, oft beschrieben wird, zu reduzieren?*

ALF GERLACH: Ja. Deswegen.

## 7.5 Die Ausbildungsgruppe in systemischer Familientherapie

Zhao Xudong, der nach seiner Promotion in Heidelberg nach Kunming zurückgekehrt war und dort eine steile Karriere (erst zum Professor und Vizepräsidenten, dann zum Präsidenten des 1. Uni-Klinikums Kunmings) absolviert hatte, war auf chinesischer Seite mit Chen Xingyi, der in den USA Familientherapie gelernt hatte, für diesen Teil der Ausbildung verantwortlich. Da er neben Wan Wenpeng der wichtigste Organisator dieses ersten Ausbildungsgangs war, musste er mehrere Funktionen auf einmal ausüben: Organisator des Curriculums, Dozent für Familientherapie, Übersetzer im Seminar und bei Livedemonstrationen von Therapien. Auf deutscher Seite wurde dieser erste Durchgang ausschließlich von Therapeuten der sogenannten Heidelberger Gruppe betreut. Im Gegensatz zur psychoanalytischen und verhaltenstherapeutischen Gruppe wechselten hier die Dozenten, aber sie gehörten alle derselben »Schule« an, sodass die Konsistenz der gelehrten Theorien und Methoden weitgehend gewährleistet war.[49]

**Interview mit Liu Dan (Fortsetzung)**

FBS: *Nach dem Symposium in Hangzhou hast du am Familientherapie-Trainingsprogramm von 1997 bis 1999 teilgenommen. Wie schätzt du das im Rückblick ein: Was hast du da gelernt?*

Liu Dan: Für mich und andere Kursteilnehmer war es ein Paradies für Herz und Geist. Es war das Gefühl der Zugehörigkeit zu einer sicheren Gruppe. Aber anders als bei der Einheit, dem College oder in der Universität konntest du frei sprechen – besonders in einer Fremdsprache.

Vor 40 Jahren war es gefährlich für Chinesen, in einer fremden Sprache zu sprechen; frei zu sprechen, ohne dass ein kritisches Über-Ich alles zensierte.

Während der drei Jahre des Trainingsprogramms hatte ich die Chance, einen Teil meiner Persönlichkeit zu entwickeln: frei, kreativ, voll der Imagination, auf der Suche nach Nähe und Intimität mit anderen. Für mich war es eine vollkommen andere Atmosphäre.

Dr. Li[50] und viele andere Gruppenteilnehmer waren älter als ich. Ich war nicht nur die Schülerin, sondern ein junges Mädchen, das mit weisen Männern zusammenarbeitete. Und ich konnte das, zuverlässig. Wir teilten Ideen, und sie signalisierten mir, dass sie mich schätzten, und sie zeigten spezielle Seiten ihrer Persönlichkeit.

Ich fühlte mich in der Gruppe nicht so kritisch beobachtet. Und Dr. Zhao Xudong und Dr. Chen Xiangyi, die beiden chinesischen Lehrer, waren sehr charmante Leute und gleichzeitig intellektuell beeindruckend.

Und auch die deutschen Dozenten waren weise und nicht kritisch eingestellt. Wie ihr zusammengearbeitet habt, hat eine spezielle Atmosphäre geschaffen und war ein Modell. Wenn z. B. einer mit einer Familie gearbeitet hat und die anderen ein Reflecting Team gebildet haben. Wir hatten das Gefühl: Die können kooperieren und trotzdem ihre Meinungsverschiedenheiten zum Thema machen.

Nach meiner Erfahrung drücken Chinesen ihre Meinungsverschiedenheiten nie, nie in einer friedlichen Weise aus. Wenn, dann sind sie, der ganze Körper, die ganze Persönlichkeit, in einem wirklich aggressiven Zustand. Das heißt, wenn ich nicht mit dir einverstanden bin, dann kämpfe ich mit dir ...

FBS: *Sie trennen offenbar nicht zwischen der Inhalts- und der Beziehungsebene in der Kommunikation. Auseinandersetzungen auf der Sachebene gefährden die Beziehung ...*

LIU DAN: Deswegen ist man sehr vorsichtig. Chinesen äußern nur im Rücken des anderen, wenn sie anderer Meinung sind. Sie sind sorgsam darum bemüht, die Beziehung nicht zu gefährden. Ich war wirklich von diesem Punkt beeindruckt. Für euch war es einfach zu zeigen: »Ich bin in dieser Sache anderer Meinung als du«, und ihr konntet trotzdem weiter kooperieren.

Manchmal habt ihr euch bewusst gesplittet, aber es war ja nicht nur das. Es sind diese kleinen Dinge. Die Stücke vom Kuchen. Harmonie geht in China über alles. Alle haben Sorge, die Harmonie zu stören.

**Interview mit Sheng Xiaochun (Fortsetzung)**

FBS: *Wie bist du zur systemischen Therapie gekommen?*

SHENG XIAOCHUN: Das hat schon 1991 begonnen, als ich in Heidelberg Praktikant im Institut von Helm Stierlin war. Ich habe da ein Gefühl der Zugehörigkeit entwickelt. Dieser Bereich interessierte mich sehr. Und ich kann mich genau daran erinnern, als 1997 das erste Advanced Training Program stattfand, da war ich der Verhaltenstherapie-Gruppe zugeteilt worden. Ich bin ein oder zwei Tage bei der Verhaltenstherapie-Gruppe geblieben, und ich saß unkonzentriert im Seminar. Margit Babel hat das bemerkt und sagte:»Du siehst so unglücklich aus ...«

Das hatte sicher zwei Gründe: Es ist mein normaler Zustand, dass ich eher still bin und leicht depressiv aussehe. Der zweite Grund war, dass ich mich in der Verhaltenstherapie-Gruppe immer an die Zeit in Heidelberg bei euch erinnerte und an das, was ich von Zhao Xudong gehört hatte. Viele Dinge. Ich habe deshalb zu Margit gesagt, dass ich mich eigentlich mehr für Familientherapie interessiere. Sie sagte darauf, dass ich doch zur Familientherapie-Gruppe wechseln sollte. Da ich mich damals nicht getraut habe, das zu fragen, hat sie angeboten, das zu übernehmen.

Ja, seither weiß ich, dass ich zur systemischen Therapie gehöre, und das zeigt sich auch in der alltäglichen Arbeit in der Klinik. Und die Klinik weiß es auch, falls es irgendeinen Beratungsbedarf gibt.

> 1997 war auch deshalb ein wichtiges Jahr, weil damals viele der höhergestellten Mitarbeiter der Klinik, die Karriere gemacht hatten, an dem kontinuierlichen Trainingsprogramm teilnehmen wollten. Aber der Klinikleiter sagte: »Ihr seid zu alt dafür. Wir geben diese Chance den jungen Leuten. Wir gehen nicht dahin!« Ich bin dann mit drei weiteren Kollegen zum Training geschickt worden.

Eine Befragung aller Teilnehmer mittels eines Fragebogens, der von einer Gruppe der chinesischen und deutschen Lehrtherapeuten entworfen und von Li Ming[51] ausgewertet wurde, ergab, dass die Teilnehmer als wichtigstes Ergebnis der Ausbildung die Verbesserung persönlicher Beziehungen zu ihren Vorgesetzten und Arbeitskollegen angaben sowie das Erlernen neuer Techniken. Teilnehmer der Familientherapie-Gruppe gaben die Verbesserung ihrer Beziehungen in der Familie an, Verhaltenstherapeuten die Verbesserung ihrer persönlichen Interaktionen. 36 % der Teilnehmer der analytischen Gruppe gaben keinen Effekt in der Selbsteinschätzung an. Die durchschnittliche Zeit, in der die Teilnehmer psychotherapeutisch arbeiteten, war 10 Stunden die Woche, die Zahl der psychotherapeutisch Behandelten betrug 6 Patienten. Die Mehrheit der Teilnehmer waren in der Psychiatrie arbeitende Ärzte.

## 7.6 Finanzierung

Die Finanzierung dieses Programms war, als es beschlossen wurde, vollkommen unklar. Doch dies war bis dahin ein Kennzeichen des ganzen Projekts: Alle Aktivitäten wurden beschlossen und begonnen, ohne zu wissen, wie sie zu finanzieren sind. Und um Geldfragen haben sich die meisten Beteiligten auch nie Gedanken gemacht. Die Dozenten waren bereit, ohne Honorar zu arbeiten[52], sodass auf deutscher Seite die Reisekosten für die deutschen und chinesischen Dozenten sowie die Übersetzungskosten für die verwendeten Materialien blieben. Auf chinesischer Seite wurden Kursgebühren und Reisekosten von den Einheiten der Teilnehmer oder ihren Familien bezahlt.

Mit dem dritten Symposium in Hangzhou endete das Engagement von Ann Kathrin Scheerer und mit ihr die Beteiligung der Hamburger Stiftung an der Finanzierung des Projektes. Aber auch der DAAD konnte das beschlossene Ausbildungsprogramm nicht mittragen,

## 7.6 Finanzierung

da dies nicht zu seinen Förderungsrichtlinien im Wissenschaftsaustausch passte. Das hat aber – merkwürdigerweise – niemanden davon abgehalten, das Curriculum zu planen und mit seiner Umsetzung zu beginnen, frei nach dem Motto: Geld wird sich schon finden.

Es hat sich natürlich nicht gefunden, sondern es bedurfte großer Mühen, die in erster Linie von Margarete Haaß-Wiesegart geleistet wurden.

Eine kontinuierliche Finanzierung gestaltete sich äußerst schwierig. Der Durchbruch gelang erst, als Frau Diop vom *Ministerium für Arbeit und Soziales Baden-Württemberg,* die damals im Rahmen ihrer Tätigkeit medizinische Projekte in Entwicklungsländern förderte, eine Zusage für 20 000 DM zur Förderung des deutsch-chinesischen Ausbildungsprogramms gab. Eine ungewöhnliche Entscheidung, ohne die vermutlich das Ausbildungsprojekt nicht hätte beginnen können. Erst diese öffentliche Unterstützung überzeugte weitere Sponsoren, dieses ungewöhnliche Projekt zu fördern. Die angesprochene »Stiftung für Bildung und Behindertenförderung« (heute »Heidehof Stiftung«) entschloss sich nach einem Brief von Fritz B. Simon an die ihm aus anderen Kontexten bekannte Psychotherapeutin Dr. Eva Madelung, die Stifterin, Margarete Haaß-Wiesegart zu einer Beiratssitzung einzuladen, um das Projekt vorzustellen. Herr Börgerling, Geschäftsführer der Stiftung, war zunächst sehr skeptisch. Aber die Stiftung machte eine Zusage. Das erste Jahr der Ausbildung war gesichert.

Wie bei den Symposien wurden die Reisekosten aller deutschen und chinesischen Lehrer sowie Hotel und Essen von der deutschen Seite übernommen. Alle Lehrer arbeiteten ohne Honorar. Allerdings bekamen die chinesischen Kollegen, die während des Unterrichts übersetzten, Geld für ihre Arbeit. Alle Übersetzungskosten wurden von der deutschen Seite übernommen. Da die *Stiftung für Bildung und Behindertenförderung* für das zweite Jahr nur einen kleinen Betrag zur Verfügung stellte, war die Fortführung des Projektes massiv gefährdet.

Mithilfe von Dr. Udo Hornberger, dem Leiter des Referates für China und die Mongolei beim DAAD, konnte Margarete Haaß-Wiesegart Kontakt zu Tilo Schierer vom »Internationalen Büro« des »Deutschen Zentrums für Luft- und Raumfahrt« aufnehmen, das dem *Bundesministerium für Bildung und Forschung* zugeordnet war. Bis dahin war kein solches Projekt gefördert worden. Die Zusage zur finanziellen Förderung durch Dr. Schierer sowie durch Herrn Köppke ermöglichte die Fortführung des Projektes für ein weiteres Jahr. Entscheidend war für diese Zusage vor allem auch die Unterstützung von Eva Maria Hongsersant, die es als Sachbearbeiterin durch ihr persönliches Engagement schließlich auch ermöglichte, dass das letzte Jahr finanziert wurde. Zu danken ist auch Dr. Michael Quirin, der die Durchführung des Projektes mit unterstützte.

Auf jeden Fall hat sich hier ein Prinzip als wichtig erwiesen: Projekte sollten nicht erst starten, wenn ihre Finanzierung sicher ist, sondern umgekehrt: Wenn ein Projekt erst einmal gestartet ist, wird seine Finanzierung auch wahrscheinlicher. Der Grund dafür: Es ist viel einfacher, potenzielle Geldgeber davon zu überzeugen, sich für ein konkretes Vorhaben, dessen Akteure und bereits vollzogene Aktionen sie kennenlernen und beurteilen können, zu engagieren als für abstrakte Pläne, Hoffnungen und Versprechen für die Zukunft. Eine eigene Historie zu produzieren, auf die Bezug genommen werden kann, hilft auch, die Zukunft wahrscheinlicher zu machen. Denn es geht dabei ja immer um die Gegenwart, in der die Entscheidungen über die Finanzierung getroffen werden müssen. Es ist immer die gegenwärtige Vergangenheit, mit der argumentiert werden kann, und es geht um eine gegenwärtige Zukunft, die es zu gestalten gilt.

*(Dass in diesem Abschnitt so viele Namen einzelner Personen genannt wurden, mag auch als Dank und Anerkennung für das Engagement der Beteiligten gewertet werden. Es ist auf jeden Fall ein Beleg dafür, dass Personen als Entscheidungsprämissen innerhalb der genannten finanzierenden Organisationen eine zentrale Rolle spielten und – last, not least – dass eine Handvoll solcher Personen reicht, »die Welt« in Bewegung zu setzen oder zu halten ...)*

## 7.7 Abschluss

Der erste Durchlauf des Curriculums endete 1999 in Kunming, wo er auch begonnen hatte. Zhao Xudong hatte erreicht, dass das Gesundheitsministerium die Seminare der Ausbildung mit 10 Fortbildungspunkten, den »*Continuous Medical Education Credits*«, anerkennt. Es war das erste Mal, dass chinesische Ärzte Fortbildungspunkte für ein Psychotherapieseminar bekamen. Die Teilnehmer erhielten dafür kleine rote Büchlein, die eine außerordentlich große Ähnlichkeit mit der sogenannten Mao-Bibel hatten (eine westliche Projektion). In ihnen wurde – staatlich anerkannt – ihre psychotherapeutische Ausbildung bescheinigt und durch beeindruckende Stempel besiegelt.

Außerdem erhielt jeder Teilnehmer ein Zertifikat der Deutsch-Chinesischen Akademie für Psychotherapie. Nach wie vor war die

Ausbildung ja eine mehr oder weniger private Initiative chinesischer und deutscher Psychiater und Psychologen. Um das Zertifikat angemessen gestalten zu können, gab es eine »Ausschreibung« für den Entwurf eines Logos für die DCAP. Dr. Li Song, Psychiater in einem kleinen Kreis in Yunnan, gestaltete schließlich das Signet: Die Mitte füllt eine Blume, deren Form der Gestalt des chinesischen Zeichens 心 (für »Herz«) nachempfunden ist. Das Herz ist auch traditionell der Sitz des Geistes und hat in diesem Sinne große Bedeutung in der traditionellen chinesischen Medizin. Psychotherapie ist übersetzt die »Lehre der Behandlung des Herzens«.

DEUTSCH-CHINESISCHE AKADEMIE FÜR PSYCHOTHERAPIE

Abb.: *Logo der DCAP*

Das Zertifikat der Teilnahme an einer Zhong De Ban ist bis heute kein offizielles staatliches Dokument. Andererseits gibt es kein staatlich anerkanntes Zertifikat für Psychotherapie. So kommt es, dass die Teilnahme an der Zhong De Ban noch immer das höchste Ansehen genießt.

Um die Tatsache, dass hier ein neuartiges Projekt zu einem guten Ende gekommen war, zu unterstreichen, fand zum Abschluss dieses ersten Lehrgangs ein zweitägiges Symposium statt, bei dem nicht nur die »ausländischen Experten«, sondern auch die chinesischen Fachleute Beiträge leisteten.

Zwischen den Teilnehmern, so viel lässt sich feststellen, hatte sich in den drei Jahren der gemeinsamen Auseinandersetzung mit westlicher Psychotherapie – in all ihrer Verschiedenheit und Differenziertheit – eine hohe persönliche Verbundenheit entwickelt, die auch nach dem Ende des Programms weiter bestehen blieb und Folgen hatte.

Die Teilnehmer der ersten Gruppe, von denen hier einige interviewt wurden, sind inzwischen angesehene Therapeuten in verschiedenen Therapieschulen. Sie bekleiden zum Teil leitende Positionen in

Kliniken oder Gesundheitsbüros ihrer Städte. Die meisten Mitglieder der im Jahr 2002 gegründeten Prüfungskommission des Gesundheitsministeriums für ärztliche Psychotherapeuten sind ehemalige Teilnehmer des ersten Ausbildungsprogramms. Ein Drittel der Mitglieder der 2010 begründeten Expertenkommission für Geistesgesundheit, die dem Gesundheitsministerium angegliedert ist, war ebenfalls beim ersten Ausbildungsblock dabei.

### 7.8 Orte und Zeiten

Alle drei Methoden wurden gleichzeitig gelehrt. Das war, rückblickend betrachtet, ein strategisch zentraler Aspekt der Planung. Auf diese Weise wurde den Teilnehmern gegenüber eine Einheit der westlichen Psychotherapie suggeriert, wie sie in Deutschland nicht zu finden ist. Das Team der Trainer, das außerhalb Chinas so gut wie keinen fachlichen Austausch hatte, trat gemeinsam auf und zeigte gegenüber dem chinesischen Publikum nicht, welche konzeptuellen Differenzen die angebotenen Methoden trennen und damit auch die Lehrtherapeuten bzw. ihre Schulen. Diese Unterschiede sind – aus der Nähe betrachtet – wahrscheinlich ebenso groß wie die Unterschiede zwischen der chinesischen und der deutschen Kultur. Denn ihnen liegen teilweise kontradiktorische erkenntnistheoretische Vorannahmen zugrunde, aus denen sich auch jeweils ein sehr unterschiedliches Beziehungsangebot an den oder die Patienten oder Klienten ergibt.

All dies wurde den Teilnehmern nicht direkt vermittelt, es war auch nicht Thema öffentlicher Auseinandersetzungen, ja, es wurde nicht einmal innerhalb des Teams der deutschen Trainer diskutiert, obwohl es wohl jedem bewusst war. Man ging »chinesisch« mit den hier drohenden Konflikten um, indem man sie aus der Kommunikation ausblendete und sorgfältig alles vermied, was sie zum Thema und zum Auslöser offener Konflikte hätte machen können.

In ihrem Auftreten in China vermittelten die deutschen Dozenten implizit – d. h. durch das Design der Veranstaltungen – das Bild, westliche Psychotherapie sei eine Einheit mit gewissen technischen Variationen und jeweils anderer Schwerpunktsetzung. Dies wurde noch dadurch unterstrichen, dass es neben den schulenspezifischen Seminaren auch Abendveranstaltungen gab. Hier wurden Vorträge zu spezifischen Themen gehalten, von chinesischen wie deutschen Experten. Es wurden aber auch Live-Therapiedemonstrationen vorgenommen, sodass jeder Teilnehmer »über den Zaun« schauen konnte und einen Eindruck von den anderen Methoden erhielt.

Die Abendveranstaltungen waren eine Art Abendkongress, allerdings kostenlos und offen für alle Kollegen am Veranstaltungsort des Seminars. So kamen in Peking z. B. etwa 300 Teilnehmer am Abend, in Wuhan 200. Die Idee der Organisatoren war es, Ärzten und Psychologen, die nicht an der Ausbildung teilnehmen konnten, zumindest die Möglichkeit eines kleinen Fachkongresses zu bieten. Der Abendkongress schloss immer mit ein, dass ein sehr bekannter und geachteter lokaler Psychiater, meist ein älterer Kollege, einen Vortrag hielt.

Und schließlich: Es wurden auch Panel-Diskussionen der Teilnehmer untereinander durchgeführt zu aktuell interessierenden Themen, d. h. vor allem zur Entwicklung der Psychotherapie in China. So wurde unter den chinesischen Teilnehmern engagiert diskutiert, was eine Therapiestunde kosten sollte. Es gab 1998 starke Unterschiede in der Bezahlung, zwischen 5 Yuan und 80 Yuan. Zhao Xudong vertrat die Ansicht, dass man einen angemessenen Preis verlangen müsste, um den Wert der Behandlung zu dokumentieren. Kann eine Familie den Preis nicht bezahlen, kann man ja individuell einen sozial verträglichen Preis vereinbaren. Heute variiert der Preis von 150 Yuan bis zu 400 Yuan. Ist ein Therapeut erfahrener, kostet die Stunde mehr. VIPs bezahlen heute bis zu 1500 Yuan (150 Euro) pro Stunde. Die Bezahlung ist für die meisten Menschen, die nicht mehr einer Einheit angehören, privat.

Allen Teilnehmern und Lehrtherapeuten war klar, dass sie an einem historischen Projekt teilnehmen. Es war die erste Ausbildung in Psychotherapie in China überhaupt. Daran teilnehmen zu können, war ein Privileg. Auch dies war eine wesentliche Grundlage des Gemeinsamkeitsgefühls.

Es bildeten sich Rituale in der gesamten Gruppe heraus. Bei der Eröffnung folgte den politischen Reden eine inhaltliche Einführung in die Woche durch Margarete und eine »Geschichte« von Wan Wenpeng, die in humorvoller Weise auf moralische und ethische Werte hinwies. Seine eindrucksvolle Persönlichkeit und Integrität sowie die Wertschätzung durch die Teilnehmer, für die er eine Vaterfigur war, und auch die chinesischen Lehrtherapeuten führten dazu, dass Teilnehmer fachliche, aber auch persönliche Probleme und Entscheidungen bei Berufsfragen mit ihm besprachen.

Beendet wurde jedes Seminar mit einem gemeinsamen Abschiedsdinner aller Lehrtherapeuten und Teilnehmer. Es war eine sehr lockere

Atmosphäre mit dem in China unvermeidlichen gemeinsamen Singen, bei dem die Chinesen ein hohes Maß an Emotionalität zeigten, wie man sie auf vergleichbaren deutschen Veranstaltungen nie finden würde.

Diese Suggestion der Einheit westlicher Psychotherapie wurde noch dadurch verstärkt, dass die Teilnehmer an der Weiterbildung sich in der Regel nicht selbst aussuchen konnten, an welchem der unterschiedlichen Curricula sie teilnehmen, d. h., die meisten von ihnen wurden entweder von ihrer jeweiligen Einheit für eine bestimmte Methode angemeldet oder von den Veranstaltern mehr oder weniger zufällig einer der drei Schulen zugeordnet.

Ein weiterer wichtiger Design-Faktor lag in der Form der Organisation der Ausbildung, die dazu führte, dass die gesamte »Deutsch-Chinesische Klasse« ihre Spuren in vielen wichtigen Orten Chinas hinterlassen konnte (und musste, d. h., es waren verschiedene Institutionen – meist Kliniken – mit der Organisation beschäftigt). Dadurch, dass – wie bereits erwähnt – überall Honoratioren und in der örtlichen politischen Hierarchie hoch stehende Persönlichkeiten die Seminare rituell eröffneten, wurde an jedem der Veranstaltungsorte die Wichtigkeit des Projektes öffentlich demonstriert.

Diese politische Legitimierung sowie die Gleichzeitigkeit der drei (unterschiedlichen) Methoden und der gleiche Ort, an dem sie gelehrt wurden, ohne dass dieser Ort fixiert war, können als zentrale Erfolgsfaktoren betrachtet werden, da sie neben der Einheit der drei Methoden auch noch die Unabhängigkeit von irgendwelchen Zentren und die Integration in das bestehende Machtgefüge signalisierten. Dies ist deswegen hier zu betonen, weil sich dieses räumliche und zeitliche Organisationsprinzip wie auch die politische Rahmung nach dem ersten Lehrgang (1997–1999) ändern sollte.

Am Ende der ersten Zhong De Ban wurde von den chinesischen Teilnehmern sehr lebhaft diskutiert, ob es eine Fortsetzung dieser Art der Kooperation geben solle. Die Entscheidung fiel positiv aus. Aber im Verlaufe der Ausbildung wurde deutlich, dass die Beschäftigung mit westlicher Psychotherapie auch eine Auseinandersetzung mit chinesischen philosophischen und kulturellen Traditionen auslöste. Chinesische Kollegen diskutierten über die Anwendbarkeit westlicher Konzepte auf China. Xu Taoyuan, einer der Väter der Verhaltenstherapie in China, betonte in seinem Abendvortrag 1998 in Shanghai (Titel: »Psychotherapie und chinesische Kultur«), dass die konfuzianische

Lehre sich in erster Linie mit der Ordnung zwischenmenschlicher Beziehungen beschäftigt. Er setzte sich vor allem mit dem Begriff »ren«, den Sheng Xiaochun an diesem Abend mit »Herzensgüte« übersetzte, und der Notwendigkeit des »Verzeihens« auseinander. Im Rahmen seines Vortrages beschrieb er, dass ein chinesischer Arzt seinem Patienten niemals eingestehen würde, wenn er etwas nicht weiß. Die Wahrung des Gesichtes, die Formalisierung des Umgangs, schien ihm als Leitlinie auch im Umgang mit Patienten sehr wichtig. Er blieb skeptisch und interessiert, wie eine Übertragung der Psychotherapie nach China gelingen kann.

# 8. Chinesen in Deutschland, Deutsche in China – (Er-)Leben in einer fremden Kultur

Nach dem Symposium in Qingdao (1990) begann eine andere Art von Reisetätigkeit: Chinesische Ärzte und Psychologen kamen nach Deutschland, um sich intensiver mit einzelnen Psychotherapie-Methoden zu beschäftigen. Einige unterzogen sich einer Psychoanalyse, andere promovierten, alle erlernten intensiv irgendwelche therapeutische Techniken.

Von denen, die in den Jahren der Symposien im Westen ihre Ausbildung genossen, wurden einige die chinesischen Lehrer der Zhong De Ban. Sie fungierten in doppelter Hinsicht als Übersetzer: Zum Ersten standen sie im Zweifelsfall zur Verfügung, um sprachliche Verständigungsschwierigkeiten zu beheben, die sich dadurch ergaben, dass die Seminare auf Englisch durchgeführt wurden. Zum Zweiten hatten sie in den Tagen, in denen sie ohne die deutschen Dozenten mit den chinesischen Seminarteilnehmern arbeiteten, Gelegenheit, die den einzelnen Schulen und Methoden zugrunde liegenden Konzepte und Logiken zu erläutern. Das führte zu nächtelangen Diskussionen.

Nach dem ersten Lehrgang (d. h. nach 1999) kam es aber auch zu einer Reisetätigkeit in umgekehrter Richtung: Deutsche Dozenten kamen für längere Zeit – für Monate, im Einzelfall für Jahre – nach China.

In beiden Fällen setzten sich Einzelne einem (zu erwartenden) Kulturschock aus. Ihre konkreten Erfahrungen zeigen wohl besser als alle theoretischen Überlegungen die Unterschiede zwischen den beiden Kulturen. Daher soll auf den folgenden Seiten den betroffenen Personen das Wort gegeben werden. Ihr Rückblick auf die Zeit im fremden Land zeigt – auch aus der zeitlichen Distanz –, welchen emotionalen Belastungen sie ausgesetzt waren. Als Deutsche in einer Gruppe von Kollegen zwei Mal im Jahr für ein oder zwei Wochen zu einem Seminar nach Shanghai oder als Chinese in einer Gruppe von Chinesen für ein oder zwei Wochen zu einer Studienreise nach Deutschland zu fahren, ist etwas prinzipiell anderes, als sich ohne irgendeinen gesicherten Status in ein fremdes Land zu begeben, sich einer Psychoanalyse zu unterziehen, zu lernen oder zu lehren. Dabei ist nicht immer klar zu entscheiden, ob es die Kulturunterschiede sind, die einen Schock auslösen, oder – wie im oben abgedruckten Gespräch mit Shi Qijia (S. 148 ff.) zu vermuten – die Besonderheiten einer Methode und der impliziten Beziehungsangebote. Aber da die Methoden ja auch nicht ohne ihren historischen und gesellschaftlichen Kontext zu verstehen sind, kann dies natürlich auch den kulturellen Unterschieden zugerechnet werden.

Die Selbsterfahrung, die dabei nicht zu vermeiden ist, bezieht sich generell nicht allein auf die eigenen psychischen Strukturen, sondern auch auf die psychologischen Auswirkungen kultureller und institutioneller Regeln.

> **Interview mit Fang Xin (Fortsetzung)**
>
> *FBS: Wann bist du nach Deutschland gekommen?*
>
> FANG XIN: Es war im Jahr 2000, mithilfe der Deutsch-Chinesischen Akademie für Psychotherapie bekam ich ein Stipendium vom DAAD. Nach dem Trainingskurs 1997–1999 habe ich mich angestrengt, Deutsch zu lernen. Ich war dann in Tübingen und Heidelberg.
>
> *FBS: Wie ist es dir ergangen in Deutschland?*
>
> FANG XIN: Bevor ich nach Deutschland kam, habe ich viele Sachen als selbstverständlich vorausgesetzt. Als ich nach Tübingen kam, dachte ich zum Beispiel, dass ein Zimmer in einem Studentenheim reserviert ist und auf mich wartet. Denn in meiner Universität, der Peking-Universität, wird so etwas von der Verwaltung arrangiert. Aber als ich in Tübingen ankam, hatte ich keinen Platz zum Übernachten, zum Wohnen. Obwohl mir zwei Freundinnen, Margarete Haaß-Wiesegart und Margit Babel, sehr viel geholfen haben, woran ich mich bis jetzt noch mit großer Dankbarkeit und Wärme erinnere, hatte ich bei vielen Dingen auf meinen eigenen Beinen zu stehen. Ganz viele solche Sachen haben mich depressiv gemacht. Ich hatte das Gefühl, in ein Eisloch geworfen zu sein. Ich habe mich hilflos gefühlt.
>
> In China hätte man andere Schwierigkeiten: Jeder wäre um dich herum, würde Fragen stellen, dir würde kein privater Raum gelassen. In Deutschland wird einem, denke ich, im Gegensatz dazu zu viel Raum gelassen. Niemand war um mich herum, ich war hilflos und hoffnungslos. Eine Art Trauma.
>
> Dirk Revenstorf fand einen Gestalttherapeuten für mich. Und der war sehr hilfreich für meine Selbsterfahrung.
>
> *FBS: Das war ein Kulturschock.*

FANG XIN: Nicht nur ein Kulturschock, auch ein persönlicher. Ich konnte in China eigentlich immer Leute finden, mit denen ich zusammen war. Plötzlich war ich allein. Auch der Statusverlust machte mich depressiv. In China gehörte ich zu den höheren Gesellschaftsschichten. Ich war eine der ersten Autofahrerinnen in China. Aber in Deutschland musste ich wieder mit dem Fahrrad fahren und wohnte mit ein paar anderen Studenten in einer WG. Am wichtigsten war, dass ich damals viel Heimweh und große Sehnsucht nach meinem Kind hatte. Ich war vollkommen depressiv.

Aber ich habe Freunde gewonnen, deutsche Freunde. Und ich mag die Art, wie Deutsche Freunde werden, Schritt für Schritt, langsam. Es ist anders als in China. In China ist man schnell dabei, sich als Freund zu bezeichnen und zum Essen einzuladen, aber einen Tag später, wenn man etwas falsch macht, dann beenden sie die Beziehung.

*FBS: Kannst du bzw. willst du etwas über deine Selbsterfahrung in der Gestalttherapie erzählen?*

FANG XIN: Ja. Zu der Zeit ließ meine Therapeutin mich auf zwei Stühlen für zwei meiner Teile sprechen. Ein Stuhl stand für meine Familie, der andere für meine Karriere. Ich saß auf dem Familienstuhl und wollte nicht auf den anderen. Ich habe geweint und geweint. Viele, viele Tränen. Aber am Ende habe ich mich auf den anderen Stuhl gesetzt. Plötzlich wurde mir klar: Deswegen bin ich ja hierhergekommen. Deshalb muss ich sehen, dass ich so viel Wissen und Können wie möglich von hier mitnehme. Danach habe ich mich aufs Lernen gestürzt.

*FBS: Wann bist du nach China zurückgekommen?*

FANG XIN: Fast zwei Jahre später.

### Interview mit Margit Babel (Fortsetzung)

Von 2001–2003 weilte Margit Babel als DAAD-Langzeitdozentin zum Thema »Behavioral Psychotherapy with Children, Adolescents and their Caregivers« in China.

Gastgeberinstitutionen waren das *First Affiliated Hospital* des *Kunming Medical College*, das *Shanghai Center for Counselling and Psychotherapy*, das *Shanghai Child and Adolescent Mental Development Center* des *Shanghai Mental Health Center* sowie das *Affiliated Brain Hospital* der *Nanjing Medical University*.

Sie war eine der Hauptreferentinnen in dem von Zhao Xudong initiierten ersten chinesischen Ausbildungsprogramm »Psychotherapy in Child and Adolescent Mental Health«.

Im Jahr 2002 wurde ihr vom *Kunming Medical College* die Ehrenprofessur verliehen sowie von der Regierung der Provinz Yunnan ein Preis für ihren Beitrag zur internationalen Freundschaft.

*FBS: Du warst ja nicht nur zu den Symposien und den Ausbildungen, sondern als Langzeitdozentin vor Ort. Wie kam es dazu, und wie waren deine Erfahrungen da?*

MARGIT BABEL: Im Dezember 2000, während des ersten Seminars des zweiten Ausbildungsprogramms, saß ich mit Sheng Xiaochun zusammen, und er fragte: »Warum kommst du eigentlich nicht mal länger und machst was mit Kindern und Jugendlichen?«

Ich sagte: »Schick mir eine Einladung!« Und das hat er gemacht. [...]

Als ich in Shanghai ankam, rief ich in Wuhan an. Weder Sheng Xiaochun noch Shi Qijia noch irgendwer, den ich kannte, war in Wuhan. Niemand wusste etwas von mir.

Darauf habe ich beschlossen, ich gehe nicht nach Wuhan. Denn was soll ich da ohne Ansprechpartner? Ich bin anscheinend überhaupt nicht im Programm.

Das war etwas »heavy« – nach all den Vorbereitungen.

Eigentlich hatte ich einen Rotationsplan: drei Monate »input« in Kunming, drei Monate in Shanghai, drei Monate in Wuhan, dann wieder von vorne, je drei Monate Supervision. Während eines Workshops auf Einladung der Medical University in Shenyang, Provinz Liaoning, erreichte mich eine Anfrage aus Nanjing. Der WHO-Experte des jährlichen Fortbildungsprogramms hätte abgesagt. Nach Rücksprache mit dem DAAD wurde das »Center for Research and Training in Child Mental Health« in Nanjing eine meiner Gastinstitutionen.

Wichtig für zukünftige Projekte scheint mir: Ich würde niemandem empfehlen, so etwas allein zu machen. Für viele Situationen brauchst du einfach einen vertrauten Gesprächspartner.

Von der chinesischen Seite ist der schwer zu bekommen, weil alle einfach so sehr beschäftigt sind. Wenn, dann lädt man dich höchstens zum Essen ein, um dich »glücklich« zu machen oder das schlechte Gewissen zu beruhigen. Aber das bringt dir ja nichts.

Du kannst keine konflikthaften Themen diskutieren: Wo kann ich Grenzen setzen? Dieses Zitronenpressen. All diese Entscheidungen musst du allein treffen.

Diese zwei Jahre: Von außen sieht es »toll« aus, aber es war eine harte Zeit – und ich möchte sie nicht missen ... Beide Aufenthalte: den ersten (1981/82) wie den zweiten. Aber ich muss sie nicht noch mal haben.

Ich bin nach dem ersten Aufenthalt zurückgekommen und habe gesagt: Was immer in meinem Leben passiert, ich kann es schon irgendwie »überleben«. Dieses Gefühl ist bei zweiten Mal verloren gegangen.

*FBS: Wodurch?*

MARGIT BABEL: Durch SARS. Als SARS Thema wurde.

Die Arbeitsbedingungen waren hart, die Lebensbedingungen waren ... (lacht) ... sowohl in Shanghai als auch in Nanjing ... Aber ich wollte es, habe es genommen, wie es kommt.

Angekündigt wurde z. B. ein WHO-Workshop zum Thema »Child Mental Health«. Ich gehe da hin, und da sitzen Unmengen von Leuten. Ich denke: Wo kommen die alle her? Sehr merkwürdig. Auf einmal war die Hälfte verschwunden. Ich fragte, wo die denn abgeblieben sind. »Ja, hm, ehm« – bis mir zu Ohren kam: Das waren Teilnehmer aus anderen Provinzen, die hatten genug Fortbildungspunkte in der Tasche und sind weg. Aber das wird alles nicht transparent gehandelt.

Wäre ja kein Problem gewesen, wenn sie das von vornherein gesagt hätten. Dieser Prozess kostet unheimlich viel Kraft und unheimlich viel Ärger. Innerlich. Du hast ja niemanden, mit dem du das besprechen kannst. Ich sitz dann da drauf. Und am nächsten Tag musst du morgens um acht wieder antanzen und strahlen und schauen, dass du was rüberbringst.

Dasselbe war mit SARS. Als im Internet schon 1000 Berichte waren, dass die Leute sterben wie die Fliegen, gab es »kein SARS in Nanjing«. Und dabei saßen die Ärzte mit ihren weißen Kitteln – ich wohnte zwischen Brain Hospital und Provincial Hospital – direkt vor mir. Ich dachte: Na dann ... Ich wollte Urlaub nehmen, den habe ich aber nicht bekommen. Am 24. April war offiziell Urlaub, da offiziell SARS war, und ich konnte gehen, und ich sollte gehen. Und dann aber hopp!

Und das weiß anscheinend niemand in Europa: Ich bin dann ausgereist, aber eigentlich wollte mich niemand haben von all den Freunden in Asien, die mir vorher gesagt hatten: »Du hast immer ein Bett bei mir.« Denn wer zu SARS-Zeiten aus China kam, war in keinem Land gern gesehen.

Zittern und Bangen vor jeder der zahlreichen Kontrollstationen zwischen Nanjing und dem total ausgestorbenen Flughafen

Shanghai, große Erleichterung danach, wenn sich die Körpertemperaturen aller plastikvermummten Reisenden als »normal« herausstellten.

Das Ticket für die Ausreise habe ich über Kunming organisiert – mit der letzten Thai-Maschine. Alle anderen Flughäfen hatten lange schon keinen internationalen Flugverkehr mehr. Das war heftig, sehr, sehr heftig ...

Ich bin dann nach Malaysia, weil das die Einzigen waren, die sagten: »Du kannst herkommen und bleiben, bis du okay bist!«

Vom DAAD zu einer Entscheidung aufgefordert, bin ich nach zwei Monaten zurück nach Nanjing. Ich hatte noch einen WHO-Kurs mit Leuten aus ganz China abzuhalten. Ich bin also wieder zurück.

Das war für mich so eine Grenze, meine Grenze ...

Ich bin zurück und habe weiter unterrichtet.

*FBS: Du warst ja ganz allein. Wie hast du das bewältigt? Wie bist du damit umgegangen?*

MARGIT BABEL: Das kann ich dir, glaube ich, gar nicht sagen. Es war wie ein Schlafwandel. Wie eine leichte Trance. Nach dem Motto: Ich wollte es, nun bin ich hier ... Diese Hilflosigkeit. Ich kann ja nichts bewegen. Ich habe keine Möglichkeit.

Wäre ich in Kunming gewesen zu der Zeit, wäre es völlig anders gelaufen. Dann hätte ich wahrscheinlich gesagt: Ich gehe in die Out-Patient-Abteilung, eröffne eine Hotline. Denn dort hatte ich das Gefühl, ich habe ein Stück Rückhalt.

*FBS: Mir scheint das ja prinzipiell eine wichtige Erfahrung: Du warst vollkommen hilflos gegenüber den gegebenen Strukturen vor Ort. Und die einzige Möglichkeit, sich nicht hilflos zu fühlen, ist das Vertrauen in ein Netzwerk von Personen, in persönliche Beziehungen. Die hättest du in Kunming gehabt, nicht aber in Nanjing.*

MARGIT BABEL: Mir fiel dort immer wieder der Satz ein: Überleben kann man nur im Kollektiv.

*FBS: Du warst irgendwelchen anonymen Behörden ausgeliefert und hattest keine Chance, eine Gegenstrategie aufzubauen.*

MARGIT BABEL: Ja. Ein Beispiel: Sie haben mir gesagt: »Morgen früh um sechs holt dich der Chauffeur ab, der bringt dich zum Flughafen.« Ich hatte mich darauf verlassen. Und die fuhren mich nur zur Bushaltestelle zum Bus nach Shanghai. Es war der letzte, der aus Nanjing fuhr. Dieses Sich-nicht-verlassen-Können war das Problem.

*FBS: Du hattest keine persönlichen Beziehungen zu den Leuten, sondern nur Rollenbeziehungen.*

MARGIT BABEL: Ich hatte nur formale Beziehungen. Mein Gefühl war, dass sie sich jetzt nur um mich kümmern, damit sie kein Problem bekommen, wenn ein Ausländer jetzt krank wird.

Ich habe Zhao Xudong angerufen und gefragt, ob ich kommen kann, und er sagte: »Das geht nicht, denn du kommst sofort ins Infektionskrankenhaus, weil du aus einer anderen Provinz kommst.«

Also, das war eine grundlegende Erfahrung.

Daher sollte man nie nur einen Dozenten allein nach China schicken: immer mindestens zwei. Das ist eine Lehre aus dieser Erfahrung: nur im Kollektiv, mindestens zu zweit.

Es müssen ja gar nicht solche Extremsituationen sein wie SARS. Es reicht schon zu diskutieren: Wie gehe ich damit um, dass mein ehemaliger Kursteilnehmer mich nicht mehr grüßt? Mache ich nichts? Spreche ich ihn an? Oder stoße ich da Konflikte an, mit denen ich nicht umgehen kann, denn ich bin Gast?

Was sonst das Coping mit Alleinsein angeht: Ich bin als Kind schon viel allein gewesen. Nachmittags. Das ist noch mal eine andere Ebene, aber das Alleinsein hat eine lange Geschichte.

*FBS: Was hat dich überhaupt motiviert, nach China zu gehen?*

MARGIT BABEL: Ich denke, dass es der extremste Kontrast zur europäischen Kultur ist. Ich wollte die Grenzen ausloten.

## 9. Ausdifferenzierung und Integration

### 9.1 Örtliche, zeitliche und methodische Differenzierung

Das beim ersten Kurs aufrechterhaltene Format der Symposien, bei denen alle drei Methoden gleichzeitig gelehrt wurden, wurde nicht weiter beibehalten. Es schien mit der Zunahme des Weiterbildungsbedarfs weder sachlich noch politisch nützlich. Wahrscheinlich ließ sich auch nicht weiter die Suggestion der Einheit westlicher Psychotherapie in der Weise wie beim ersten Lehrgang aufrechterhalten. Die Unterschiede der drei von der Akademie angebotenen Therapierichtungen gewannen zunehmend auch bei der Arbeit in China Gewicht. Dies dürfte unter anderem damit zusammenhängen, dass China für Psychotherapeuten nicht nur aus Deutschland, sondern aus aller Welt interessant wurde. Es gab inzwischen eine Fülle von interkulturellen Projekten zwischen chinesischen Psychiatern und Psychologen und den entsprechenden Fachgruppen in den USA, in Australien, Japan, Norwegen, Taiwan etc.[53]

Im Wettbewerb miteinander wurden und werden zwangsläufig die methodischen und ideologischen Unterschiede betont, sodass die Abgrenzung gegeneinander und als Folge die Differenzierung der Organisationsstruktur nur logisch erscheint. Denn diese theoretischen und methodischen Unterschiede haben ja auch didaktische Konsequenzen. Wo, beispielsweise, die psychoanalytisch orientierten Therapeuten davon ausgehen, dass zur Veränderung in der Therapie ein zeit- und energieaufwendiger Prozess des *Durcharbeitens* der individuellen Geschichte und Entwicklung notwendig ist, sehen die systemischen Therapeuten eher ihre Aufgabe darin, Individuen und/oder ihren Familien bzw. den emotional relevanten Personen *Anstöße* für Entwicklungen zu geben, die dann auch ohne die direkte Betreuung durch einen Therapeuten im Alltag ihre Wirkung entfalten können. Solche konzeptuellen Differenzen haben zwangsläufig auch Auswirkungen auf die Vorstellungen einer angemessenen Lehre: durcharbeiten vs. Anstöße zur eigenen kreativen Entwicklung von Methoden geben.

Die Ausdifferenzierung zeigte sich in der räumlichen und zeitlichen Entkopplung der drei Lehrgänge bzw. der drei Methoden und in der Bildung von Zentren. Anstelle des gemeinsamen Wanderns von Ort zu Ort wurden die Kurse unabhängig voneinander jeweils an festen Orten veranstaltet. Das gewichtigste Argument war der enorme organisatorische Aufwand, wenn jedes Mal die gesamte Organisation in einem neuen Kontext stattfindet, mit anderen Verantwortlichen auf der chinesischen Seite, mit denen die lokalen Gegebenheiten neu abgestimmt werden müssen.

Die Ausdifferenzierung zwischen der psychodynamischen Gruppe und den beiden anderen Gruppen (Systemische Familientherapie/ Verhaltens- und Hypnotherapie) begann, als die Präsidentin des potenten *Mental Health Centers* in Shanghai, Xiao Zeping, dort den zweiten nationalen Ausbildungskurs für Psychoanalytische Psychotherapie im Jahre 2000 in Shanghai startete.[54]

Insgesamt wurden bis 2011 bereits fünf Lehrgänge angeboten. Die Anfängerkurse wurden mit Weiterbildungsseminaren für Fortgeschrittene kombiniert. So kam es, dass teilweise bis zu 250 Teilnehmer der Zhong De Ban gleichzeitig unterrichtet wurden. Eine Gruppe von dreizehn deutschen Lehranalytikern flog immer wieder zu den Ausbildungsseminaren. Das Mental Health Center stellte nicht nur die Räume zur Verfügung, sondern auch die Verköstigung der Teilnehmer gegen geringes Entgelt sowie Personal für die Organisation zweimal im Jahr. Mit Unterstützung des Centers und der Stadt Shanghai konnten die Teilnehmergebühren, entsprechend dem Anspruch der Klinik, die für die Ausbildung von Psychiatern zuständig ist, niedrig gehalten werden. Sie betrugen etwa 2.800 Yuan pro Seminar. Von einigen Flugkosten[55] abgesehen übernahm/ übernimmt die chinesische Seite nahezu alle Kosten. Die Kurse der analytischen Lehrtherapeuten laufen übrigens nicht unter dem Namen »Psychoanalytische Therapie«, sondern unter der Bezeichnung »Psychodynamische Therapie«.

Der zweite Kurs der beiden anderen Schulen wurde zunächst gemeinsam geplant.[56] Wieder wurden die Seminare an verschiedenen Orten durchgeführt, um Kollegen vor Ort zu unterstützen und die finanzielle sowie organisatorische Last zu verteilen.[57]

Das dritte, vierte und fünfte Ausbildungsprogramm der familientherapeutischen Zhong De Ban wurde vom *Institute of Mental Health at Beijing University* übernommen.[58] Der fünfte Kurs findet allerdings sowohl am *Institute of Mental Health* als auch am *Dongfang-*

*Krankenhaus* der Tongji-Universität Shanghai statt. Die Finanzierung wird weitgehend von der chinesischen Seite übernommen. Die Teilnehmer zahlen jetzt (im Jahr 2011) 4 500 Yuan pro Seminarwoche. Die gesamte Ausbildung kostet einen Teilnehmer 18 000 Yuan. Der DAAD subventioniert Flugkosten, sofern die Lehrtherapeuten einer deutschen Hochschule angehören und mit weiteren wissenschaftlichen Kooperationen zu rechnen ist.

Partner der Verhaltenstherapieausbildung wurde das *Brain Hospital* der Universität Nanjing[59]. Die Teilnehmer zahlen für die gesamte Ausbildung 22 500 Yuan. Das entspricht etwa 7,5 Monatsgehältern eines Arztes. Ohne die Unterstützung durch den DAAD wäre dieser Preis nicht realisierbar.

| Schema | Ort | Zeit | Teilnehmerzahl |
|---|---|---|---|
| Psychodynamische Psychotherapie (2.–5. Kurs) | Shanghai | 2000–2010 | 355 |
| Weiterbildung | | | 128 |
| Ausbildungskurs 6 | | 2011 | 96 |
| Weiterbildung | | 2011 | 96 |
| Verhaltenstherapie (2. Kurs) Familientherapie (2. Kurs) | Kunming, Nanjing, Chengdu, Shenzhen | 2000–2004 | 96 |
| Verhaltenstherapie (3. Kurs) | Nanjing, Chengdu | 2009–2011 | 72 |
| Familientherapie (3. Kurs) | Beijing | 2009–2010 | 60 |
| Familientherapie (4. Kurs) | Bejing | 2010–2011 | 50 |
| Familientherapie (5. Kurs) | Beijing, Shanghai | 2011–2012 | 50 |
| Therapie für Kinder und Jugendliche (1. Kurs) | Kunming | 2001–2002 | 50 |
| Hypnotherapie | Beijing Beijing Hangzhou | 2009–2011 2011 2011 | 104 30 30 |

*Tab.: Übersicht über das Angebot der Zhong De Ban 2000–2012*

Seit 2009 gibt es auch eine Zhong De Ban für Hypnotherapie[60]. Außer den Ausbildungsprogrammen gab und gibt es noch Supervisionsgruppen. So gibt es eine fortlaufende schulenübergreifende Supervisionsgruppe in Wuhan und Fuzhou[61] sowie ein verhaltenstherapeutisches Fallarbeitsseminar in Chengdu[62].

Neben den genannten Aktivitäten gibt es noch eine intensive chinesisch-deutsche Zusammenarbeit und Ausbildung in EMDR-Traumatherapie.[63]

Chinesische Lehrtherapeuten aus dem Programm erarbeiteten ein national verbindliches Lehrbuch für Psychiater über die Grundlagen psychotherapeutischer Behandlung. Und es wurden Richtlinien zur Ethik – darunter auch zur Schweigepflicht – erarbeitet.

Seit 2001 fanden in allen Teilen Chinas regionale WHO-Tagungen zur Diskussion über eine bessere Behandlung psychisch Kranker statt. Diese Tagungen machen deutlich, dass ein Teil der beim Aufbau der Psychotherapie in China engagierten Kollegen – Absolventen der Zhong De Ban – gleichzeitig mit dem Um- und Aufbau der psychiatrischen Versorgung psychisch Kranker in China betraut ist.

## 9.2 Internationale Integration – Kongresse und Auszeichnungen

Mit der Ausdifferenzierung der chinesischen Psychotherapie-Szene, dem Aufbau von Universitätsabteilungen und der Etablierung von Ausbildungsgängen war aber – neben der Kultivierung von Unterschieden zwischen den Schulen und Zentren – auch eine Integration in die internationale Scientific Community verbunden. Äußeres Zeichen dafür war und ist die Organisation von internationalen Kongressen, Mitgliedschaften in internationalen Verbänden, Publikationen in englischsprachigen wissenschaftlichen Journalen etc.

2001 fand erstmals in China solch ein Internationaler Psychotherapiekongress (»Dialogues between East and West«) in Kunming statt.[64] Die Präsidenten beider weltweiten Psychotherapie-Organisationen *World Council for Psychotherapy* (Alfred Pritz) und *International Federation for Psychotherapy* (IFP) (Wolfgang Senf) nahmen an dem Kongress teil und unterstützten den Kongress mit einem kleinen finanziellen Beitrag. Der Kongress hatte 500 Teilnehmer. Vorträge, Workshops und Poster repräsentierten den Stand psychotherapeutischer Entwicklung in China.

Die Provinz Yunnan unterstützte den Kongress mit 100 000 Yuan. Dies war keineswegs selbstverständlich für eine arme Provinz. Auf der

## 9.2 Internationale Integration

deutschen Seite half wieder der DAAD. Ohne diese Unterstützung wäre es für die chinesischen Organisatoren schwierig geworden, den Kongress durchzuführen.

Wie unterschiedlich Deutsche und Chinesen planen und organisieren, wurde bei diesem Kongress deutlich. Alles war besprochen. Es blieben die letzten Vorbereitungen. Das dachten die deutschen Organisatorinnen, als sie in Kunming ankamen. Sie wurden mit der Wucht chinesischer Flexibilität konfrontiert. Keines der drei Kongressbücher war fertig, weder zusammengestellt, noch gedruckt. Das Wunder wurde, wie so oft in China, mit einem hohen Personaleinsatz in letzter Minute gelöst, innerhalb von zwei Tagen und einer Nacht war alles vollbracht. Die Umgebung spiegelte den Umbruch des Landes wider. Im Erdgeschoss stand die neueste MRT-Anlage der Provinz Yunnan, gut gesichert mit Gittern. Im düsteren Treppenhaus war die Birne kaputt, im dritten Stockwerk wurden die neuen Computer, an denen die Programmbücher erstellt wurden, in der Nacht von einem jungen Psychiater bewacht. Das Gebäude gehörte zu dem Gelände, auf dem auch die psychiatrische Abteilung untergebracht war. Obwohl dies zu den wichtigsten Krankenhäusern der Provinz gehörte, waren die Bedingungen auf den Stationen überaus schlicht. Renoviert wurde nicht. Man wartete auf die Erneuerung. Das ganze Krankenhaus wurde neu gebaut.

Die Erfahrungen, die die deutschen Organisatiorinnen in Kunming mit schnellen Lösungen durch ungeheuren Menscheneinsatz gemacht hatten, sollten sich noch öfter wiederholen (beim nächsten chinesisch-deutschen Kongress in Shanghai 2007). Auch die Eröffnungszermonie in Kunming 2001 gestaltete sich ihrem kulturellen Umfeld entsprechend: Teilnehmer und Offizielle hatten ihre Teetassen vor sich, es begann das Ritual öffentlicher Reden. Anwesend war der Vizegouverneur der Provinz Yunnan. Auch dies ein Zeichen, wie sehr die Provinz den ersten internationalen Kongress für Psychotherapie in China unterstützte.

Normalerweise bleiben so hohe Beamte nur kurz bei einer Eröffnungsfeier. Die Länge der Anwesenheit hängt von der Wichtigkeit des Ereignisses ab. Als bei der Eröffnungsfeier ein Sänger seine Gesangseinlage beginnen wollte, ein eher europäischer Brauch und unüblich in China, bemerkte Margarete Haaß-Wiesegart die Unruhe des hohen Beamten. Wäre er tatsächlich gegangen, hätten sich mit ihm alle anderen Würdenträger auf dem Podium mit erheben und gehen müssen. Anders als für die chinesischen Teilnehmer wäre dies für die westlichen Teilnehmer irritierend gewesen. Zum Glück konnte Zhao Xudong dies verhindern. Auf dem Kongress 2007 verzichteten wir aus diesem Grund auf die offizielle Musik.

Auf diesem ersten Kongress wurde von der Deutsch-Chinesischen Akademie für Psychotherapie ein Preis an Wan Wenpeng vergeben für seinen Mut und sein Engagement beim Aufbau der Psychotherapie in China. Der Preis war mit 5000 DM dotiert, die die deutschen Mitglieder der Akademie gespendet hatten. Es war die offizielle Anerkennung eines bereits von einer schweren Krankheit gezeichneten Mannes für sein unermüdliches uneigennütziges Engagement für die Psychotherapie in China.

Im August 2002 wurde mit der Verleihung der Ehrenprofessur an Dr. phil. Margit Babel erstmals eine deutsche Psychotherapeutin für ihre akademische Tätigkeit in China ausgezeichnet, und zwar von der Provinz Yunnan, in der sie über ein Jahr unterrichtete hatte. Margit Babels Arbeit der ersten Stunde in der Ausbildung von Kinder- und Jugendtherapeuten hat bis heute tiefe Spuren hinterlassen. So ist die Verantwortliche für Kinder- und Jugendtherapie am *Mental Health Center* in Shanghai von Margit Babel ausgebildet worden.

Im Jahre 2006 wurde Antje Haag für ihre Tätigkeit als Dozentin am *Mental Health Center Shanghai* – sie war über Jahre zu mehrmonatigen Aufenthalten in Shanghai und betreute hier ihre fortlaufende Supervisionsgruppe – und die Entwicklung der Psychoanalyse in China mit der *Weißen Magnolie* der Stadt Shanghai ausgezeichnet. Dieser Preis ist eine hohe Auszeichnung für besondere Verdienste. Sie wird in der Regel an Manager oder Politiker vergeben. Es war das erste Mal, dass diese Auszeichnung einer Psychotherapeutin verliehen wurde.

Mit dem chinesisch-deutschen Kongress *Changing Societies, Changing People, Psychotherapeutic Answers* 2007 in Shanghai fand erstmals ein binationaler Kongress statt. Anlass war das zehnjährige Jubiläum der Deutsch-Chinesischen Akademie für Psychotherapie. Zur Evaluation der bisherigen Arbeit wurden 500 Lehrtherapeuten und ehemalige Teilnehmer angeschrieben. Der Wan-Wenpeng-Preis der DCAP für den Beitrag zur Entwicklung der Psychotherapie in China wurde aufgestockt und zum einen den chinesischen Lehrtherapeuten der ersten Stunde verliehen sowie zum anderen jungen Referenten des Kongresses. Drei junge chinesische Therapeutinnen erhielten auf diese Weise die Möglichkeit, für drei Monate nach Deutschland zu gehen.

Wieder war die Resonanz mit 700 Teilnehmern und 60 deutschen sowie 38 chinesischen Referenten enorm. Mit Frau Dr. Yan Jun sprach erstmals eine Vertreterin des Gesundheitsministeriums auf einem Psychotherapiekongress, ein neuer Schritt in der offiziellen Anerkennung der Psychotherapie. Die Verrechtlichung und Qualitätssicherung war ein zentrales Thema auf dem Kongress. Qian Mingyi stellte zum ersten Mal ein Registrierungssystem[65] für qualifizierte Psychotherapeuten vor.

Möglich wurde der Kongress durch die Unterstützung der Stadt Shanghai des *Mental Health Center Shanghai*, der *Robert Bosch Stiftung*, des *DAAD* und der *Deutsch-Chinesischen Akademie für Psychotherapie*.

Die Zahl der internationalen Kongresse und Tagungen in China nahm von Jahr zu Jahr zu. Der Übersichtlichkeit halber sollen sie im Folgenden nur tabellarisch dargestellt werden (siehe unten).

Dass die Organisation derartiger internationaler Veranstaltungen mit unvorhersehbaren Problemen verbunden sein kann, zeigte sich u. a. beim Internationalen Psychotherapiekongress des World Council for Psychotherapy (WCP) in Peking 2008. Es hatten sich 1500 Teilnehmer angemeldet. Organisatorin war Qian Mingyi in ihrer Funktion als Vorsitzende der Asian Branch des WCP. Zu ihrem Schrecken musste sie feststellen, dass das fest gebuchte Hotel, ein überaus geeigneter Platz, kurz vor Kongressbeginn an einen anderen, finanziell potenteren Partner vergeben worden war. So musste das teurere Olympiagebäude gemietet werden, zusammen mit der obligatorischen staatlichen Kontrolle an den Eingängen.

Während dieses Kongresses wurde von Alfred Pritz, dem Präsidenten des *World Council for Psychotherapy*, der *Sigmund-Freud-Preis für Psychotherapie* der Stadt Wien an die *Deutsch-Chinesische Akademie für Psychotherapie* für ihre langjährige Kooperation im Aufbau von Psychotherapie in China verliehen. Der Preis wurde im Rahmen eines Dinners übergeben.[66]

Während eines anderen Kongresses – des Zweiten Psychoanalytischen Kongresses 2009 in Shanghai – wurde Alf Gerlach, wie vor ihm schon Antje Haag, mit der *Weißen Magnolie* der Stadt Shanghai für sein enormes Engagement bei der Entwicklung der Psychoanalyse in China geehrt.

## 9 Ausdifferenzierung und Integration

| Jahr | Ort | Titel/Thema | Organisation |
|---|---|---|---|
| 2001 | Kunming | Dialogues between East and West | DCAP, The 1st Affiliated Hospital of Kunming Medical College |
| 2001 | Beijing | The Third Pan-Asia Pacific Conference on Mental Health | Chinese Association for Mental Health |
| 2003 | Beijing | The First Annual Conference of the Committee for Clinical and Counseling Psychology of Chinese Society for Psychology | Committee for Clinical and Counseling Psychology of Chinese Society for Psychology |
| 2004 | Beijing | The 28th International Congress of Psychology (ICP2004) | The International Union of Psychological Science (IUPsyS), Chinese Society for Psychology |
| 2005 | Beijing | The First National Symposium on Crisis Intervention and Psychotherapy for Psycho-trauma | Committee of Psychotherapy and Counseling of Chinese Association of Mental Health, Committee for Clinical and Counseling Psychology of Chinese Society for Psychology |
| 2005 | Shanghai | Congress of Psychoanalytic Psychotherapy | Mental Health Center Shanghai |
| 2006 | Beijing | China-Austria Symposium for the 150 Anniversary of Sigmund Freud's birth | Beijing University, Austrian Embassy in Beijing |
| 2006 | Hangzhou | International Conference of Psychotherapy and Crisis Intervention | Committee of Psychotherapy and Counseling and Committee of Counseling for Students of Chinese Association of Mental Health, Committee for Clinical and Counseling Psychology of Chinese Society for Psychology |
| 2006 | Beijing | The Fourth Pan Asia-Pacific Conference on Mental Health | Chinese Association for Mental Health |
| 2006 | Shanghai | Reginal Meeting of World Psychiatry Association (WPA) | WPA, Mental Health Center Shanghai |
| 2007 | Beijing | The Second China-Austria Annual Conference on Psychotherapy | Beijing University, Sigmund Freud University of Vienna, Committee for Clinical and Counseling Psychology of Chinese Society for Psychology |
| 2008 | Nanjing | The 1st Congress of Cognitive-Behaviour Therapy | Brain Hospital Nanjng Medical University, Chinese Society of Psychology – Committee of Clinical and Counseling Psychology |
| 2008 | Beijing | Special Symposium on Disaster Rescue and Psychological Relief after Sichuan Earthquake | Chinese Association of Mental Health, Chinese Society for Psychology |
| 2007 | Shanghai | Changing Societies, Changing People: Psychotherapeutic Answers | DCAP, Mental Health Center Shanghai |

*Tab.: Psychotherapeutische Tagungen in Cina seit 2001*

| Jahr | Ort | Titel/Thema | Organisation |
|---|---|---|---|
| 2008 | Beijing | The 5th World Congress of Psychotherapie | WCP, Chinese Society of Psychology, Universität Peking |
| 2009 | Beijing | The 1st Conference of the Registration System for Professionals and Institutions of Clinical and Counseling Psychology | Chinese Society of Psychology |
| 2010 | Shanghai | The 2nd Congress of Psychoanalytic Psychotherapy | Mental Health Center Shanghai |
| 2010 | Chengdu | The 2nd Congress of Cognitive-Behavior Therapy | West China Hospital of Sichuan University, Chinese Society of Psychology, DCAP |
| 2010 | Beijing | Internationaler Psychoanalytischer Kongress | IPA, Anding Hospital Beijing |
| 2011 | Harbin | The 1st China Congress of Psychotherapy (incl.1st National Congress of Family Therapy ) | Joint Meeting of following organizations: Chinese Association of Mental Health – Committee of Psychotherapy and Counseling, Committee of Psychoanalysis. Chinese Society of Psychology – Committee of Clinical and Counseling Psychology, Registration System for Clinical Psychologists and Supervisors. Harbin University of Technology. |

Tab.: *Psychotherapeutische Tagungen in Cina seit 2001*

Margarete Haaß-Wiesegart erhielt auf diesem Kongress eine Auszeichnung der *Chinese Mental Health Association* und der *Jiaotong-Universität*, Shanghai, für ihren Beitrag zur Entwicklung der Psychotherapie in China von Xiao Zeping überreicht.

Zum ersten Mal fand im August 2011 in China ein nationaler Psychotherapiekongress statt. Er wurde von den drei chinesischen Fachorganisationen für Psychotherapie gemeinsam in Harbin ausgerichtet und möchte die gute Tradition der Zhong De Ban fortsetzen, dass man sich um die Integration der Hauptströmungen der Psychotherapie bemüht, während die verschiedenen Schulen sich weiterentwickeln und differenzieren.

### 9.3 Prozessphasen

Wenn wir die historische Entwicklung dieses deutsch-chinesischen »Projektes« von der Phase der Symposien über den ersten Lehrgang bis zu den Folge-Lehrgängen auf die jeweils wirksamen Entscheidungsprämissen hin analysieren, so waren es zunächst Personen

## 9 Ausdifferenzierung und Integration

(Phase der Symposien), die hier entscheidend waren und ohne deren persönlichen Einsatz keines der Symposien organisiert worden wäre. Mit der Gründung der *Deutsch-Chinesischen Akademie für Psychotherapie* traten strukturelle Aspekte in den Vordergrund. Während bei den Symposien die Sachdimension und – aufgrund der für China neuen Didaktik – die Sozialdimension der Kommunikation bestimmte, in welcher Form die jeweiligen Inhalte vermittelt wurden, gewann nun die Zeitdimension, d. h. das Schema eines zuverlässigen, über Jahre dauernden, kontinuierlichen Kontaktes eine zentrale Bedeutung. Auf der Sachebene gab es zwar die interne Differenzierung zwischen den drei Methoden, aber durch die Gleichzeitigkeit der Vermittlung wurden sie implizit als Elemente einer größeren, integrierenden Einheit gehandhabt und wahrgenommen. Die Unterscheidung Psychotherapie/Nichtpsychotherapie war wichtiger als die (Schulen-/Methoden-) Unterscheidungen innerhalb des psychotherapeutischen Feldes.

Nach dem ersten Durchlauf der Curricula treten andere, interne Unterscheidungen in den Vordergrund: zum einen die zwischen den therapeutischen Methoden (= Programme als Entscheidungsprämissen), zum anderen räumliche Aspekte, d. h. Fragen der regionalen Nähe und/oder Distanz der Ausbildungsorte zu den Arbeitsorten der Teilnehmer. Es galt, für eine verkehrstechnisch unaufwendige Zusammenarbeit bzw. deren Ökonomie zu sorgen. So bildeten sich – zumindest vorübergehend – nationale Zentren für einzelne Methoden. Shanghai wurde zum Zentrum für die psychoanalytische Ausbildung, Peking und Nanjing zu denen für Verhaltenstherapie und Kunming, später dann auch Peking und Shanghai für die systemische Familientherapie. Dies war sicher den dort jeweils tätigen Personen zuzuschreiben, aber auch den Organisationen, in denen sie wichtige Funktionen innehatten.

Da die deutschen Lehrtherapeuten zum Teil auch Mitglieder internationaler Fachgesellschaften waren und sind, spielten deren Strukturen und Politik immer mehr auch eine Rolle bei der Ausbildung in China (= formale Strukturen als Entscheidungsprämissen).

Dies war besonders gut bei der IPA (Internationalen Psychoanalytischen Vereinigung) zu beobachten, die ihre international angewandten Ausbildungs- und Mitgliedsbedingungen auch auf China übertrug. So war, beispielsweise, der Vertreter Chinas bei der IPA ein Deutscher, Alf Gerlach.

## Interview mit Alf Gerlach (Fortsetzung)

MHW: *Wenn du die erste Ausbildung vergleichst mit der Entwicklung in den letzten Jahren, was hat sich verändert?*

ALF GERLACH: Die erste Teilnehmergruppe war etwas Besonderes. Da sind ja auch Freundschaften erwachsen. Die Teilnehmer waren handverlesen, gut ausgesucht. Die waren interessierter an der Ausbildung ...

MHW: *Was glaubst du, wieso waren die interessierter?*

ALF GERLACH: Die hat die Ausbildung mehr gepackt. Sie sind besonders intensiv im Gedächtnis haften geblieben.

MHW: *Könnte es sein, dass es nicht nur die chinesische Gruppe war, sondern die Besonderheit der Situation?*

ALF GERLACH: Ja, es war ja auch unter den Deutschen eine besondere Situation. Die gemeinsamen Reisen haben zusammengeschweißt. Das haben wir später nicht mehr gemacht.

Auch dass so viele Richtungen vertreten waren, war eine besondere Situation. Wir waren ja erfinderisch, was die Abendveranstaltungen anging. Zum Beispiel, dass ein Patient von den Vertretern verschiedener Therapieschulen untersucht wurde und wir dann gemeinsam vor dem Plenum darüber diskutiert haben.

Sich über Wochen mit Kollegen zu treffen und sich auszutauschen, hat auch viele Projektionen und Vorurteile über andere Schulen abgeschliffen.

MHW: *Gibt es über die Jahre hinweg eine Änderung der Motivation der chinesischen Kollegen, an der psychodynamischen Ausbildung teilzunehmen?*

ALF GERLACH: Es gibt verschiedene disparate Phänomene. Die Gruppe aus der ersten Ausbildung (1997–1999) hat es fertiggebracht, die psychoanalytische *Study Group of China* zu gründen. Das bedeutete für mich, dass ein Label entstand, das die chinesischen Kollegen zusammenhielt. Viele haben sich selbstständig weiterentwickelt.

Das zeigte sich in der Entwicklung des Niveaus zwischen 2004, als der erste Psychoanalytische Kongress stattfand, und 2009 beim zweiten Psychoanalytischen Kongress in Shanghai. Auf ihm hielten viele Chinesen sehr gute Vorträge.

Andererseits wundere ich mich, dass von den späteren Teilnehmern [gemeint sind die Teilnehmer aus den Kursen 2–5 der Zhong De Ban] niemand angesprochen wurde, Mitglied dieser *Psychoanalytic Study Group of China* zu werden.

Sie hat nur 25 bis 30 Mitglieder, und diese Gruppenmitglieder haben die Anerkennung der IPA als alliiertes Zentrum erhalten.

MHW: *Was bedeutet das?*

ALF GERLACH: Da werden Interessen gemeinsam organisiert. Und dafür war viel Arbeit in der IPA nötig.

MHW: *Heißt das, dass die jüngeren Leute von diesem Institutionalisierungsprozess der Psychoanalyse bzw. von leitenden Funktionen ausgeschlossen sind?*

ALF GERLACH: 2010 hat die Study Group eine höhere Stufe bekommen in Peking. Sie steht nun auf der Stufe mit dem *Commitee for Psychotherapy and Counseling* innerhalb der *Mental Health Association*. Ich finde es schade, dass nicht jeder, der in der Zhong De Ban den Abschluss gemacht hat und die Kriterien erfüllt, da Mitglied wird. Bisher läuft alles noch über persönliche Beziehungen. Es ist nicht institutionalisiert.

MHW: *Es ist ja nicht möglich in China, eine private Berufsorganisation zu gründen. Vielleicht gibt es keine demokratische Mitgliedsstruktur. Ich vermute, die Mitglieder werden berufen und können nicht einfach in die Organisation eintreten. Es geht wahrscheinlich nicht allein um das Erfüllen formaler Qualifikationskriterien wie im Westen. – Du warst ja sehr verflochten mit der IPA in China.*

ALF GERLACH: Ich habe die IPA nie idealisiert. Für mich ist es eine Organisation, die international die führenden Psychoanalytiker vereinigt. Weltweit sind dies über 10 000. Sie ist in vielen Ländern repräsentiert, warum nicht in China? Psychoanalyse kann sich da entwickeln, wo ein breites Verständnis gewachsen ist. Die Arbeit unserer Deutsch-Chinesischen Akademie für Psychotherapie ist eine wichtige Gründungsarbeit. Das eine kann es nicht ohne das andere geben. Die IPA bietet den Leuten eine Möglichkeit, die in die Tiefenstruktur eindringen wollen.

MHW: *Ist der Konflikt, dass chinesische Kollegen, welche die Kriterien der IPA nicht erfüllt haben, ausgeschlossen blieben, noch präsent?*

ALF GERLACH: Er ist gemildert, dadurch dass die Study Group als alliiert anerkannt wurde; und dadurch, dass in Beijing mit Irmgard Dettbarn und in Shanghai nun mit Hermann Schultz ein Angebot für Psychoanalyse zur Selbsterfahrung für chinesische Therapeuten angeboten wird.

MHW: *Dies ist ja fast eine chinesische Lösung zur Herstellung von Harmonie.*

Inzwischen laufen die vierten, fünften, gar sechsten Kurse in den unterschiedlichen Methoden. Manchmal laufen zwei Kurse (bei den Familientherapeuten) oder gar sechs (bei den Psychoanalytikern) parallel. Die Zahl der ausgebildeten Therapeuten nimmt zu, und die Reisen deutscher Lehrkräfte nach China sind von der Sache her eigentlich nicht mehr nötig. Ihre Aufgaben könnten ohne Weiteres von den gut ausgebildeten chinesischen Kollegen übernommen werden. Sie werden wahrscheinlich nur noch gebraucht, um den Kursen einen – für Chinesen – exotischen Hauch und dem Curriculum die Reputation des Westimports zu vermitteln.

## 9.4 Professionelle Netzwerke

Die Reputation der Zhong De Ban war groß, sodass die Zugehörigkeit zu ihr und die damit bezogenen akademischen Leistungen für viele Teilnehmer zum Karrierefaktor wurden. Die folgende Tabelle zeigt einige Beispiele von Teilnehmern der Zhong De Ban, die heute leitende Aufgaben innehaben.

Es gibt noch viele andere Teilnehmer, die Präsidenten von kleineren psychiatrischen Krankenhäusern oder Chefärzte in psychiatrischen Abteilungen in Allgemeinkrankenhäusern sind. Die hier aufgelisteten Personen sind meistens Psychiater, während die Möglichkeiten für Psychologen, zu den leitenden administrativen Positionen aufzusteigen, beschränkt sind. Psychologen sind im Gesundheitswesen den Ärzten untergeordnet.

Die Teilnehmer der Zhong De Ban fungieren zurzeit als eine Art Katalysator, Psychotherapie in China zu verbreiten und weiterzuentwickeln.

Die in der Tabelle erwähnten Personen haben aufgrund ihrer Positionen die Macht und Möglichkeit, auf die politische Entwicklung und die alltägliche Verwaltung sowie die gesetzliche und inhaltliche Regulierung von Psychotherapie einzuwirken und die Kollegen in den Institutionen und Kliniken zur psychotherapeutischen Arbeit zu motivieren bzw. zu mobilisieren.

Andere Therapeuten, die keine politische Karriere gemacht haben, spielen eine wichtige fachliche Rolle. Sie verbreiten durch Workshops ihr psychotherapeutisches Know-how.

Insbesondere zu erwähnen sind noch einmal die Teilnehmer des ersten Kurses. Sie sind meistens außerordentlich gute Vorbilder für

| Namen | Positionen |
|---|---|
| 1. Frau Prof. Dr. Xiao Zeping, Psychiaterin | Präsidentin des Mental Health Centers Shanghai, Shanghai Jiaotong-Universität Vizebürochefin des Gesundheitsbüros der Stadt Shanghai |
| 2. Frau Dr. Liu Peiyi, Psychiaterin | Vizebürochefin des Gesundheitsbüros der Stadt Chengdu, Sichuan |
| 3. Prof. Dr. Li Ming, Psychiater | Präsident des Guangji-Psychiatriekrankenhauses in Suzhou, Jiangsu |
| 4. Prof. Dr. Liu Tiebang, Psychiater | Präsident des Mental Health Centers Shenzhen, Guangdong |
| 5. Prof. Li Xiaosi, Psychiater | Vizepräsident des Psychiatrischen Krankenhauses der Stadt Hefei, Anhui |
| 6. Prof. Zhang Ning, Psychiater | Vizepräsident des Brain Hospital der Medizinischen Universität Nanjing, Jiangsu |
| 7. Prof. Zeng Yong, Psychiater | Vizepräsident des 1st Affiliated Hospitals der Medizinischen Hochschule Kunming, Yunnan |
| 8. Prof. Dr. Yang Yunping, Psychiaterin | Dekanin der Fakultät für Klinische Psychologie an der Medizinischen Universität der Hauptstadt, Beijing |
| 9. Prof. Dr. Shi Qijia, Neurologe u. Psychiater | Präsident der Psychologischen Klinik Wuhan, Hubei |
| 10. Prof. Dr. Sheng Xiaochun, Psychiater | Dekan der Fakultät Psychologie an der Technologischen Universität, Harbin Heilongjiang |
| 11. Frau Prof. Jia Xiaoming, Psychologin | Dekanin der Fakultät Sozialarbeit an der Technologischen Universität Beijing |
| 12. Prof. Zhang Haiyin, Psychiater | Direktor des Psychologischen Beratungszentrums am Mental Health Center Shanghai und der Jiaotong-Universität, Shanghai |
| 13. Prof. Liu Dan, Psychologin | Direktorin des Psychologischen Beratungszentrums für die Studenten der Tsinghua-Universität, Beijing |
| 14. Dr. Tan Youguo Psychiater | Präsident des Zigong-Psychiatriekrankenhauses, Zigong, Sichuan |
| 15. Dr. Liu Ying Psychiaterin | Präsidentin des Psychologischen Krankenhauses Shenyang, Liaoning |
| 16. Prof. Chen Yixin Kinderpsychiaterin | Direktorin des Instituts für Geistesgesundheit von Kindern am Brain Hospital Nanjing, Jiangsu |

*Tab.: Teilnehmer in leitenden Positionen*

## 9.4 Professionelle Netzwerke

einen sich neu entwickelnden Beruf in China. Aus diesen »Samen« sind einige sehr gefragte (Lehr-)Therapeuten erwachsen, die die Zhong De Ban national bekannt gemacht haben, indem sie Fachleuten und Laien viele Weiter- oder Ausbildungskurse, klinische Dienstleistungen, Vorträge und Präsentationen vor einem größeren Publikum angeboten haben. Wir wollen nur einige Beispiele nennen:

Prof. Dr. Xiao Zeping: Ihre Entwicklung ist besonders eindrucksvoll. Nach chinesischem Maßstab ist sie jetzt eine »hochrangige Beamtin«. Sie war Teilnehmerin der ersten Zhong De Ban. Nach ihrem Studienaufenthalt am *Sigmund-Freud-Institut* in Frankfurt wurde sie Präsidentin des *Mental Health Centers Shanghai*. Seit 2000 ist sie die zentrale Person bei der raschen Entwicklung der psychodynamischen Psychotherapie in China. Sie hat mit großem persönlichem Engagement die Ausbildungskurse der Zhong De Ban für psychodynamische Therapie[67] organisiert. Inzwischen haben Hunderte von Teilnehmern an den Ausbildungs- und Weiterbildungskursen am *Mental Health Center* teilgenommen. Sie hat die einseitige biologische Orientierung in ihrem Krankenhaus verändert. Unter ihrer Leitung wurde die Klinik neu gebaut und erstmals ein Haus für ambulante Psychotherapie eröffnet, außerdem wurden Drogentherapieprogramme in Shanghai eingeführt usw. Viele große nationale und internationale Kongresse, die das Mental Health Center organisierte (s. Tabelle S. 178), fanden unter ihrer Leitung statt. Heute ist sie Vizepräsidentin des Gesundheitsbüros der Stadt Shanghai und hat neue Aufgaben zu bewältigen.

Prof. Dr. Qian Mingyi: Sie ist Psychologin, lehrt und forscht an der Beijing-Universität und gilt heute als führende Vertreterin der Klinischen Psychologie in China. Sie hat seit 1990 leitende Positionen in verschiedenen akademischen Organisationen inne, war u. a. Sekretärin des *Committee for Psychotherapy and Counseling* der *Chinese Mental Health Association* und Vizepräsidentin des *World Council for Psychotherapy* (WCP). Sie setzt sich insbesondere für die Entwicklung des Berufssystems für klinische Psychologen und Psychotherapeuten ein. Ihre Forschungen beschäftigen sich u. a. mit der Rolle von Scham, Depressionen und der Effektivität von psychotherapeutischen Behandlungsmethoden. Sie hat sich mit verschiedenen Psychotherapieregelungen und Gesetzen weltweit beschäftigt. Ethische Regeln in der Psychotherapie umzusetzen, ist ihr seit Jahren ein besonderes Anliegen.[68]

## 9.5 Organisationen und staatliche Regelungen

### 9.5.1 Fachorganisationen
Zurzeit gibt es in China die folgenden Fachorganisationen, die mit Psychotherapie zu tun haben:

1. Das *Committee of Clinical and Counseling Psychology* der *Chinese Society of Psychology*. Diese Organisation ist dem Erziehungsministerium zugeordnet. Sie ist auch für die Entwicklung des Registrierungssystems zuständig. Die jetzige Vorsitzende (2011) ist Qian Mingyi.
2. Das *Committee for Psychotherapy and Psychological Counseling* der *Chinese Association of Mental Health*. Der jetzige Vorsitzende (2011) ist Zhao Xudong. Die Chinese Association for Mental Health ist dem Gesundheitsministerium zugeordnet. Zur Erinnerung: Die Gründung dieses Komitees war 1988 in Kunming beschlossen worden.
3. Das *Committee for Psychoanalysis* der *Chinese Association of Mental Health*. Die jetzige Vorsitzende ist Xiao Zeping. Mit der Einführung dieses Committees in der mächtigen Mental Health Association erfuhr die Psychoanalyse eine offizielle Anerkennung, die noch vor 15 Jahren unmöglich schien.

Darüber hinaus gibt es Fachvereinigungen. In China sind die Spielräume so genannter NGOs begrenzt. Deshalb beschreiben chinesische Fachleute es als eine unvermeidliche, aber oft schwierige Aufgabe, die Interessen von Partei und Regierung zu berücksichtigen und dennoch das Ziel, fachliche Notwendigkeiten umzusetzen, zu erreichen.

Im Jahre 2001 wurde eine Kommission im Gesundheitsministerium einberufen, die sich mit der Qualitätssicherung psychotherapeutischer Tätigkeit befasst.[69]

### 9.5.2 Lizensierung für psychologische Beratung
Die zunehmende Diskussion über psychologische Probleme in den Medien erhöhte den Druck, psychotherapeutische Angebote zu schaffen, aber auch, sie zu regeln.

Da psychologische Probleme keineswegs allein in die Zuständigkeit des Gesundheitsministeriums fallen, sondern auch des *Ministe-*

*riums für Arbeit und soziale Sicherheit* sowie des Erziehungsministeriums, sind alle angesprochen, etwas zu tun. Dies taten sie auch, aber in Konkurrenz zueinander.

Gesundheits- und Arbeitsministerium führten als Erstes Prüfungen zur Vergabe einer Lizenz für psychologische Berater ein. Voraussetzung sind nun eine zwei bis drei Jahre dauernde Collegeausbildung – egal welcher Profession – und 60 Stunden theoretische Ausbildung sowie eine Prüfung. Die Prüfungen werden lokal durchgeführt. Das Niveau ist sehr unterschiedlich, von hohen Forderungen bis zu sehr schlichten Ansprüchen. Praktische Ausbildungen oder Patientenarbeit unter Supervision sind nicht Voraussetzung dieser Prüfungen.

Inzwischen gibt es ein Netz von Beratungsstellen, deren Zahl ständig wächst. Bereits 2007 gab es etwa 110 000 psychologische Berater und 20 000 Online-Berater. Die Zahl wächst. Vor allem qualifizierte Online-Beratung ist gefragt.

Heute (2011) spricht man von 168 000 psychologischen Beratern. Zudem sprießen auch nicht lizensierte Beratungsstellen wie Pilze aus dem Boden. Es gibt esoterische Institute mit blumigen Namen, die psychologische Kurse anbieten. Viele dieser psychologischen Berater versuchen, sich fortzubilden. Sie tragen dazu bei, dass der Psychomarkt boomt. Sehr gefragt sind Workshops bei ehemaligen Teilnehmern der Zhong De Ban. Sie profitieren von deren Ruf und verdienen auf dem freien Markt relativ viel Geld mit ihren Seminaren.

Mehrjährige qualifizierte Ausbildungen für psychologische Berater gibt es nicht.

Inzwischen haben alle größeren Universitäten psychologische Beratungsstellen eingerichtet. Die Qualifizierung der Mitarbeiter ist ein besonderes Anliegen der *Committee for Students' Psychological Counseling of the Chinese Association of Mental Health*[70].

### 9.5.3 Lizensierung für ärztliche Psychotherapeuten

Das Gesundheitsministerium hat seit November 2002 begonnen, eine Art Staatsexamen für Psychotherapie in ganz China durchzuführen, um die Ausübung der Psychotherapie zu lizenzieren. Es sind mehrere Qualitätsstufen festgelegt. Die Inhalte der Prüfung wurden von einer Kommission festgelegt und werden immer wieder verändert.

Das chinesische Gesundheitswesen kannte bislang vier medizinische Berufe: Arzt, Krankenschwester, Pharmakologe, Techniker. Die Ausbildung zu diesen Berufen ist jeweils in sich streng hierarchisch geregelt. Bei Ärzten unterscheidet man solche mit Bachelor-Titel, Ärzte mit Master-Titel, Fachärzte usw.

Die Zulassung zur Lizenzprüfung ist lokal geregelt und vom Niveau her sehr unterschiedlich. Mit einer College-Ausbildung von 2–3 Jahren oder als Krankenschwester darf man an der Prüfung teilnehmen. Die Prüfungsthemen umfassen Entwicklungspsychologie, Neurologie, Diagnosen etc.

Die erste Prüfung war so schwer, dass über zwei Drittel der Kandidaten durchfielen.

Mit der Prüfung zur Lizensierung von Psychotherapie wurde erstmals in China der Begriff »Psychotherapeut« vom Gesundheitsministerium verwandt. Ziel ist es, eine Art Facharztprüfung für Ärzte auf hohem Niveau zu erreichen.

Bis heute gibt es keine offiziellen Zahlen von Psychotherapeuten. Das Ministerium für Gesundheit gab 2010 die Zahl der Psychiater mit 19 600 an. Diese Zahl wurde bereits 2005 gegenüber der WHO genannt.

Die meisten Psychiater geben heute an, auch psychotherapeutisch zu arbeiten.

### 9.5.4 Registrierung nach Qualität

Ein Versuch, Qualitätskriterien festzuschreiben, ist das Regulierungssystem, welches das *Committee of Clinical Psychology Counseling* der *Chinese Society of Psychology* unter Leitung von Qian Mingyi am 15. Mai 2007 einführte.

Die Qualitätsanforderungen sind transparent, differenziert und abgestuft in »Psychologischer Berater«, »Psychotherapeut« und »Supervisor«.

Die Voraussetzungen, um sich registrieren lassen zu können, orientieren sich an westlichen Standards. Die Ausbildung in der Zhong De Ban berechtigt zur Zulassung, wenn ein entsprechendes akademisches Niveau vorliegt und praktische Tätigkeit unter Supervision nachgewiesen werden kann.

Wer sich registrieren lässt, erkennt auch die hohen ethischen Regeln an. Bisher haben sich 220 klinische Psychologen und 124 Supervisoren registrieren lassen. Obwohl diese Registrierung nicht staatlich verordnet wurde, war sie ein Schritt zur Qualitätssicherung, der große Ausstrahlung gewann. Diese Registrierung wird zwar von einer psychologischen Gesellschaft vollzogen, es können sich aber auch ärztliche Psychotherapeuten registrieren lassen.

Der Konflikt zwischen ärztlichen und psychologischen Therapeuten, der in Deutschland erst über das Psychotherapeutengesetz entschärft wurde, ist in China in vollem Gang. So war es unmöglich, zu einem akademischen Master-Studiengang in Psychotherapie, der 2011 eingeführt wurde, auch Psychologen mit Bachelor-Abschluss zuzulassen.

Das Ringen um Antworten auf den gesellschaftlichen Bedarf hat Eingang gefunden in die offiziellen Diskussionen der Partei. 2007 hat das Zentralkomitee der kommunistischen Partei ein Dokument erstellt, in dem aufgeführt wird, dass eine Verbindung zwischen der sozialen Harmonie und der individuellen, psychischen Harmonie besteht. Deshalb sollte die Partei Menschen, die Probleme haben, »psychologische kanalisieren«, das heißt psychischen Druck durch psychologische Unterstützung abbauen lassen.

### 9.5.5 Auf dem Weg zur Verrechtlichung der Psychotherapie

Die notwendige Qualitätssicherung psychotherapeutischer Behandlung führt zu Bestrebungen des chinesischen Gesundheitsministeriums, für eine Verrechtlichung der Psychotherapie zu sorgen.

Da die deutsche Situation mit dem Psychotherapeutengesetz auch im internationalen Vergleich »besonders« ist, schlugen chinesische Kollegen die Reise einer Delegation des chinesischen Gesundheitsministerium nach Deutschland vor. Die offizielle Einladung zu dieser Reise erfolgte durch das *Ministerium für Gesundheit und Soziales Baden-Württemberg*. Die Reise wurde von Frau Yang Jun geleitet. Sie ist als Direktorin der *Mental Health Division* des *Chinese Center for Disease, Prevention and Control* des chinesischen Gesundheitsministeriums auch für die Behandlung psychisch Kranker zuständig und spielt für den Aufbau psychotherapeutischer Ausbildung und für die gesetzliche Verankerung der Psychotherapie eine zentrale Rolle. Aufgrund der langjährigen Zusammenarbeit chinesischer und deutscher Lehrtherapeuten und des Ansehens der Zhong De Ban in China übernahm 2008 ein Team der *Deutsch-Chinesischen Akademie für Psychotherapie*[71] die Organisation dieser Reise.

Da hohe Beamte nur abgezählte Tage ausreisen dürfen, war das Programm enorm dicht. Die Stationen umfassten einen Besuch im

Gesundheitsministerium in Bonn, in Köln beim Vorstand des Landesverbandes Rheinland und dem Sigmund-Freud-Institut, Frankfurt. Außerdem war die Delegation in Frankfurt Gast des Staatssekretärs des Ministeriums für Wissenschaft und Kunst des Landes Hessen. Weitere Besuche führten zur Universität Heidelberg, in die Psychosomatische Klinik und das Ausbildungsinstitut des Psychologischen Instituts der Universität Heidelberg, in das Landratsamt Aalen und in die Psychosomatische Klinik in Aalen sowie in das Museum für Psychiatrie in der Klinik Christophsbad in Göppingen. Bei diesen Besuchen wurden Behandlungswege, Behandlungsangebote, Ausbildungskriterien und Formalien psychotherapeutischer Arbeit dargestellt und diskutiert.

Aber vor allem die Teilnahme an einem zweitägigen Symposium, als Gast des Ministeriums für Arbeit und Soziales in Baden-Württemberg, über die rechtliche Situation der Psychotherapie, die Rolle des Bundes und der Länder im Gesundheitswesen, die Finanzierung und Ausbildung von Psychotherapeuten in Deutschland mit Vertretern der Behörde, der Krankenkassen und Kammern prägte die Reise. Der Besuch endete in Wien beim Präsidenten des *World Council for Psychotherapy*.

Die Delegation veröffentlichte ihre Eindrücke von der Reise in einer chinesischen Fachzeitschrift.

Die Diskussion über mögliche chinesische Lösungen ist zurzeit in vollem Gang. Im Augenblick zeichnet sich allerdings eher eine Richtung ab, welche zwar Psychotherapie als fünften medizinischen Beruf anerkennt, aber die Gleichberechtigung der Psychologen bzw. ihrer psychotherapeutischen Tätigkeit mit ihren ärztlichen Kollegen in Kliniken ausschließt.

# 10. Konflikte

## 10.1 Konfliktvermeidung

Wo Menschen zusammen arbeiten, sind Konflikte unvermeidbar. Wo immer Entscheidungen getroffen werden müssen, gibt es Konflikte. Doch der Umgang mit Konflikten ist kultur- und persönlichkeitsbedingt. Es gibt die (im Westen) so viel gepriesenen (aber auch nur selten gut funktionierenden) »Streitkulturen« als das eine Extrem und »Konfliktvermeidungskulturen« auf der anderen Seite.

> »Im Taoismus wie auch im Konfuzianismus herrscht zu allen Zeiten ein Geist der Versöhnung, wie eine eklektische Einstellung auch dann noch die Regel bleibt, als beide zu orthodoxen Systemen degeneriert waren, und sogar dann noch, als die Interessen von Sekten oder Kasten doktrinäre Strenge zu erfordern schienen.«
> Marcel Granet (1934, S. 315)

Dies sind – das sollte in Erinnerung gerufen werden – Charakterisierungen von Beobachtern, die implizit immer ihre eigenen Vorstellungen davon haben, welches Maß der Konfliktkommunikation funktional ist. Wenn man versucht, nüchtern und unvoreingenommen aus einer Außenperspektive auf soziale Systeme im Allgemeinen zu schauen, so erscheint diese Unterscheidung zu digital (im Sinne des Entweder-oder). Denn auch in kulturellen Kontexten, die eher Konflikte vermeiden, kommt es immer wieder zu Konflikten – und die werden dann oft sehr verbissen, ja blutig ausgetragen. Und auch in Kulturen, die sich nach dem Prinzip »Nur keinen Streit vermeiden!« organisieren, wird nicht jedes konfliktträchtige Thema in die Kommunikation eingebracht. Es geht also wahrscheinlich eher um quantitative Differenzen oder auch um sehr spezifische, von der aktuellen sozialen Situation abhängige Muster. So kann innerhalb des Systems, dem man sich zugehörig und von dem man sich emotional oder ökonomisch abhängig fühlt, durchaus ein Muster der Konfliktvermeidung vorherrschend sein, während man Fremden gegenüber, d. h. denen, die nicht zum Heimatsystem gehören, alles andere als ein konfliktvermeidendes Verhalten zeigt.

## 10 Konflikte

Dass die deutschen Trainer im ersten Durchgang der Zhong De Ban im Blick auf fachlich-sachliche Fragestellungen ein Beispiel für die Pseudoharmonie eines konfliktvermeidenden Kommunikationsmusters (und dessen Funktionalität) darstellen, ist bereits angesprochen worden. Doch im Laufe des Projektes – mit den nächsten Durchgängen – änderte sich dies. Zum einen gab es bei den beteiligten Dozenten nicht mehr das Gefühl der Erstmaligkeit, d. h. das Bewusstsein, einer Gruppe von Pionieren anzugehören, die gemeinsam eine abenteuerliche Expedition durchzustehen haben. Zum anderen stieg mit der Öffnung und wirtschaftlichen Entwicklung Chinas auch die Konkurrenz zwischen den unterschiedlichen Anbietern von Psychotherapie auf dem sich entfaltenden chinesischen Markt – nicht nur innerhalb der Deutsch-Chinesischen Akademie, sondern auch in der Beziehung zu anderen internationalen psychotherapeutischen Organisationen und Institutionen.

Konflikte waren also zunehmend wahrscheinlich, und sie ereigneten sich auch. Wenn man Konflikte als Ausdruck einer Entscheidungsmöglichkeit oder -notwendigkeit (vgl. Simon 2010) versteht, dann stellt sich die Frage, um welche Art von Entscheidungen es dabei in den meisten Fällen ging: Waren es Sachfragen, die zur Entscheidung standen (Inhaltsebene oder Sachdimension der Kommunikation), oder waren es Konfrontationen, die den Persönlichkeiten der Beteiligten ursächlich zuzurechnen sind (Beziehungsebene oder Sozialdimension der Kommunikation)?

So war es in den ersten Jahren sehr schwer, in den Seminaren eine kritische Auseinandersetzung auf der Sachebene zwischen den deutschen Dozenten und den chinesischen Teilnehmern des Seminars zu ermöglichen. Denn es war ein Aspekt der noch in der zweiten Hälfte der 90er-Jahre geltenden sozialen Erwartungen in China, dass Autoritäten (z. B. Lehrer) nicht offen kritisiert werden (s. Interview mit Hans Lieb, S. 140).

Beispielhaft hierfür war ein Seminartag nach einem öffentlichen Familiengespräch in Shanghai im Jahre 1998.

Interviewt wurde eine Familie, bestehend aus Mutter, Vater, der erwachsenen Tochter und dem Ehemann der Tochter. Die Tochter war wegen starker Suizidalität und Wahnvorstellungen in die geschlossene psychiatrische Abteilung eingeliefert worden.

Das Gespräch führte F. B. Simon, Gunther Schmidt und Jochen Schweitzer fungierten als »Reflecting Team«, d. h., sie kommentierten

## 10.1 Konfliktvermeidung

das Interview und das, was sie von der Familie und über die Familie gehört hatten, in regelmäßigen Abständen.

Im Laufe des Gespräches wurde klar, dass die Patientin eine große Liebe hatte (und das war nicht der Ehemann). Die Eltern hatten aber verboten, dass aus dieser Beziehung eine Ehe wurde. Stattdessen hatte die Mutter einen ihrer Arbeitskollegen, den sie besonders gern mochte, für die Tochter als Ehemann ausgesucht. Seither zeigte sich die Tochter eher depressiv und äußerte auch immer wieder Selbstmordabsichten.

Am Ende des etwa zweistündigen Gesprächs gab der Therapeut (F. B. Simon) einen Schlusskommentar ab, der – zukunftsorientiert – aus einer eher positiven Prognose und Suggestionen, wie man mit der Situation lösungsorientiert umgehen könne, bestand. In einem Nachsatz fügte er an, dass – wenn all dies nicht helfen sollte – immer noch die Möglichkeit bestünde, dass das Paar (die Patientin und ihr Ehemann) sich trennt, was auch zu einer guten Lösung führen könne ...

Als am nächsten Tag die Teilnehmer des Familientherapieseminars wieder zusammenkamen, herrschte eine merkwürdige, gedämpfte Atmosphäre. Es wurde wenig gesprochen, alle schienen bedrückt zu sein und sich nicht wohl in ihrer Haut zu fühlen.

Als dieses Klima vom Seminarleiter (F. B. Simon) angesprochen wurde und von ihm die Frage gestellt wurde, ob dies etwas mit der Sitzung vom Vorabend zu tun habe, thematisierten einige der Teilnehmer sehr vorsichtig, dass sie seinen Schlusskommentar für schlimm, falsch, gefährlich und unverantwortlich hielten (wenn auch nicht genau mit diesen Worten). Er habe »die Familie kaputt gemacht«. So habe die Patientin keine Chance mehr im Leben, weil die Familie der einzige Ort sei, an dem psychisch Kranke eine zuverlässige Fürsorge erwarten können.

Dies war der Startpunkt für eine nützliche Diskussion über die Rolle und Funktion des Therapeuten und die erkenntnistheoretischen Vorannahmen der Teilnehmer. Sie zeigte, dass sie die Rolle des Therapeuten und seine Macht sehr hoch einschätzten: »Wenn er sagt, das Paar könne sich trennen, dann werden sie das auch tun.« Aus westlicher, vor allem aus systemtheoretisch-konstruktivistischer Sicht eine maßlose Überschätzung der Macht und des Einflusses des Therapeuten bzw. seiner Interventionen. Und ein Hinweis auf die den Status quo erhaltende, d. h. Veränderungen verhindernde Rolle und Funktion des Psychiaters oder Psychologen im damaligen China. Außerdem wurde deutlich, dass die Institution Ehe schon seit Jahren in China im Wandel war. Während bis dahin »high-stability, low-quality marriages« die Regel waren, hatte in den letzten Jahren die Zahl der Scheidungen rasant zugenommen und die Möglichkeiten, als Single zu leben, ebenfalls (wenn auch wahrscheinlich nicht für psychiatrische Patienten).

Rückblickend dürfte diese Intervention für die Familie wohl weniger »therapeutisch« wirksam gewesen sein als für das Seminar bzw. seine Teilnehmer (s. Interview mit Liu Dan S. 97, die Teilnehmerin an diesem Seminar war). Denn die anschließende Auseinandersetzung über die Sinnhaftigkeit dieser Intervention, die auf einer Sachebene, d. h. auf Augenhöhe zwischen den Teilnehmern und den drei Dozenten, ausgetragen wurde, hat ein Beispiel gesetzt, das für den weiteren Verlauf der Ausbildungsgruppe bestimmend war.

Im Laufe der Jahre wurde mit der Zunahme der Kompetenzen der chinesischen Kollegen das Potenzial für Konflikte generell zwangsläufig größer. Eigentlich nichts, was es zu bedauern gilt – falls die Beteiligten damit umgehen können ...

> »The principle of noncontradiction lies at the basis of propositional logic. The general explanation given for why the Greeks, rather than some other people, invented logic, is that a society in which debate plays a prominent role will begin to recognize which arguments are flawed by definition because their structure results in a contradiction. The basic rules of logic, including syllogisms, were worked out by Aristotle. He is said to have invented logic because he was annoyed at hearing bad arguments in the political assembly and in the agora! Notice that logical analysis is a kind of continuation of the Greek tendency to decontextualize. Logic is applied by stripping away the meaning of statements and leaving only their formal structure intact. This makes it easier to see whether an argument is valid or not. Of course, as modern East Asians are fond of pointing out, that sort of decontextualization is not without its dangers. Like the ancient Chinese, they strive to be reasonable, not rational. The injunction to avoid extremes can be as useful as the requirement to avoid contradictions.«
>
> Richard Nisbett (2003, S. 25 f.)

### Interview mit Fang Xin (Fortsetzung)

*FBS: Du bist ja schon lange in dieses Projekt involviert, warst in Deutschland, hast unterschiedliche Dozenten in China erlebt und verschiedene*

*Ausbildungen – auch unabhängig von der Deutsch-Chinesischen Akademie für Psychotherapie – absolviert, d. h., du hast einen guten Überblick über die Entwicklung. Was ich an deinen Diskussionsbeiträgen immer besonders geschätzt habe, ist, dass du die deutsch-chinesische Zusammenarbeit nicht idealisiert hast, sondern auch kritisch auf die Schwierigkeiten geschaut hast, die sich in der Zusammenarbeit ergeben haben. Deswegen würde ich in unserem Gespräch gern die Aufmerksamkeit auf die eher negativen Punkte und die Konflikte lenken ...*

FANG XIN: Ich halte Konflikte nicht prinzipiell für etwas Schlechtes. Allerdings: Wenn ich in einen verwickelt bin, dann habe ich trotzdem schlechte Gefühle. Kognitiv weiß ich, dass ich von vielen Konfliktlösungen profitiert habe. Es geht immer um Differenzen und wie sie gelöst werden. Da gibt es wenig Unterschiede zwischen den Konflikten, die ich mit meinem Mann habe, und denen mit den deutschen oder anderen ausländischen Dozenten. Ich denke, dass die Unterschiede der Persönlichkeiten wichtiger sind als die zwischen den Kulturen oder therapeutischen Ansätzen.

Im Prinzip geht es immer darum, Personen und ihre Differenzen zu respektieren. Man muss sich als gleich akzeptieren und sich gegenseitig zuhören. Es geht nicht darum, wer recht hat oder unrecht, sondern herauszufinden, wie jeder denkt. Dann weiß man nachher mehr über die Welt ...

*FBS: Du hast Erfahrungen mit verschiedenen westlichen Therapieverfahren sammeln können ...*

FANG XIN: Verhaltenstherapie, Hypnotherapie und Traumatherapie. Ich habe die erste Ausbildung in EMDR organisiert in China und auch eine in dynamischer Paartherapie und eine schweizerische Jung'sche Ausbildung.

*FBS: Du hast seit 2002 auch selbst als Dozentin gearbeitet. Was waren deine Erfahrungen in der Zusammenarbeit?*

FANG XIN: Ich habe in einigen Projekten mit ausländischen Akademikern zusammengearbeitet. Wie zum Beispiel im Projekt EMDR und in der zweiten und dritten Zhong De Ban.

Im Jahr 2002 habe ich mit Margit Babel beim Programm der Zhong De Ban zusammengearbeitet. Wir sind sehr gute Freundinnen und haben sehr gut zusammengearbeitet.

Danach habe ich einen Kurs mit einer deutschen Kollegin gemacht, die sehr stark kontrolliert. Ich kann das akzeptieren, da es ihr immer um das sachliche Ziel geht. Der Kurs lief deshalb sehr erfolgreich.

*FBS: Aber es gab und gibt noch andere Konflikte mit westlichen Trainern.[72]*

FANG XIN: Zwischen 2002 und 2005 habe ich das erste Trainingsprogramm für Psychotraumatherapie (EMDR) organisiert, wo ich zwei Sachen gelernt habe. Erstens: Wenn man die westlichen Methoden in eine unterschiedliche Kultur einführt, muss man seine Perspektive anpassen und Respekt für diese Kultur haben. Zweitens sollte man die Aspekte der regionalen Organisatoren ernst nehmen und auf sie hören, denn sie kennen die örtlichen Situationen besser (wie z. B. regionale Sitten, gesellschaftliche Regelungen). Drittens: Die westlichen und regionalen Organisatoren sollten gegenseitig Respekt füreinander zeigen. Wenn es Konflikte gibt, sollten sie miteinander diskutieren. Viertens: Die Entscheidungen, die eine Gruppe betreffen, sollten nicht von einem oder einer Einzelnen getroffen werden, sondern von einem Komitee.

FBS: *Was ist der wichtigste Punkt, wo – nach deiner Erfahrung – die westlichen Modelle nicht zu China oder den chinesischen Modellen passen?*

FANG XIN: Ich denke, es sind nicht die Theorie oder die Ideen, sondern es hängt von den Personen ab.

FBS: *Hast du noch Ratschläge an künftige Dozenten, die jetzt nach China kommen?*

FANG XIN: Ja, ihre Funktion ist jetzt anders. Früher hatten wir keine Erfahrung in diesem Feld. Aber jetzt ist das anders. Sie sollten nicht mehr die basalen Dinge lehren, sondern mit den erfahrenen Kollegen arbeiten. Als ich den Kurs gemacht habe, da habe ich meine Lehrer idealisiert. Jetzt sehe ich sie anders. Das ist wie mit Kindern, die heranwachsen und Adoleszenten sind. Die Eltern lassen sie gehen, sollen aber weiter für sie da sein. Wenn sie Hilfe brauchen, können sie zu Papa und Mama kommen. Aber Papa und Mama haben zu lernen, wie man als Eltern von Adoleszenten zu sein hat.

## 10.2 Die Organisatoren als vermittelnde Dritte

In einem Projekt, in dem Angehörige verschiedener Kulturen aufeinandertreffen, kommt den Organisatoren eine besondere Rolle zu. Im Konfliktfall suchen sie stellvertretend für die Kontrahenten eine Lösung. Deren Erfolg hängt davon ab, ob die Organisatoren als Personen anerkannt werden. Da bzw. wenn sie beide Kulturen vertreten, erhöht sich die Wahrscheinlichkeit des Findens guter Lösungen.

Es ist in China ein übliches Verfahren, im Falle eines Konflikts eine dritte Person einzuschalten. Junge Paare wenden sich daher oft an ihre Eltern, und in der Arbeit wird ein höherrangiger Kollege, dem man vertraut, um Vermittlung gebeten.

## 10.2 Die Organisatoren als vermittelnde Dritte

Diese »Dreieckskonfliktlösung« war vor allem in den ersten Jahren wichtig. Sie umfasste nicht nur organisatorische Fragen. Das Ansehen der Organisatoren führte zu vielen, von deutschen und chinesischen Lehrtherapeuten oder Teilnehmern erbetenen, privaten und persönlichen Gesprächen. Es gab z. B. chinesische Teilnehmer, die Wan Wenpeng anriefen, um ihn um seine Meinung zu ihren persönlichen Entscheidungen, ob sie ins Ausland gehen sollten oder eine bestimmte Arbeit annehmen sollten, zu bitten. Andere wiesen auf eine finanziell angespannte Situation hin, wenn sie ihnen die weitere Teilnahme an der Ausbildung erschwerte. Aber auch die chinesischen Lehrer, die für die Ausbildungsgruppen zuständig waren, alles angesehene Psychiater oder Psychologen, spielten eine wichtige Rolle. Sie hatten einen sehr persönlichen Bezug zu den Mitgliedern der Gruppe, die sie betreuten. Viele Konflikte wurden von ihnen abgefangen. Hier zeigte sich ein hoch funktioneller Aspekt, der generell hierarchisch organisierte soziale Systeme kennzeichnet: Hierarchie ist ein Mittel der Konfliktlösung und -prävention, da stets eine »höhere Macht«, eine übergeordnete Instanz, bereitsteht, die im Konfliktfall die Rolle des »Dritten« einnehmen und – wenn eine Vermittlung und/oder gütliche Einigung nicht zustande kommen sollte – eine Entscheidung treffen oder herbeiführen kann.

Diese besondere Stellung der Organisatoren hat sich im Laufe der Jahre relativiert. Aber nach wie vor erfüllen sie eine Brückenfunktion.

### Interview mit Doris Biedermann

Doris Biedermann kennt China seit ihrem ersten Aufenthalt als Lehrerin am Fremdspracheninstitut der Nanjing-Universität 1977–1978. Sie ist eines der Gründungsmitglieder der Akademie. Seit 1994 ist sie in den Ausbildungsprojekten aktiv. Sie hat zunehmend mehr organisatorische Aufgaben übernommen, darunter auch die Leitung des Kongressbüros für die Kongresse der Akademie 2001, 2007 und 2011. Seit 1999 ist sie für die Organisation der Ausbildung in systemischer Familientherapie zuständig.[73] Im Rahmen der Ausbildung bietet sie auch seit 1998 Selbsterfahrungssitzungen für chinesische Psychotherapeuten an.

*MHW: Was sind bei der Organisation der Familientherapieseminare typische Fragen, die zu lösen sind?*

DORIS BIEDERMANN: Zurzeit finden die Ausbildungskurse in Kooperation mit der Universität Peking, Institute for Mental Health, statt. Von dort ist eine chinesische Kollegin für die Organisation zuständig, mit der ich eng kooperiere. Die Zusammenarbeit mit ihr ist sehr gut, wir haben viel voneinander gelernt und unsere Arbeitsstile einander angepasst. Obwohl alle Vorbereitungen vor Beginn der Ausbildung von ihr gemanaged werden, gibt es dann bei der Durchführung eher die Erwartung, dass Entscheidungen und Aktivitäten von der deutschen Seite ausgehen. Auch, dass wir für die Einhaltung von Struktur und getroffenen Vereinbarungen zuständig sind. Es kommt mir vor, als ob die Verantwortung für die Ausbildung an die deutsche Seite delegiert würde.

So kann es sein, dass z. B. vereinbarte Hausaufgaben plötzlich verändert werden, bestimmte Vereinbarungen in Vergessenheit geraten oder Unklarheit herrscht über den genauen Inhalt der Vereinbarung. Regeln werden oft recht flexibel ausgelegt, auch die Rahmenbedingungen für die Ausbildung können plötzlich mal wieder unklar sein. Ich habe den Eindruck, dass die chinesischen Kolleginnen und Kollegen prozessabhängig die ein oder andere Entscheidung treffen, unabhängig davon, ob sie dem entspricht, was vereinbart war. Das ist mir ziemlich fremd, sodass ich mich öfter in der Situation sehe, auf die Einhaltung oder Erledigung von vereinbarten Aufgaben zu drängen, auch und besonders, um die Qualität der Ausbildung zu gewährleisten. Wenn man Formalien oder auch Inhalte als wichtig ansieht, muss man darauf achten, dass sie auch verbindlich werden.

*MHW: Was ist »typisch deutsch« bei den deutschen Lehrtherapeuten?*

DORIS BIEDERMANN: Alle, die mitkommen, sind fasziniert von der Offenheit und dem Interesse der Ausbildungsteilnehmer. Meistens kommen sie mit einem Chinabild, das von dem abweicht, was sie antreffen.

Der erwartete höfliche, zurückhaltende, unter allen Umständen das Gesicht wahrende Chinese entpuppt sich als interessiert, offen und humorvoll, als jemand, der z. T. auch seine Emotionen offen zeigen kann. Unerwartet ist auch die große Bereitschaft, sich auf Neues einzulassen.

Was typisch für die Deutschen ist?

Sie sind zum Teil strikter in der Durchsetzung von vereinbarten Regeln. Dass sie zum Beispiel nicht akzeptieren, dass Handys während des Seminars angeschaltet bleiben. Dies ist anders als bei den chinesischen Lehrern. Die deutschen Lehrtherapeuten halten sich stärker an ihre vorgefassten Konzepte.

*MHW: Du meinst, Deutsche sind strukturierter und bevorzugen planbares Handeln?*

DORIS BIEDERMANN: Ja, sie wollen nicht so schnell etwas situationsabhängig verändern. Andererseits sind in China Dinge möglich wie beispielsweise, dass in der Nacht ein Text übersetzt wird. Du kannst in Deutschland keinem eine Anweisung geben, über Nacht zu bleiben, um etwas zu übersetzen. Das chinesische System scheint flexibler für situative Veränderungen, die allerdings auch oft »von oben angesagt« sind.

MHW: *Wie ist denn die Zusammenarbeit mit den chinesischen Kolleginnen und Kollegen?*

DORIS BIEDERMANN: Gut, aber leider noch immer nicht gleichberechtigt. Sie nehmen eher die Rolle des Co-Therapeuten ein und bringen weniger eigene Ideen mit in die Ausbildung. Es fehlt noch das aktiv gestaltende Element, obwohl sie in anderen Zusammenhängen selbst Seminare und Kurse in systemischer Familientherapie geben. Sie selbst sagen, dass sie immer noch dazulernen, doch ich frage mich schon, welche Funktion das hat.

MHW: *Was glaubst du, wie wird die Weiterentwicklung sein?*

DORIS BIEDERMANN: Perspektivisch müssen die Ausbildungskurse stärker von den chinesischen Kolleginnen und Kollegen übernommen werden, das ist auch ihre Idee. Dazu braucht es ein Forum, um gemeinsam Ideen zu entwickeln, wie die Struktur der Ausbildung in Zukunft sein soll. Welche Rolle die chinesischen Lehrer und welche die Deutschen haben.

Angedacht ist bereits, eine Art Modulsystem zu schaffen, in dem die chinesischen Kolleginnen und Kollegen die Grundkurse und deutsche Lehrtherapeuten die Aufbaukurse übernehmen bzw. spezielle Themen anbieten.

MHW: *Was würdest du mit deinen Erfahrungen jemandem raten, was er beachten muss, wenn er in China ein Projekt machen will?*

DORIS BIEDERMANN: Darauf zu achten, dass Zuständigkeiten klar geregelt sind, und auch zu klären, was die Erwartungen der chinesischen Partner sind.

MHW: *Glaubst du, man braucht einen chinaerfahrenen Organisator auf der deutschen Seite, der mitreist nach China?*

DORIS BIEDERMANN: Vielleicht nicht unbedingt, aber der Organisator bildet eine Brücke zwischen den deutschen und chinesischen Lehrtherapeuten.

MHW: *Wie wichtig ist diese Brückenfunktion?*

DORIS BIEDERMANN: Ich glaube, dass es mehr Sicherheit gibt für beide Seiten, und es gibt eine definierte Ansprechpartnerin. Da alle Anfragen oder Beschwerden über mich laufen, können Konflikte oft leichter gelöst werden, oder sie entstehen gar nicht erst.

## 10.3 Unentscheidbarkeit und Ausdifferenzierung

Zu Konflikten kommt es vor allem dann, wenn die Fragen, um die es geht, nicht durch irgendwelche objektivierende Verfahren entschieden werden können. Das betrifft all die Punkte, in denen es um erkenntnistheoretische und moralische, politische oder ästhetische Wertfragen geht. Hier gibt es nicht nur Geschmacksunterschiede, sondern auch Unterschiede – und damit potenzielle Konflikte – über das Verständnis von Wissenschaft. Im Bereich der Psychotherapie gibt es dabei nicht nur zwei Parteien, sondern Hunderte. Trotzdem kann man wohl generell zwei Enden eines Spektrums benennen: Auf der einen Seite stehen diejenigen Psychotherapeuten, die ihr Wissenschaftsverständnis an dem der »harten« Naturwissenschaften orientieren. Sie finden sich vor allem unter Verhaltenstherapeuten. Ihnen sind empirische Belege für die Wirksamkeit von therapeutischen Methoden wichtig, und alles andere scheint ihnen unwissenschaftlich – nicht »evidenzbasiert«. Auf dem anderen Ende des Spektrums finden sich die Psychoanalytiker, die einen hermeneutischen Ansatz vertreten, die sich mit subjektiver Bedeutungsgebung etc. beschäftigen, die Therapeut-Patienten-Beziehung in den Mittelpunkt ihrer Aufmerksamkeit rücken und den therapeutischen Prozess für zentral halten.

Wo immer Ziele der Therapie unterschiedlich definiert sind, lassen sich unterschiedliche therapeutische Verfahren nur schwer miteinander vergleichen. Die Frage, was die »bessere« Methode ist, kann nicht entschieden werden, wenn die Kriterien der Bewertung durch die jeweiligen Beobachter gegensätzlich sind.

Das Konfliktpotenzial zwischen den Vertretern unterschiedlicher Schulen war (und ist) objektiv auch im Rahmen des China-Projektes sehr groß. Daher musste es früher oder später seinen Ausdruck finden. Und wie in sozialen Systemen auch andernorts, wenn Fragen objektiv *unentscheidbar* sind, wurde ein Weg gefunden (nicht bewusst gewählt, sondern er hat sich per Selbstorganisation so entwickelt), der Entweder-oder-Frage auszuweichen und eine Sowohl-als-auch-Antwort zu finden: Der Konflikt wurde »entfaltet«, es kam zur »Ausdifferenzierung« des Systems.

Mit dem Begriff der »Entfaltung« des Konflikts soll gesagt sein, dass eine unentscheidbare Situation dadurch bewältigt wird, dass es zur Differenzierung des Systems kommt und gegeneinander abgegrenzte, autonome Subsysteme gebildet werden.

## 10.3 Unentscheidbarkeit und Ausdifferenzierung

In unserem Beispiel waren es die einzelnen Schulen – Verhaltenstherapie, systemische Familientherapie und Psychoanalyse –, die sich zunehmend gegeneinander abgrenzten und sich unabhängig voneinander weiterentwickelten. Konkret hieß das, dass die Kurse – wie bereits dargestellt – an getrennten Orten und zu unterschiedlichen Zeiten stattfanden und stattfinden. Vorreiter waren hier die Psychoanalytiker, die aufgrund ihrer internationalen Erfahrungen mit Abgrenzungsstrategien über entsprechende institutionalisierte Verfahrensweisen verfügten.

Aus der Außenperspektive betrachtet, ist solch eine Ausdifferenzierung ein intelligenter Entwicklungsschritt, weil er die Realisierung unterschiedlicher Modelle, die sich gegenseitig auf der Inhalts- wie der Beziehungsebene zu disqualifizieren drohen, ermöglicht. Die Konfliktvermeidung wird gewissermaßen durch Organisationsbildung bzw. Subsystembildung realisiert. Der Vorteil solch einer Konfliktentfaltung ist, dass innerhalb der dabei gebildeten Subsysteme relativ konfliktfrei agiert werden kann (zumindest, was die grundlegenden erkenntnistheoretischen und Wertprämissen angeht). Der Preis, der dafür zu zahlen ist, ist immer eine Begrenzung des Horizonts, nicht nur im Blick auf die Bekanntheit mit den beteiligten Personen, sondern auch im Blick auf die mögliche Unkenntnis der anderen Methoden. Dass die Fiktion der Einheit der westlichen Psychotherapie dabei auf der Strecke blieb, ist von der Sache her wohl nicht wirklich ein Verlust – auch wenn dies von manchen der deutschen Trainer mit Bedauern betrachtet wird.

Anders als in Deutschland, wo die rechtliche und wissenschaftliche Akzeptanz von Therapieschulen immer auch gegen die bestehenden Schulen erkämpft werden musste und muss, befinden sich die Akteure verschiedener Richtungen in China noch gemeinsam in den entscheidenden Gremien. Es geht um die Entwicklung von psychotherapeutischer Behandlung im Allgemeinen, weniger um die Verankerung einer Schule. Doch dieser Prozess ist noch nicht abgeschlossen. Wie er ausgehen wird, ist offen. Nüchtern betrachtet ist zu erwarten – siehe die Studienreise der Kommission des Gesundheitsministeriums 2008 –, dass die internationalen Trennlinien zwischen konkurrierenden Professionen (Ärzte/Psychologen) auch in China wirksam werden.

# 11. Verwestlichung der chinesischen Heilkunde oder Chinisierung der westlichen Psychotherapie?

## 11.1 Was gelehrt wird vs. was gelernt wird

> »Ich unterstreiche also die Tatsache, dass die Chinesen sich nur widerwillig irgendeinem Zwang, und sei es nur dem Zwang durch ein Dogma, unterwerfen und *möchte den Geist der chinesischen Sitten einfach in der Formel:* ›Weder GOTT noch GESETZ‹ *zusammenfassen.*«
> Marcel Granet (1934, S. 318)

Als sich einige der Protagonisten des hier analysierten Projektes 2009 auf Wasan Island, einer wunderbaren kleinen Insel in den Muskoka Lakes im Norden Torontos, trafen, um gemeinsam den Versuch einer Analyse der Dynamik, der Erfolgsfaktoren wie der Scheiternsaspekte des deutsch-chinesischen Psychotherapie-Experiments zu beginnen, wurde relativ schnell deutlich, dass die deutschen Dozenten eigentlich relativ wenig darüber wissen, was ihre »Schüler« (sicher nicht ganz der angemessene Ausdruck) tatsächlich mit dem anfangen, was in den Seminaren »gelehrt« wurde. Das ist zwar auch in Deutschland eine offene Frage, aber im Rahmen dieses Forschungsprojektes ergab sich nicht nur die Möglichkeit, diese kritische Frage zu stellen, sondern auch sie zu beantworten. Es wurde beschlossen, sich ein Jahr später (im Juli 2010) erneut auf Wasan Island zu treffen und Videobänder von Therapiesitzungen von Psychotherapeuten unterschiedlicher Schulen gemeinsam zu studieren und auf die Frage hin zu analysieren, ob sich die aus dem Westen importierten therapeutischen Methoden bei ihrer Anwendung in China verändern.

Außer klassischen psychoanalytischen Sitzungen (= Hinter-Couch-Setting) wurden Sitzungen der unterschiedlichen Methoden präsentiert: von der systemischen Familientherapie bis zur tiefenpsychologisch fundierten Gruppentherapie. Das Ergebnis war, um es plump auszudrücken: Es waren allesamt Sitzungen, die auch im Westen von einem westlichen Therapeuten mit westlichen Klienten hätten durchgeführt sein können. Der Kulturunterschied zwischen China und Deutschland war auf den ersten Blick nicht wahrnehmbar. Einschränkend muss man allerdings anführen, was für die Videopräsentation von Therapiesitzungen überall in der Welt gilt, dass Psychotherapeuten, die sich von Kollegen über die Schulter (durch die Einwegscheibe/die Videokamera) schauen lassen, aller Wahrscheinlichkeit nach eher solche Sitzungen vorstellen, die sie für gelungen halten ... Das heißt hier, dass sie wahrscheinlich Beispiele dafür vorführten, dass sie die erlernten (= erwarteten) Methoden sauber anwenden. Doch, wie gesagt, das ist im Westen nicht anders ...

Wo relativ methodenrein gearbeitet wird, wird wahrscheinlich auch die Selektion der Patienten so erfolgen, dass sie zur Methode passen – wieder eine Gemeinsamkeit zwischen West und Ost (wenn man z. B. daran erinnert, dass sich über Jahrzehnte in den USA in erster Linie sogenannte »Javis«-Patienten – jung, attraktiv, verbalisierungsfähig, intelligent, schön – einer Psychoanalyse unterzogen). Mit zunehmender Verwestlichung der chinesischen Gesellschaft werden offenbar auch die Patienten passender für westliche Therapiemethoden.

Ein kulturell bedingter Unterschied wurde allerdings deutlich: Auch bei Methoden wie der Verhaltenstherapie (VT), die ihre Aufmerksamkeit auf das Individuum richten, bezogen die chinesischen Kollegen den jeweiligen Kontext weit mehr ein, als dies im Westen geschieht. Das mag an der High-Context-Kultur Chinas liegen, es kann aber auch daran liegen, dass die deutschen Dozenten, welche die VT in China im Rahmen der Deutsch-Chinesischen Akademie vermittelten, der Einbeziehung des Kontextes einen größeren Stellenwert gegeben haben, als dies sonst in Deutschland üblich ist.

Wie im Westen – um erneut eine Gemeinsamkeit zu betonen – haben die meisten chinesischen Psychotherapeuten, die während der Wasan-Konferenz Therapien präsentierten, nicht nur eine einzige Methode erlernt, sondern sich in unterschiedlichen Verfahren »schlaugemacht«. So konnten sie – ungeachtet der Tatsache, dass einige von ihnen ursprünglich mal von ihrer Einheit einem Verfahren zugeordnet worden waren – die Methoden finden, die am besten zu ihnen und ihren eigenen Fähigkeiten, Möglichkeiten und Bedürfnissen »passten«.

Da die meisten chinesischen Psychotherapeuten – es ist ein, an der Einwohnerzahl Chinas gemessen, kleiner Kreis – in psychiatrischen Hospitälern, neu gegründeten Universitätsabteilungen oder Beratungsstellen arbeiten, sind sie in Organisationen eingebunden und deren Spielregeln unterworfen. Sie modifizieren daher die therapeutischen Methoden so, dass sie in ihrem Arbeitsalltag anwendbar sind.

Eine Befragung von 500 ehemaligen Teilnehmern der Zhong De Ban zeigte, dass die Anzahl der Therapiestunden durchschnittlich

2–5 Stunden beträgt; bei psychodynamisch orientierten Therapeuten in den großen Städten sind es 5–12 Stunden. Diese geringe Sitzungszahl ist dem finanziellen Druck wie der Menge der Patienten zuzuschreiben. Denn die meisten Patienten zahlen die Therapie selbst. Aber auch die Krankenhäuser machen Druck: Da mit Psychotherapie wenig Geld zu verdienen ist, wurde die Zahl der angebotenen Therapiestunden reduziert. Manche Patienten reisen vom Land zu bekannten Therapeuten. Das reduziert die Zahl der möglichen Sitzungen, erhöht aber die Erwartung an die Therapeuten enorm. Für Familientherapeuten, die mit Verschreibungen arbeiten, oder Verhaltenstherapeuten, die Hausaufgaben geben, ist es oft leichter, Anstöße zur Veränderung zu geben, als für tiefenpsychologisch arbeitende Therapeuten, die in ihrem Behandlungsansatz auf die direkte Interaktion mit dem Patienten angewiesen sind.

Mit der Zunahme einer finanziell gut ausgestatteten Mittelschicht beginnt sich dies zu ändern. Viele ambulant arbeitende Psychotherapeuten können inzwischen gut von ihren Privateinkünften leben.

Einer der für die deutschen Kollegen verstörendsten Faktoren ist, dass die Hierarchie der Organisation auch in den Therapieraum hineinwirkt – und das nicht nur in der Therapeut-Patienten-Beziehung. So müssen auf Anordnung der jeweiligen Vorgesetzten bestimmte – aus methodisch-fachlicher Sicht ungeeignete – Patienten in Behandlung genommen werden, Sitzungen verkürzt und Verfahren modifiziert werden usw.

Organisationstheoretisch betrachtet, kann gesagt werden, dass die formale Struktur und Personen im Zweifel immer Vorrang vor den Programmen (= therapeutische Methoden, Prinzipien oder Techniken) haben. Ob das in Deutschland wirklich so viel anders ist – wenn man mal von Therapeuten, die in freier Praxis arbeiten, absieht –, kann sicher diskutiert werden.

> »Thus, when Confucius emphasized the proper hierarchy among people in a society, he not only stressed the importance of obedience toward authority, but, reciprocally the importance of the authority to be benevolent and care for his subordinates. [...] If this concept is applied to the therapist-patient relationship, we can say that it is necessary for the patient to cooperate with the therapist, but, at the same time, it is essential for the therapist to be able to demonstrate benevolent love and care toward the patient. Certainly this reciprocity will improve the quality and effect of psychotherapy.«
> 
> Yan Heqin (2005, S. 134)

## 11.1 Was gelehrt wird vs. was gelernt wird

Zusammenfassend kann wohl gesagt werden, dass die westlichen Methoden zwar von jedem einzelnen chinesischen Therapeuten so variiert, kombiniert und modifiziert werden, dass sie sich als nutzbar für ihn oder sie erweisen, aber eine offensichtliche Chinisierung westlicher Psychotherapie ist nicht festzustellen.

Generell gilt offensichtlich: Je technischer Handlungsanweisungen und je enger und objektivierbarer die damit angestrebten sachlichen Ziele sind, desto geringer ist die Rolle, die kulturelle Unterschiede spielen. Deswegen ist für die Verhaltenstherapie die Akzeptanz in China von Anfang an am größten und die Übernahme ihrer Methoden in den Handwerkskasten chinesischer Therapeuten am leichtesten gewesen. Wird eher auf die Sozialdimension der Kommunikation geschaut, wie dies am extremsten bei der systemischen Familientherapie geschieht, so ist diese Fokussierung im Einklang mit der überlieferten chinesischen Beziehungsorientierung und daher ohne große Mühe integrierbar. Allerdings sind die erwarteten Gestaltungsweisen von Beziehungen unterschiedlich. Von chinesischen Therapeuten wird erwartet, dass sie Anwalt des Status quo sind. Ihre Aufgabe ist es, Individuen bzw. ihr abweichendes Verhalten irgendwie »in den Griff« zu bekommen. Da das Individuum im Zweifel hinter der Gemeinschaft zurückzustehen hat, sind Ideen, Psychotherapie diene der Emanzipation des Einzelnen, nicht oder erst in Anfängen zu finden. Hier dürfte das (noch) aktuelle Problem, aber auch die künftige Chance psychoanalytischer Ansätze liegen, angesichts der Zunahme marktförmiger Beziehungen und der damit verbundenen Individualisierung bzw. der Isolierung des Einzelnen von seinem sozialen Herkunftskontext.

> **Interview mit Alf Gerlach (Fortsetzung)**
>
> MHW: *In China hat sich sehr viel verändert in den letzten 15 Jahren. Dies berührt ja auch die Lebensbedingungen der Teilnehmer und die Teilnehmer selbst. Welche Veränderung hast du wahrgenommen?*
>
> ALF GERLACH: Die Danwei, die Einheit, hat sich aufgelöst. Alte Versorgungsmöglichkeiten sind verschwunden. 1997 hätte ich mir nicht vorstellen können, dass die meisten ein eigenes Auto haben oder manche eine Position mit eigenem Fahrer.
>
> Vieles Fragestellungen bilden sich nicht mehr ab, weil sich die Lebensbedingungen verändert haben.
>
> MHW: *Was bildet sich nicht mehr ab?*

ALF GERLACH: Was sich auflöst, sind die Familienbindungen. Es ist nicht mehr selbstverständlich, mit den Eltern zusammen in der gleichen Wohnung zu wohnen. In Shanghai achtet man darauf, in der Nähe der Eltern zu wohnen, damit diese die kleinen Kinder betreuen können.

Die sexuelle Freiheit hat zugenommen. Es wird mehr ausprobiert mit unterschiedlichen Partnern.

Die Teilnehmer in der Selbsterfahrung sind jünger. Dies war in der ersten Ausbildung noch nicht der Fall. Für etwa die Hälfte der Teilnehmer des ersten Durchgangs war die Kulturrevolution ein wichtiges Thema. Jetzt sind viele Teilnehmer so jung, dass sie von der Kulturrevolution nichts mehr wissen.

Das Eingebundensein in die Gruppe tritt zurück, sei es in der Kollegengruppe am Arbeitsplatz oder in der Familie. Das ist ein Eindruck aus den Selbsterfahrungssitzungen.

*MHW: Kannst du ein Beispiel geben?*

ALF GERLACH: Ja, zum Beispiel beim Kauf einer Wohnung. Heute hört sich das folgendermaßen an: »Da habe ich gedacht, ich greife zu.« 1998 wäre es eher so geschildert worden: »Ich habe es mit meinen Eltern diskutiert.«

*MHW: Du beschreibst eine Lockerung der Bindung in den Familien. Was bedeutet dies für eine psychische Symptomatik? Gibt es da Veränderungen?*

ALF GERLACH: Ich schaue auf die Fälle, die vorgestellt werden. Mit Vorbehalt würde ich sagen, dass Patienten, bei denen Verwahrlosung im emotionalen Sinne – Bindungslosigkeit – auftaucht, eine entscheidende Rolle spielen. Dies kommt vermehrt zur Sprache. Die Patienten wirken verloren, einsam. Geschwister gibt es keine. Die Eltern sind nicht präsent. Am Arbeitsplatz sind sie nicht eingebunden.

Es gibt sicher auch die typischen Fälle, wo die Familie zu sehr engagiert ist, z. B. bei einer Zwangssymptomatik, wo es schwer ist, in ein individuell angebotenes Setting einzusteigen.

Die Kehrseite ist das narzisstische, selbstverliebte Sich-Produzieren beim Therapeuten.

*MHW: Was meinst du damit?*

ALF GERLACH: Das heißt, es gibt andere Teilnehmer. Es sind nicht mehr nur Psychiater und Psychologen, sondern es gibt Teilnehmer aus anderen Berufen. Oftmals auch sehr selbstbezogene Menschen.

*MHW: Warum, glaubst du, ist es für Menschen aus anderen Berufen so attraktiv, in eine psychodynamische Ausbildung zu gehen?*

ALF GERLACH: Erstens besteht oftmals das Bedürfnis, etwas über sich selbst zu erfahren. Zweitens ist der Beruf des Psychotherapeuten sehr populär geworden.
Du hast ja mal gesagt, dass es das unklar geregelte Feld von Beratung und Psychotherapie sei.
Manche dieser Teilnehmer bekommen auch keinen Anschluss in der Gruppe – z. B. wäre es früher nicht vorgekommen, dass sich jemand außerhalb eines Gruppenkreises setzt.
Auch der Stellenwert des Zertifikats hat sich geändert. Wir hatten viele Kämpfe, unsere mit den chinesischen Kollegen vereinbarten Kriterien einzuhalten. Die Bereitschaft, die Standards zu erfüllen, ist geschwunden. Einigen Teilnehmern reicht einfach die Teilnahmebescheinigung.

*MHW: Du meinst, diese Teilnehmer machen das nur, um eine Bescheinigung zu erhalten, damit sie auf dem freien Markt ihren Wert erhöhen?*

ALF GERLACH: Ja, aber ich verstehe es nicht. Denn es ist kein hoher Aufwand, die Standards voll zu erfüllen. Ich frage mich, was können die damit anfangen? Vielleicht wirklich auf dem freien Markt ihren Wert erhöhen ...

*MHW: Da der freie Markt nicht geregelt ist, ist solch eine Bescheinigung hilfreich. Es lohnt sich, mit minimaler Anstrengung mitzumachen. Das bedeutet, dass das Geld wichtiger als die Profession ist. Wie reagieren denn die chinesischen Lehrer auf solche Teilnehmer?*

ALF GERLACH: Irritiert und vom Affekt her oft strenger als wir.

*MHW: Was meinst du mit strenger?*

ALF GERLACH: Sie reagieren mit Ausschließungstendenzen. Wir wollen immer erst mal mit demjenigen reden. Mir fallen übrigens nur männliche Beispiele ein.

*MHW: Hast du eine Erklärung dafür?*

ALF GERLACH: Eine Hypothese wäre, dass es mit der Ein-Kind-Familie zusammenhängt. Sozusagen eine Spielart des »kleinen Prinzen«, der narzisstischen Überfütterung.

*MHW: Das ist bei Mädchen weniger der Fall?*

ALF GERLACH: Mir fällt niemand ein.

*MHW: Vielleicht zeigt sich die Überfütterung bei den Mädchen anders?*

ALF GERLACH: Ich verbinde zwei Daten miteinander: Die jungen Frauen in China wirken sehr selbstbewusst. Und sie sind sehr »wählerisch«.
Ich denke an die Geschlechterrelation. Die Frauen haben die Wahl. Vielleicht geraten die Männer schneller in eine Position

der inneren Verzweiflung. Wo ihnen nur noch das Erstrahlen im eigenen Glanz bleibt.
In der Literatur ist das mehr aufseiten der Frauen, der erfolgreichen chinesischen Frauen, beschrieben worden. Wenn sie mit 35 Jahren realisieren, dass sie ohne Partner sind ...

MHW: *Ich würde gerne zu den Fällen kommen. Du beschreibst, es werden mehr bindungsgestörte Patienten vorgestellt. Hast du mal mit den Teilnehmern über diesen Eindruck diskutiert?*

ALF GERLACH: Ja, das versuchen wir. Aber das ist ein Dilemma. Denn wenn wir über Bindungsstörungen sprechen, aktivieren wir diese ja auch bei den Teilnehmern. Viele fühlen sich selbst betroffen.

Das rechne ich auch der chinesischen Tradition zu. Zum Beispiel den vielen frühen Trennungen, wenn Kinder bei den Großeltern ohne ihre Eltern sind. Das ist ein soziales Phänomen, das es so bei uns nicht gibt.

Wenn wir dann theoretisch darüber sprechen, über erste Selbst- und Objektrepräsentanzen usw., kommen die Teilnehmer in Not.

Bei den geringen Selbsterfahrungsangeboten wird dies oft aktiviert. Die Teilnehmer gehen in eine hoch affektiv besetzte Bindung, und nach sieben Tagen erleben sie wieder eine Trennung. Der deutsche Analytiker wird oft überidealisiert. Dass man enttäuscht und wütend ist, bleibt unbearbeitet. Alle Lehrer berichten über diese Erfahrung, wenn es um Bindungstheorie geht.

Hier zeigt sich ein großer Unterschied zwischen chinesischen und deutschen Ausbildungsteilnehmern.

**Interview mit Margit Babel (Fortsetzung)**

FBS: *Wie bewertest du denn jetzt im Rückblick dieses ganze deutsch-chinesische Projekt?*

MARGIT BABEL: Ich habe nach meiner Rückkehr 2003 ja nur noch das Trainingsprogramm 2 fertig gemacht und danach nichts mehr. Ich bin in Kurs 3 nicht mehr eingestiegen. Ich habe ab da immer das Gefühl gehabt: Das geht jetzt in eine Richtung, die ich nicht mehr mittragen kann.

Ich bin angetreten, weil die chinesischen Kollegen zehn Jahre oder länger keine Chance hatten, über den Rand ihrer Gesellschaft zu gucken, egal, was es anbelangt. Da hinzugehen und etwas vorzustellen, ist okay für mich. Vorstellen durch Symposien, vorstellen durch ein Trainingsprogramm, noch ein Trainingsprogramm, für Erwachsene, für Kinder. Jetzt ist das Vorstellen zu Ende. Jetzt können sie alleine gehen.

Ich bin jetzt noch einmal gefragt worden, ob ich nicht wieder einsteigen will. Ich habe es eine Nacht überschlafen und nein gesagt. Es stimmt nicht mehr für mich, Ausbildung in China zu machen. Es wäre gegen meine Überzeugung.

FBS: *Du sagst, es läuft in eine Richtung, die dir nicht gefällt. Was ist das Kritische aus deiner Sicht?*

MARGIT BABEL: Das Faszinierende an den Symposien und am ersten Trainingsprogramm war für mich, dass wir drei Schulen gemeinsam an verschiedenen Orten präsentiert haben. Das waren die Highlights für mich. Nicht nur in Bezug auf China, sondern als Gesamtkonzept. Jetzt verwässert sich das. Es wird ja immer weniger. Von der Bandbreite, von der Qualität her konnte es nicht mehr werden. Die Orte sind nicht mehr rotierend. Die Schulen arbeiten nicht mehr zeitgleich. Den Abendkongress gibt es nicht mehr.

FBS: *Es wird immer mehr wie in Deutschland?*

MARGIT BABEL: Meine Überzeugung ist, dass sich die Psychoanalyse samt IPA in ganz kurzer Zeit von den anderen Schulen trennt. Sie nimmt mit, was sie bekommen kann und dann ... Der erste internationale Kongress in Peking ist ja schon ein Schritt in diese Richtung. Und dann haben wir die Wiederholung dessen, was wir in Europa haben.

Angetreten waren wir aber mit anderen Zielen.

FBS: *Ich sehe diese Differenzierung auch, bin allerdings relativ leidenschaftslos in der Hinsicht. Wir werden hier all das erleben, was wir von zuhause kennen, und sicher auch die Konkurrenz der Schulen erleben.*

MARGIT BABEL: Das ist ja jetzt schon der Fall. Der Supermarkt ist schon lange eröffnet. Da will ich nicht mitmachen. Aber insgesamt finde ich das schade.

Ich fände es gut, sie jetzt alleine zu lassen und zu gucken: Kommt einer oder kommt keiner, der noch was von uns braucht.

Man muss sich davor hüten, nur auf die Schokoladenseite dieses Projektes zu schauen, wozu man ja leicht verführt wird.

Ich denke die ganze Zeit darüber nach, ob dieses Zerfallen zu verhindern ist. Aber ich glaube nicht, dass das geht.

Ich bin durch meine Jahre in Malaysia jetzt viel sensitiver für Kolonialisierung geworden.

FBS: *Ich bin mir nicht sicher, ob die Supermarkt-Metapher so stimmt. Es wird ja sicher viel aus dem Westen in China verkauft, aber wahrscheinlich ist das Verkaufen von Psychotherapie eher das Gegenstück zur Missionierung zu Kolonialzeiten. Man liefert immer die geistigen Produkte mit, die notwendig sind, um die anderen Exportprodukte an den Mann zu bringen. Wobei das Produkt nicht materiell ist, sondern eine Wirtschaftsform: die Marktwirtschaft.*

## 11.2 Zwei Erdbeben und drei Plagen: Feuer, Plünderung und Psychologen

Am 12. Mai 2008 erschütterte ein Erdbeben der Stärke 8,5 auf der Richterskala die Provinz Sichuan. Nach offiziellen Zahlen vom 21. Juli 2008 fanden 69 197 Menschen den Tod, 374 176 wurden verletzt, 18 222 sind vermisst (also aller Wahrscheinlichkeit nach auch ums Leben gekommen). In der betroffenen Gegend lebten etwa 15 Millionen Menschen, von denen mindestens 4,8 Millionen, nach manchen Schätzungen bis zu 11 Millionen, ihr Obdach verloren. Es war eines der stärksten und tödlichsten Erdbeben in der Geschichte Chinas. Starke Nachbeben, von denen manche die Stärke 6 auf der Richterskala erreichten, erschütterten noch Monate später das Land und forderten neue Opfer.

Unmittelbar nach Bekanntwerden der Katastrophe begannen die Hilfsmaßnahmen. Dadurch, dass Ministerpräsident Wen Jiabao, selbst ein Geologe, sofort vor Ort war, konnte die Armee, die der Nationalregierung untersteht, umgehend eingesetzt werden.

Über lange Zeit gab es – für China Neuland – nicht die geringste Zensur bei Presseberichten und Recherchen. Die Macht der Bilder der Zerstörung war überwältigend. Durch die Gewalt des Bebens waren ganze Berge eingestürzt, 30 künstliche Seen entstanden wie Stauseen. Die Hilfsbereitschaft im Land war überwältigend. Tag und Nacht wurde im Fernsehen live berichtet. Oftmals wurde das Entsetzen, der Schmerz von Angehörigen so hautnah dargestellt, dass chinesische Psychotherapeuten sich erfolgreich mit Fernsehsendern in Verbindung setzten und um mehr Abstand baten, um die Würde der Trauernden zu wahren.

Das Gesundheitsministerium forderte alle Mental Health Center auf, Psychiater ins Katastrophengebiet zu senden. Es war das erste Mal, dass von der Regierung in einer Katastrophe Psychiater und Psychologen in solchem Umfang zur Unterstützung angefordert wurden. Die großen psychiatrischen Kliniken schickten Teams in das Katastrophengebiet, die immer wieder ausgewechselt wurden. Die Psychiatrische Klinik in Chengdu wurde mit einem Team[74] zum Zentrum der Koordination professioneller psychologischer Hilfe.

Auch das Erziehungsministerium nahm in sein Team, das bereits in den ersten Tagen nach Sichuan ging, Psychologen[75] auf. Es versuchte in den Notlagern, Kinder gleichen Alters in Kontakt zu bringen, um für sie eine Art neuen Alltag zu schaffen.

Die chinesischen Therapeuten waren geschockt vom Ausmaß der Zerstörung, das sie gesehen hatten. Psychiater und Psychologen organisierten Workshops, um Helfern Wissen für eine psychische erste Hilfe an die Hand zu geben.

Die enorme Hilfswelle in China führte dazu, dass bereits in den ersten 10 Tagen 1000 junge Leute, die als sogenannte psychologische Berater oder Psychologen tätig sind, nach Sichuan reisten. Psychologe ist in China kein geschützter Titel. Ihrem hohen persönlichen Engagement entsprachen nicht ihre professionellen Kenntnisse. Die jungen Leute verteilten Handzettel mit den Symptomen einer posttraumatischen Belastungsreaktion.

Ihr Einsatz hat wahrscheinlich mehr geschadet als genutzt. Denn alle, die aus anderen Regionen Chinas kamen und mit einer (lokalen Sub-)Kultur konfrontiert waren, die ihnen nicht vertraut war, hatten nicht nur Sprachprobleme, sondern sie kannten auch nicht die Coping-Mechanismen, mit denen die örtliche Bevölkerung mit Schicksalsschlägen traditionell umgeht.

Was die engagierten psychologischen Helfer nicht berücksichtigten, aber eigentlich hätten ahnen können, war die stigmatisierende Wirkung ihrer Aktivitäten in einer Gegend der Welt, wo man noch nie etwas von Psychotherapie oder psychologischer Beratung gehört hatte. Im Zweifel entwickelt man eher körperliche Symptome, als über persönliche Probleme zu sprechen. Psychische Symptome zu haben und deswegen behandelt zu werden – auch gegen den eigenen Willen –, wurde mit Verrücktsein gleichgesetzt und hatte eine disqualifizierende Wirkung. Dass das wiederholte Erzählen der traumatisierenden Situation ohne psychotherapeutische Unterstützung kontraindiziert ist und retraumatisierend wirkt, war den jungen Helfern nicht klar.

All dies war nur denkbar, weil die Helfer sich an einem Traumakonzept orientierten, das analog zu biologischen Verletzungen konstruiert ist. Chirurgen, die in ein Katastrophengebiet einfliegen, sind ja auch durchaus in der Lage, Traumata fachgerecht zu versorgen, auch wenn sie die Sprache ihrer Patienten nicht beherrschen und deren kulturelle Besonderheiten nicht kennen.

Chinesische professionelle Psychotherapeuten standen diesem Engagement sehr kritisch gegenüber. Sie waren sich ihrer eigenen Rolle und des begrenzten Wissens über den Umgang mit einer Katastrophe dieses Ausmaßes bewusst und diskutierten ihre Möglichkeiten immer wieder neu. Viele waren mehrfach vor Ort im Einsatz, wie Zhao Xudong, der 15-mal in dem Erdbebengebiet war. Mehr und mehr wurden die Laienhelfer abgelöst durch professionelle Helfer und Therapeuten. Es waren etwa 1000 Psychiater und Psychologen aus Kliniken und Einrichtungen des ganzen Landes im Einsatz. Das Gesundheitsministerium investierte viel Geld, um Hilfeprojekte durchführen zu lassen, wobei etliche ehemalige Teilnehmer der Zhong De Ban als Leiter, »Kernexperten« bzw. Supervisoren einen großen Beitrag leisteten.

Das Gesundheitsministerium richtete auch eine Untersuchungskommission ein, um herauszufinden, welche Art der Intervention für die traumatisierte Bevölkerung hilfreich war. Um es kurz und salopp zu sagen: Die Warnung, auf die sich das Ergebnis der Studie verdichten lässt, lautet: »Hüte Dich im Katastrophenfall vor Feuer, Plünderung und Psychologen!« (Zhang 2010).

Die Ergebnisse der Studie »*Resilience of the Community*«, die von Psychiatern und Psychotherapeuten unter der Leitung von Yan Yanchun[76] erstellt wurde, führte zu einem neuen Konzept der Intervention im Katastrophenfall. Sogenannte Barfußpsychotherapeuten bieten Familien ein niederschwelliges Angebot an psychologischer Hilfe an. Die sozialpädagogisch ausgerichteten örtlichen Helfer sind vertraut mit der lokalen Struktur und Kommunikation. Sie nehmen Kontakt zu den Familien auf. Ist professionelle Hilfe notwendig, begleiten sie die Familien in dem Kontakt zu den Behandlungszentren. Sie werden von Psychiatern und Psychologen geschult.

Die Ergebnisse der Katamnese erscheinen auch für das deutschchinesische Psychotherapie-Projekt von Bedeutung – trotz der von den großen Städten des Ostens abweichenden, viele Besonderheiten aufweisenden Kultur im ländlichen und abgelegenen Erdbebengebiet.

Zentraler Heilfaktor für die traumatisierten Menschen war die sichere Einbettung in eine soziale Gemeinschaft, der sie sich zugehörig fühlen konnten und in der von anderen Mitgliedern der Gemeinschaft Verantwortung für sie und ihr Wohlergehen übernommen wurde. So war es eine Sicherheit gebende symbolische Maßnahme, dass der chinesische Ministerpräsident bereits wenige Stunden nach dem Beben vor Ort war und offiziell die Leitung der Organisation aller Rettungsmaßnahmen übernahm.

Die Notwendigkeit des Wiederaufbaus betraf die Rekonstruktion der gesamten materiellen wie kulturellen Lebenswelt, und die individuelle Bewältigung der Traumatisierung, die unter anderem im Ver-

## 11.2 Zwei Erdbeben und drei Plagen

lust vieler Familienmitglieder – Eltern, Kinder, Verwandte – bestand, konnte und musste nicht von jedem Individuum allein und isoliert bewältigt werden, da viele andere jeweils ein ähnliches Schicksal teilten. Die örtlichen Gemeinschaften verfügten über ihre eigenen kulturellen Ressourcen, zum Beispiel Rituale und Verhaltensschemata, die traditionell der gemeinsamen Bewältigung von Katastrophen dienen. Für den Einzelnen war das Vertrauen ins Kollektiv dabei – so zeigte die Nachuntersuchung – ein wichtiger Faktor. Da man auch sonst in einem sozioökonomischen Umfeld wie dem ländlichen, vorindustriellen China allein nicht überleben kann, wird in der Notsituation nicht erwartet, allein mit deren Folgen fertig zu werden. Und solange die kollektiven Coping-Mechanismen funktionieren, erweist sich jeder Einzelne als resilient. Dabei waren vor allem folgende Überzeugungen und Glaubenssätze für die Betroffenen hilfreich (Zhang 2010):

»Ich werde nicht allein und hilflos sein.«

»Dies ist eine Katastrophe, die das ganze Land erleidet, und es ist nicht mein persönlicher Fehler, dessen ich mich schämen müsste.«

»Wenn andere das durchstehen können, dann kann ich das auch.«

»Es gibt keine Hindernisse, die unüberwindbar sind.«

Diese Coping-Strategien finden aber da eine Grenze, wo das Vertrauen in die kollektiven Strukturen erschüttert ist. So sind im Erdbeben in Sichuan sehr viele Kinder gestorben, da die Schulen häufiger und stärker als andere öffentliche Gebäude einstürzten. Die Recherche eines chinesischen Reporters ergab, dass in der armen Region einfach Baupläne kopiert worden waren. Gebäude, die, wie viele Schulgebäude, ohne erneute Statikberechnung erweitert wurden, waren extrem instabil. Insgesamt sollen 7000 Schulen zusammengebrochen sein. Die Zahl der toten Kinder und Jugendlichen wurde nicht bekannt gegeben. Man vermutet bis zu 9000. Die Demonstrationen der verzweifelten Eltern wurden unterdrückt.

Die Ein-Kind-Politik wurde für diese Eltern in Sichuan sofort verändert. Doch dies ist mit der Problematik der nicht verarbeiteten Trauer verbunden. Die Eltern delegieren so oft an das neu geborene Kind die Rolle, das verstorbene Kind zu ersetzen.

Das Erdbeben hat dazu geführt, dass die Ausbildung und Forschung in Traumatherapie in China mehr gefördert wird.[77] In persönlichen Gesprächen betonen chinesische Therapeuten heute, dass

## 11 Verwestlichung oder Chinisierung?

das Erdbeben vor allem die enorme Hilfsbereitschaft der Bevölkerung verändert habe. Die Innen-außen-Unterscheidung der Zugehörigkeit schien aufgehoben.

Am 13. April 2010 kam es erneut zu einem schweren Erdbeben: im autonomen Bezirk Yeshu in der Provinz Qinghai.[78] Es handelt sich um eine Region, in der 93 % der Bevölkerung Tibetaner sind. Hier waren es vor allem buddhistische Mönche, die spirituellen Beistand leisteten und dafür sorgten, dass beispielsweise bei den aus hygienischen Gründen notwendigen Massenverbrennungen der vielen Toten die vorgeschriebenen Rituale ausgeführt werden konnten, obwohl das Verbrennen eigentlich der tibetischen Tradition, nach der Tote zerhackt und den Geiern auf einem heiligen Platz übergeben werden, widerspricht.

Als eine Konsequenz aus den Erfahrungen in Sichuan hielten sich Traumatherapeuten bewusst zurück, und psychologische Helfer wurden nicht zugelassen.

### 11.3 Sowohl als auch, aber kein dritter Weg

China hat in den letzten 30 Jahren eine rasante Entwicklung durchgemacht. Aber sie erfolgte in den einzelnen Regionen in unterschiedlichem Tempo. Die Städte im Osten, für die Shanghai als Beispiel angesehen werden mag, können weltweit als Vorreiter der technischen Entwicklung angesehen werden. Aber sozioökonomisch herrschen frühkapitalistische Verhältnisse. Die ländlichen Gegenden im Westen und in der Mitte des Landes, wie die beiden geschilderten Erdbebengebiete, stecken hingegen noch in einer vorindustriellen agrarischen Entwicklungsphase. Das hat auch Auswirkungen auf die jeweiligen sozialen Strukturen und die individuelle Sozialisation und Psychologie der dort aufwachsenden und lebenden Menschen. Die sozialen Gegensätze Chinas werden immer größer, und es ist kaum anzunehmen, dass sich westliche Psychotherapie-Methoden, die sich für verwestlichte Bewohner Shanghais als hilfreich erweisen mögen, auch für die Landbevölkerung als nützlich erweisen.

So stehen denn auch die importierten westlichen und die traditionellen chinesischen Therapieverfahren nebeneinander, ohne eine Konkurrenz füreinander darzustellen. Denn beide haben eine unterschiedliche Klientel: Die eine ist eingebunden in überlieferte soziale Strukturen, die Bindung und Fürsorge gewährleisten, während der Industriearbeiter in der Küstenregion innerhalb der Masse der mit ihm konkurrierenden Arbeitssuchenden weitgehend auf sich allein gestellt ist.

Deswegen ist eigentlich auch nicht zu erwarten, dass sich beide Ansätze – der traditionell-chinesische und der westlich-psychotherapeutische – zu einem dritten Weg verschmelzen lassen. Denn beide folgen einer entgegengesetzten Logik, legen ihren Interventionen andere Vorstellungen von Gesundheit und Krankheit zugrunde, konzeptualisieren die Beziehung von Körper, Seele und Gesellschaft verschieden usw.

Konsequenz ist, eine sorgfältige Indikationsstellung dafür vorzunehmen, wann welche der Methoden anwendbar ist.

> **Interview mit Liu Tianjun**
>
> Er lehrt traditionelle chinesische Medizin (TCM) und Qigong an der Beijing University of Chinese Medicine und war Teilnehmer des ersten Verhaltenstherapie-Lehrgangs (1997–1999).
>
> *FBS: Ich würde den Fokus gern auf die Unterschiede zwischen dem traditionellen chinesischen Verständnis von Heilung und der westlichen Konzeptualisierung von Therapie richten.*
>
> LIU TIANJUN: Mein Ausbildungshintergrund ist ja nicht die Psychologie, sondern TCM. Nachdem ich zwei Jahre lang Kräutermedizin gelehrt hatte, beschäftigte mich die Frage, was der Unterschied zwischen traditioneller chinesischer und moderner westlicher Medizin ist. Ich fand keinen Schlüssel. Aber eines Tages wurde mit dann klar, dass Qi bzw. Energie der Schlüssel ist.
>
> In der chinesischen Medizin haben wir Organe in unserem Inneren: Herz, Niere usw. In der westlichen Medizin haben wir auch Organe. In der chinesischen Medizin gibt es Blut, in der westlichen auch. Vielleicht sind ja die chinesischen Vorstellungen von den Organen anders als in der westlichen Medizin, aber es sind Organe. Nur für das Qi gibt es kein Äquivalent in der westlichen Medizin.
>
> Ich denke, das ist der Schlüssel für den Unterschied zwischen westlicher und östlicher Heilkunde. Als mir das klar wurde, habe ich meine Richtung geändert, von der Herbal Medicine zum Qigong. Das muss etwa 1988 gewesen sein. Danach habe ich nach etwas Vergleichbarem in der westlichen Heilkunde gesucht. So kam ich zur Verhaltenstherapie.
>
> Und nachdem ich das gelernt habe, denke ich, dass die größten Ähnlichkeiten zu chinesischen Modellen in der Hypnotherapie bestehen. Hypnose und Qigong sind sehr ähnlich.

*FBS: In welcher Hinsicht?*

LIU TIANJUN: Ich habe viel von Dirk Revenstorf gelernt. Dabei habe ich Hypnotherapie mit Qigong verglichen. Ich habe einige interessante Dinge herausgefunden: Auf den ersten Blick scheinen sie dasselbe zu machen. Qigong kann als eine Art der Selbsthypnose betrachtet werden. Aber auf den zweiten Blick zeigen sich die Unterschiede. In der Hypnose wird ein Zustand der Trance herbeigeführt. Das ist beim Qigong nicht der Fall. Mit meinen Worten gesagt: Beim Qigong wird eine »reinere« Form des Bewusstseins herbeigeführt. In der Praxis des Qigong wird das Bewusstsein klarer als sonst, aber entleert. Das Bewusstsein ist nicht nur klarer als normal und leer, sondern es lässt von den Dingen ab. Es ist ein Zustand des Loslassens, die Entleerung des Bewusstseins. Dabei ist die Leere in der einen Minute unterschiedlich von der davor, gespürt wird nur hier und jetzt. Und das ist, denke ich, etwas anderes als Hypnose. Und es handelt sich nicht allein um einen Zustand des Bewusstseins, sondern um einen körperlich-geistigen.

*FBS: Aber die angewandten Techniken sind ähnlich ...*

LIU TIANJUN: Es sind dieselben. Aber das Ziel ist verschieden. Hypnose stoppt, wo Qigong weiter geht. Es geht tiefer oder höher ... Und ich glaube, dass die Qigong-Skills in der Psychotherapie verwendet werden können. Aber es wird ein ganz anderer Weg eingeschlagen. Die meisten Psychotherapeuten richten ihre Aufmerksamkeit auf das Problem – sei es innen oder außen – und die Frage, wie es gelöst werden kann. Das macht Qigong nicht. Stattdessen induziert Qigong beim Patienten mit seinen Problemen einen Zustand reinen Bewusstseins, sodass er seine Probleme beiseitelegen kann. Ich löse keine Probleme, aber ich helfe dem Patienten dabei, einen Zustand ohne Probleme zu erreichen. Es ist ein innerer Zustand.

*FBS: Das charakterisiert dann auch die Beziehung zum Patienten. Du bist kein Problemlöser für ihn.*

LIU TIANJUN: Um eine Metapher zu gebrauchen: Viele therapeutische Techniken sind so wie unterschiedliche Techniken, das Eis auf einem See aufzubrechen. Da es viele unterschiedliche Eisstücke gibt, gibt es auch viele unterschiedliche Techniken, dieses Eisstück oder jene Eisplatte zu zerbrechen. Aber Qigong ist anders. Es macht nur eines: die Temperatur des Seewassers erhöhen. Wenn sie über null steigt, dann verschwindet das Eis.

Deswegen bin ich nicht in Fragen verwickelt, wie zu diagnostizieren ist, wie ein Problem zu analysieren ist usw. Es interessiert nur: Wie kann die Temperatur des Wassers erhöht werden?

Das scheint mir auch die Differenz zwischen der westlichen und der chinesischen Kultur zu sein. Aber das ist nur eine der Differenzen, und ich weiß nicht, ob es die wichtigste ist oder nicht.

Bislang, so scheint mir, ist die westliche Psychologie eine Psychologie des Denkens. Die traditionelle östliche ist eine des Fühlens. Dieses Fühlen ist kein sinnliches Fühlen. Es ist ein Bewusstseins-Fühlen. Im Westen zerteilt man das Ganze in Teile, im Osten macht man aus Teilen ein Ganzes.

FBS: *Wenn du auf das Medizinsystem Chinas schaust, wie siehst du da die Beziehung zwischen traditionellen chinesischen Ansätzen und denen der westlichen Medizin?*

LIU TIANJUN: Ich denke, sie können sich gegenseitig ergänzen. Sie sind komplementär. Wenn das Eis in kleine Stücke gebrochen ist, kann die Temperatur des Wassers leicht erhöht werden, und wenn die Temperatur erhöht wird, fällt es leicht, das Eis zu brechen.

FBS: *Welche Erfahrungen hast du mit dem deutschen Trainingsprogramm gemacht?*

LIU TIANJUN: Ich habe viel dabei gelernt. Seit ich mit Verhaltenstherapie und Hypnose vertraut wurde, sehe ich die traditionellen chinesischen Methoden klarer. Ich konnte sie einander gegenüberstellen. Und auf der anderen Seite sehe ich einige der westlichen Methoden klarer, weil ich die östlichen kenne.

FBS: *Und jetzt lehrst du Qigong oder Psychotherapie?*

LIU TIANJUN: Beides. Aber mehr Qigong-Praxis. Denn das ist meine Profession, ich sehe mich nicht als Psychotherapeut.

FBS: *Gibt es irgendwelche Ratschläge an die westlichen Kollegen, was sie an ihrer Art der Lehre ändern sollten?*

LIU TIANJUN: Nein. Ich meine nicht, dass sie etwas ändern sollten. Aber ich denke, wenn du aus dem Westen stammst, dann solltest du ein richtiger Westler sein. Wenn du aus dem Osten stammst, dann solltest du ein richtiger Ostler sein. Dann kann man zusammenarbeiten. Das ist meine Überzeugung.

Ich will eine kleine Geschichte dazu erzählen. Als Student war ich an meiner Universität an einer Diskussion über die Beziehung zwischen westlicher und chinesischer Medizin und ihre Zukunft beteiligt. Wir hatten lange Diskussionen, bei denen wir folgende Szenarien entwickelten: (1) Die westliche Medizin ist so stark, dass die östliche verschwindet; (2) die östliche Medizin ist so stark, dass die westliche verschwindet; (3) aus der östlichen und westlichen Medizin wird eine neue Medizin; (4) östliche und westliche Medizin bleiben auf Dauer getrennt. Als Studenten dachten wir, der dritte Weg wäre der richtige: Aus westlicher und östlicher Medizin muss eine neue werden. Aber jetzt, zwanzig Jahre später, nachdem ich zehn Jahre lang über Qigong geforscht habe, denke ich, der vierte Weg ist der richtige.

FBS: *Das scheint mir plausibel, denn die Logik, die beiden Ansätzen zugrunde liegt, ist ja vollkommen verschieden ...*

LIU TIANJUN: Ich war mal auf einer Konferenz in der Schweiz. Da habe ich diese Geschichte auch erzählt. Und die Teilnehmer fragten mich: warum? Und ich antwortete, dass ich das auch nicht weiß. Aber es ist wie bei der Beziehung zwischen Mann und Frau: Sie können heiraten, aber jedes ihrer Kinder ist entweder männlich oder weiblich.

Im Einzelfall kann man diskutieren, was man bei einer spezifischen Störung oder einem Problem machen soll. Aber da geht es immer um konkrete Lösungen.

Psychotherapie hat, darüber muss man sich klar sein, einige kulturelle Implikationen, auf die man achten muss.

FBS: *Welches sind die wichtigsten für die Arbeit mit chinesischen Patienten?*

LIU TIANJUN: Die Beziehung. Die Ebene des Bewusstseins. Für Chinesen ist es wahrscheinlich leichter als für Menschen im Westen, einen tiefen Bewusstseinszustand zu akzeptieren. Denn in den östlichen Religionen wie Daoismus oder Buddhismus haben wir den Glauben, dass man, wenn man sich bemüht, Buddha werden kann. In den westlichen Religionen kann man aber nicht Gott werden. Das ist ein großer Unterschied.

FBS: *Welche Konsequenzen hat das für das Alltagsleben?*

LIU TIANJUN: Wenn du dein Bestes versuchst, dann kannst du etwas ändern. Du kannst dich in der Hinsicht nicht auf andere verlassen.

FBS: *Und im Westen verlässt man sich auf Gott?*

LIU TIANJUN: Letztlich: ja. Du kannst jedes Problem bei ihm deponieren.

FBS: *Insofern scheinen die Chinesen weit autonomer ...*

LIU TIANJUN: Ja, vielleicht. Die innere Haltung ist unterschiedlich, wie mit allem umgegangen wird.

FBS: *Sie strengen sich an, üben, schauen mehr nach innen, sind mehr an Beziehungen orientiert ...*

LIU TIANJUN: Natürlich hat jede Person einen anderen Erziehungshintergrund. Das ist auch ein wichtiger Punkt. Aber bei der traditionellen chinesischen Person ist die innere Haltung verschieden.

FBS: *Was meinst du zu der rasanten Entwicklung Chinas in den letzten zwanzig Jahren? Hat das eine Auswirkung darauf gehabt, wie Chinesen fühlen, denken, ihren Alltag gestalten?*

LIU TIANJUN: Jetzt, in der Gegenwart, ist die Kultur Chinas nicht mehr vollkommen traditionell. Es sind nicht mehr zwei oder drei Glaubenssysteme, sondern fünf, die wirksam sind: Daoismus, Konfuzianismus, Buddhismus, Kommunismus und Kapitalismus. Am wichtigsten sind meines Erachtens zurzeit Kapitalismus und Konfuzianismus.

FBS: *Gibt es irgendwelche Konflikte zwischen Konfuzianismus und Kapitalismus?*

LIU TIANJUN: Die muss es geben. Aber je nach Problem wird mal auf das eine, mal auf das andere Modell zurückgegriffen. Wie bei den unterschiedlichen psychotherapeutischen Schulen.

Aber Buddhismus und Daoismus sind insofern anders, als es ihnen nicht um die Lösung äußerer Probleme geht, sondern sie die Aufmerksamkeit nach innen richten. Das macht den Unterschied zum christlichen Westen aus, der Kapitalismus ist nicht viel anders.

## 12. Die Logik der künftigen Entwicklung

Die Entwicklung der psychotherapeutischen Versorgung in China seit der Kulturrevolution folgt einer impliziten Logik: der Logik funktioneller Differenzierungsprozesse in sozialen Systemen. Nach dem Tode Maos setzte eine Entwicklung ein, die zu einer radikalen Transformation der chinesischen Gesellschaft geführt hat: von einer autoritären Struktur, die in ihrer hierarchischen Gliederung und den Mechanismen der Unsicherheitsabsorption einem stratifizierten, feudalen System ähnelt, hin zu einer funktionellen Differenzierung, was vor allem seinen Ausdruck in einem zunehmend marktförmig organisierten Wirtschaftssystem findet. Diese Entwicklungslogik legt einige Hypothesen dazu nahe, wie sich dieser Prozess künftig fortsetzen wird.

Beginnen wir in einem ersten Schritt mit dem umfassenden sozialen Rahmen: der chinesischen Gesellschaft, dem Staat, der Wirtschaft und ihrer Veränderung bzw. deren Folgen für die chinesische Familie und jeden Einzelnen. Und in einem zweiten Schritt schauen wir auf die psychotherapeutische »Landschaft«, die beteiligten Institutionen und ihre Entwicklung, sowie schließlich die mögliche oder prognostizierbare Rolle und Funktion der *Deutsch-Chinesischen Akademie für Psychotherapie*.

### 12.1 Wirtschaft und Staat

Betrachten wir die wirtschaftliche und staatliche Entwicklung, so zeigt sich China zehn Jahre nach der Jahrtausendwende in einer Situation, die durchaus mit den frühkapitalistischen Verhältnissen in Europa vergleichbar ist. Auch in Mitteleuropa hat die Wirtschaft im 19. Jahrhundert ihre rasante Entwicklung im Schutz autoritärer, staatlicher Systeme vollzogen (in der Regel: einer Monarchie). Die Lebensverhältnisse der Menschen, die auf der Suche nach Arbeit vom Land, wo sie nicht mehr von der Landwirtschaft leben konnten, in die Städte wanderten, waren miserabel. Die Unterschiede zwischen arm und reich wuchsen und mit ihnen das Potenzial für soziale Unruhen. Ähnliche Unterschiede finden sich auch in China zwischen den industriell boomenden Städten im Osten und den ländlichen Gebieten im Westen. Um soziale Unruhen zu verhindern, wird es zu

Ausgleichsmaßnahmen von staatlicher Seite her kommen (müssen). Eine Art Sozialgesetzgebung, wie sie etwa in Deutschland durch Bismarck im 19. Jahrhundert vorangetrieben wurde, dürfte in absehbarer Zeit auch in China dafür sorgen, dass der Kapitalismus »gebändigt« wird – zumindest etwas.

Doch die Spaltung der Gesellschaft mit einer weiteren Verwestlichung in der pazifischen Küstenregion und einem Verharren in eher traditionellen Mustern der gesellschaftlichen Organisation auf dem Lande wird noch lange weitergehen bzw. erhalten bleiben. Deswegen wird auch die Situation des Einzelnen – seine Sozialisationsbedingungen, seine Familien- und Arbeitsverhältnisse etc. – in China je nach Region sehr unterschiedlich bleiben.

Eine bemerkenswerte, in den letzten Jahren festzustellende Entwicklung ist die Rückkehr des Staates in die soziale Verantwortung. Dies ist eine Tendenz, die – wie beim Beispiel der Erdbebenkatastrophen zu sehen – immer dann verstärkt wird, wenn überindividuell wirksame Ereignisse oder Notlagen kollektives Handeln erfordern.

Im Jahre 2003 wurde China von einer heimtückischen Krankheit (SARS) heimgesucht. Bereits im Januar konnte man in Beijing Gerüchte hören, dass in Kanton der Essig ausverkauft sei, weil es dort eine ansteckende Krankheit gebe, die schnell tödlich verlaufe. Zu diesem Zeitpunkt war die WHO bereits durch einen chinesischen Arzt informiert. Unter dem Druck der WHO, aber vor allem der Ereignisse, begann die Regierung, drastische Maßnahmen zu ergreifen. Die Krankheit schien hoch ansteckend und verlief rasch tödlich. Das ganze Land kam in eine Art Ausnahmezustand. Allein in Peking waren z. B. zeitweise 19 000, in Shenzhen 15 000 Bürger unter Quarantäne. Die Straßen, sonst sehr belebt, waren ruhig. Eltern brachten ihre Kinder nicht mehr in Kindergarten oder Schule aus Angst vor Ansteckung. Die Erkrankten wurden isoliert. Die betreuenden Krankenschwestern und Ärzte durften die Kliniken zum Teil nicht mehr verlassen und standen mit den Patienten unter Quarantäne. Auf den stadteinwärts führenden Straßen waren Hygienetrupps unterwegs, um die Autos und ihre Insassen zu desinfizieren. Psychiater und Psychologen richteten Hotlines ein, um in Panik geratene Menschen zu beruhigen. Andere gingen in die Isolationskliniken, um vor Ort Menschen mit Angstsymptomatik zu entlasten. Migranten, die aus den Städten nach Hause aufs Land wollten, wurden nicht immer freundlich empfangen. Die Regierung hatte Angst, dass sich die mysteriöse Krankheit durch das Frühlingsfest, bei dem Millionen durchs Land nach Hause reisen, unkontrolliert verbreitet. Die Ferien der Studenten wurden verlängert. In den Flughäfen wurden Temperaturkontrollen eingerichtet, um bei Krankheitsverdacht die betreffenden Personen sofort isolieren zu können.

Durch die SARS-Epidemie wurde deutlich, dass China über kein effizientes Notfallsystem verfügt. Vor allem wurde offenbar, dass es auf dem Land so gut wie gar kein Gesundheitsversorgungssystem mehr gibt. Mit dem Auflösen der landwirtschaftlichen Genossenschaften wurde auch das frühere, für Entwicklungsländer oft als vorbildlich gerühmte, rudimentäre Gesundheitssystem aufgelöst. Um die Arztkosten zu bezahlen, war die Bevölkerung in manchen Gebieten zu arm. Es gab keine Versicherungen. Aber auch andere Daten rückten plötzlich in den Vordergrund und in die Presse. Krankheiten, die seit 50 Jahren verbannt schienen, kamen zurück.

Anders als vor der Privatisierung der Betriebe gab es keine kostenlosen Gesundheitschecks mehr. Die Mortalitätsrate von Schwangeren ist in Mittel- und Westchina um das 3,6-Fache höher als im reicheren Ostchina. Kinder in Armutsgebieten erreichen mit 16 Jahren eine durchschnittliche Größe von 158 cm, bei städtischen Jugendlichen beträgt sie 164 cm.[79]

Der Staat musste handeln. So wurde 2006 ein neues Versicherungssystem auf dem Land etabliert. Pro Person kostet die Versicherung 50 Yuan (7 US-$) im Jahr – davon zahlt 20 Yuan die Provinz, 20 Yuan die Zentralregierung, 10 Yuan der Versicherte. Bereits im September 2007 hatten etwa 80 % der ländlichen Bevölkerung die Versicherungsverträge unterschrieben. Dies bedeutete, 685 Millionen haben dadurch ein Anrecht auf eine einfache ärztliche Behandlung in kleinen Kliniken oder Ambulanzen, die für die lokale Versorgung zuständig sind. Bei stationären Aufenthalten in Kreiskrankenhäusern werden 60 %, bei einer Spezialbehandlung in einer modernen Klinik der Provinz 30 % der Kosten übernommen.

Laut Mental Health Atlas der WHO von 2005 betrug das Gesundheitsbudget Chinas 2,35 % des Gesamthaushaltes des Landes (im Vergleich dazu in Deutschland: 10,8 %). Davon stehen die Ausgaben für Mental Health mit 20 % aller Ausgaben des Gesundheitsministeriums an erster Stelle.[80] Fachkreise gehen von einer weiteren Steigerung aus.

Im Zuge der angestrebten Gesundheitsreformen wurde im Juni 2011 von der zentralen Regierung, genauer: den *Legislation Offices of the*

State Council erstmals ein Entwurf des neuen Mental Health Law in den Medien mit Fachleuten diskutiert. Er sieht die offizielle Anerkennung von Psychotherapie als Beruf vor und regelt die Rolle der ärztlichen Psychotherapeuten. Neben Ärzten, Pharmazeuten, Krankenpflegern/-schwestern und Technikern würden Psychotherapeut dann eine fünfte medizinische Berufsgruppe bilden. Das Gesetz soll die Rechte psychiatrischer Patienten regeln, wobei es sich an den Vorgaben der WHO orientiert, aber auch die Frage der Stellung der Psychologen in der Versorgung psychisch Kranker klären. Genau dies ist jedoch weiterhin ein strittiger Punkt.

|  | Deutschland | China |
|---|---|---|
| Psychiatrische Betten per 10 000 alle | 7,5 | 1,06 |
| Psychiatriebetten per 10 000 Bevölkerung | 4,5 | 0,87 |
| Psychiater per 100 000 Bevölkerung | 11,8 | 1,29 |
| Psychologen per 100 000 Bevölkerung | 51,5 |  |
| Psychiatrische Schwestern per 100 000 | 52,0 | 1,99 |
| Sozialarbeiter per 100 000 Bevölkerung | 477,0 | 0 |

Abb.: *Psychosoziale Versorgung in Deutschland und China (Quelle: World Health Organization 2005)*

Nach wie vor ringen das Gesundheitsministerium, das mächtige Arbeitsministerium und das Erziehungsministerium um feste rechtliche Grundlagen psychologischer Beratung und psychotherapeutischer Behandlung.

## 12.2 Familie und Individuum

Die skizzierte Entwicklung der letzten 30 Jahre hat dazu geführt, dass vor allem in den industriell entwickelten Gebieten, in denen das Individuum in einem marktförmigen Umfeld auf sich allein gestellt ökonomisch überleben muss, ein bis dahin nicht gekannter psychologischer Beratungsbedarf entstanden ist. Doch auch auf dem Land funktionieren die traditionellen sozialen – meist familiären – Supportstrukturen nicht mehr.

Die Abwanderung in die Städte hat ganze Landstriche verändert. Man geht von über 150 Millionen Wanderarbeitern aus: Menschen, die ihr Glück in den Städten suchen. Die Kinder bleiben oft bei den

Großeltern auf dem Land. Viele junge Familien gehen mit den Kindern in die Städte. Dort werden sie zwar als Arbeiter geduldet, aber die Kinder können keine Schulen besuchen. Diese Migrantenfamilien sind nicht versichert.

Da die medizinischen Einrichtungen sich selbst tragen müssen, ist es ein Akt besonderer Humanität, dass es Mental Health Center gibt, die solche Menschen kostenlos oder gegen geringes Entgelt behandeln, obwohl sie keine rechtliche Legitimation, d. h. den Ausweis, der sie als Bürger der Stadt ausweist, besitzen. Das Zurückbleiben der Alten in den Dörfern hat seinen Preis. Eine Studie aus Hunan ergibt, dass die Suizidquote unter alten Männern sehr hoch ist (World Health Organization 2001, S. 13). Viele junge Frauen auf dem Land sind zerrissen zwischen dem Leben in einem traditionell bestimmten Kontext und der Moderne. Suizid ist bei jungen Frauen zwischen 15 und 35 Jahren die Todesursache Nummer eins.

Die Familie, die über Jahrhunderte für jedes ihrer Mitglieder die kleinste emotionale wie ökonomische Überlebenseinheit war, außerhalb derer im Prinzip für niemanden eine Möglichkeit zu überleben gegeben war, hat ihre Funktion verändert. Nachdem die »Einheiten«, die dazu ausersehen waren, diese Aufgabe der Familien zu ersetzen, nach dem Ende der Kulturrevolution immer mehr an Bedeutung verloren, ist nicht etwa die Familie in ihre vorrevolutionäre Funktion zurückversetzt worden, sondern sie änderte ihren Charakter. An die Stelle der (oft arrangierten) »High-Stability-low-Quality-Marriage« tritt immer mehr eine Ehe und Familie, die – wie im Westen – vor allem durch ihre emotionalen Funktionen definiert ist. Jedes Familienmitglied muss sich, obwohl es immer noch Mitglied eines großen, meist durch Verwandte oder Peers gebildeten solidarischen Netzwerks ist, nun als Einzelner, von dem eine bestimmte Leistung erwartet wird, in einem auf Konkurrenz beruhenden sozialen und ökonomischen Umfeld beweisen.

Dadurch gewinnt die Familie immer mehr die Aufgabe, einen Gegenpol zu bilden, der für Sicherheit und Akzeptanz jedes Einzelnen sorgt – in einer Welt, in der jeder gegen jeden kämpft. Deswegen ist die viel gerühmte chinesische Beziehungsorientierung auch nur auf diejenigen Personen beschränkt, die zu diesem Netzwerk gehören, das für jeden so etwas wie das Heimatsystem darstellt.

Durch die Ein-Kind-Politik ist diese Netzwerkbildung eingeengt worden, die Zahl der Verwandten, auf die man sich stützen kann, nimmt ab. Dadurch gewinnt die Ehe noch größere emotionale Wichtigkeit. Ehen, die bislang aufrechterhalten wurden, auch wenn ihre Qualität als schlecht bewertet wurde, werden nun vermehrt geschieden, wenn sie ihrer emotionalen Funktion nicht oder nicht mehr gerecht werden.

Das Sicherheitsnetz der erweiterten Familie nimmt an Bedeutung ab. Was bleibt, ist die starke Bindung an die Herkunftsfamilie, was zum einen die Fortsetzung einer chinesischen Tradition darstellt, zum anderen aber auch eine Sicherheit der Beziehung bietet, wie dies durch eine Beziehung zu Dritten kaum denkbar ist. Mit dem Rückzug aus der erweiterten Familie gewinnen aber dennoch andere Beziehungsnetze (»guanxi«) außerhalb der Familie zunehmend an Bedeutung.

Die psychologische Situation hat sich für den Einzelnen im modernen China radikal gewandelt. Er hat nun auf einmal die Möglichkeit – und sieht sich mit der Notwendigkeit konfrontiert –, zu konsumieren und sich als ökonomisch überlebensfähig zu beweisen. Wünsche können individuell entwickelt und gegebenenfalls durch eigene Anstrengung realisiert werden. Die Lösung aus dem familiären Kontext und der Wechsel unterschiedlicher Arbeitskontexte, wie die Beschäftigungslage es eben erfordert, führt zu einer Veränderung des Selbst. Es ist nicht mehr durch die Menge der unterschiedlichen Beziehungen (großer Bruder, älterer Onkel usw.) definiert, sondern durch Eigenschaften und Fähigkeiten, die der Person zugeschrieben werden. Das psychologische Gegenstück ist das, was üblicherweise als autonomes Ich bezeichnet wird – zumindest werden psychische Funktionen nötig, die man in der Terminologie der westlichen Psychologie als »Ich-Stärke« bezeichnen kann. Und mit diesen, durch die sozialen Veränderungen gegebenen, Anforderungen treten auch Symptome auf, die gemeinhin als »Ich-Störungen« diagnostiziert werden, und, verbunden damit, Therapienotwendigkeiten.

Ähnliche Phänomene waren auch nach dem Ende der DDR zu beobachten, wo Menschen, die bis dahin in einem sozialen Umfeld lebten, das klare steuernde Strukturen zur Verfügung stellte, plötzlich mit der Notwendigkeit, sich in einer Marktwirtschaft als isolierte Individuen zu behaupten, konfrontiert waren. Auch dort zeigten auf einmal Menschen die Symptome vermeintlich »früher Störungen«, was als Beleg dafür gedeutet werden mag, dass die »kleinste symptomproduzierende Einheit« jeweils aus einem psychischen System und dem für es relevanten sozialen System, an das es gekoppelt ist, besteht.

Denn dieses beides umfassende System ist der Ort, wo jedes Individuum sein Selbst konstruiert. Wenn das über Jahre funktionierende, an diese Überlebenseinheit angepasste »Wir-Selbst« sich als nicht mehr funktionsfähig erweist und an seine Stelle ein nur die eigene Person umfassendes »Ich-Selbst« gesetzt werden muss, dann kommt es eben zu Auffälligkeiten und Anpassungsschwierigkeiten.

Eine der Folgen ist dann, dass auch Individuen bzw. ihr Verhalten als »Probleme« identifiziert werden und einer Behandlung zugeführt werden. Wenn sie als kriminell etikettiert werden (wie z. B. die Drogenabhängigen noch in den 80er- und 90er-Jahren), dann besteht diese Behandlung in Sanktionen. Wenn dies nicht mehr der Fall ist, eröffnet sich der Weg der Therapie. Wenn diese Therapie in China heute – wie im Westen – überwiegend biologischer Natur ist, sollte das nicht verwundern, da die (Psycho-)Pharmaindustrie China (wie nahezu alle westlichen Industrien) als vielversprechenden, riesigen Markt entdeckt hat und entsprechend »bearbeitet« und »entwickelt«. Dabei hat sie die Mainstream-Psychiatrie, die zu einem guten Teil von der industriellen Forschungsförderung profitiert, auf ihrer Seite.

Dass psychotherapeutische Ansätze hier eher eine Außenseiterrolle spielen und ziemlich sicher auch in Zukunft spielen werden, liegt – nicht anders als im Westen – unter anderem daran, dass die Medizinisierung psychischer und sozialer Probleme einen auch für China und die chinesische Führung ideologisch einfachen (= individualisierenden) Weg der Problemlösung verspricht.

Psychotherapeutische Ansätze sind weder für kapitalkräftige Unternehmen interessant noch für den Staat, da die Ausbildung von Psychotherapeuten sehr zeitaufwendig ist und auf den ersten Blick Psychotherapie auch ökonomisch (kurzfristig) sehr teuer erscheint. All diese Aspekte rücken die Gemeinsamkeiten mit den westlichen Ländern in den Fokus der Aufmerksamkeit, und die Frage ist, ob China eher einen Weg wie etwa Deutschland einschlägt, wo die Kosten für Psychotherapien von Krankenkassen übernommen werden, oder den amerikanischen Weg geht, wo sie als privater »Luxus« angesehen und nicht von den Krankenkassen bezahlt werden. Hier besteht aufgrund der größeren Kontextorientierung östlichen Denkens (»High-Context-Culture«) die Chance, dass beziehungsorientierte Modelle einen Platz finden. Als Hinweis darauf, dass von staatlicher Seite Psychotherapie gefördert wird, dürfte zu bewerten sein, dass beginnend mit dem Jahr 2011 an fünf Universitäten[81] Master-Studiengänge für Klinische Psychologie einschließlich Psychotherapie eingerichtet werden.

Die chinesische Regierung fördert vermehrt auch Investitionen in Forschungsprojekte, die mit Psychotherapie zu tun haben. Ziel ist es, die Effektivität psychotherapeutischer Behandlungen zu beforschen und die Wirksamkeit therapeutischer Methoden zu untersuchen. Erstmals in China haben 2009 das Ministerium für Wissenschaft und Technologie und das Ministerium für Gesundheit ca. 40 Millionen RMB für solche Forschungsprojekte zur Verfügung gestellt. Das Geld wurde an verschiedene Institutionen gegeben.

Die Stadt Shanghai hat 2010 die offizielle Vergütung von verschiedenen Psychotherapieformen erheblich erhöht. Die Preise orientieren sich an der Zahlungsbereitschaft der gesetzlichen Versicherung und haben somit für die anderen Versicherungen eine Signalwirkung. Zum Beispiel kosten 90 Minuten einer Familientherapiesitzung 300 RMB. Dies bedeutet, dass die gut ausgebildeten Familientherapeuten endlich von der eigenen therapeutischen Arbeit leben können und nicht mehr in den Krankenhäusern als Verlust machende Kollegen angesehen und behandelt werden.

Das Ansehen der Psychotherapeuten hat sich, wie erwähnt, in den Katastrophen durch ihren effizienten Einsatz verändert. Psychotherapeuten arbeiten fast immer mit dem Einzelnen. Sie behandeln Menschen mit psychischen Problemen. Dass sie auch Wissen im Umgang mit Menschen in Katastrophen haben, weckt hohe Erwartungen. Vielleicht sind es zu hohe Erwartungen in einem Land, in dem soziale Harmonie von offizieller Seite zunehmend beschworen wird.

## 12.3 Ausklang: Welche Zukunft hat das deutsch-chinesische Psychotherapieprojekt?

In den letzten 20 Jahren sind eine Reihe anderer potenzieller Anbieter psychotherapeutischer Weiterbildungen aus dem Westen in China aktiv geworden. Der »Psychomarkt« differenziert sich immer weiter, und die Konkurrenz nimmt zu. Das Kapital, von dem die Deutsch-Chinesische Akademie für Psychotherapie bzw. die Zhong De Ban profitiert, sind ihre über die Jahre gewachsene, hohe Reputation und die Identifikation vieler wichtiger und mächtiger Akteure innerhalb der chinesischen Psychotherapie mit dieser Institution.

Von der Sache her wäre es wahrscheinlich nicht weiter nötig, dass deutsche Dozenten Weiterbildungen in China anbieten. Sie könnten genauso von den gut ausgebildeten chinesischen Dozenten durchgeführt werden. Aber unter Marketinggesichtspunkten sind deutsche Dozenten auf absehbare Zeit ein großer Vorteil. Denn der Respekt für sie steigt offenbar mit der Länge ihrer Anreise.

Dennoch muss es Änderungen geben, die dem Qualifikationsgewinn der chinesischen Kollegen Rechnung tragen. So ist bei den Psychoanalytikern bereits eine Unterscheidung in Basiskurse und Advanced-Kurse getroffen worden. Erst bei den Fortgeschrittenen-Kursen werden die Deutschen als Dozenten einbezogen. Beim Team der Familientherapeuten und Verhaltenstherapeuten ist eine prinzipielle Übernahme der Ausbildung durch die chinesischen Lehrtherapeuten angedacht.

Es gibt unter den chinesischen Lehrtherapeuten Diskussionen, welche Kriterien erfüllt sein müssen, um als Lehrtherapeut der Zhong De Ban eigenständig arbeiten zu können. Es geht dabei auch um Fragen der Ethik. Nach wie vor ist die Frage der Supervision oder von Teach-the-Teacher-Programmen aktuell.

**Interview mit Sheng Xiaochun (Fortsetzung)**

*FBS: Wozu braucht ihr überhaupt noch deutsche Lehrer?*

SHENG XIAOCHUN: Aus Tradition. Auch weil dieses Programm deutsch-chinesisch heißt. Hinzu kommt – das war schon früher zu beobachten, wenn die ersten beiden Tage von chinesischen Lehrern gestaltet wurden –, viele Teilnehmer kommen dann die ersten beiden Tage nicht, sondern erst, wenn die deutschen Lehrer kommen.

*FBS: Die Autorität des Lehrers ist umso größer, je weiter seine Reise war.*

SHENG XIAOCHUN: Das kann man wohl so sagen. Die Teilnehmer würden das, was wir vermitteln, nicht so annehmen. Sie würden sagen: Das sind keine Originale!

*FBS: Es geht eigentlich um Reputations-Transfer. Eine Verkaufsstrategie.*

SHENG XIAOCHUN: Nicht nur. Es hat auch mit Glauben und Glaubwürdigkeit zu tun. Ich nutze das auch. Wenn in meinen Kursen irgendwelche harten Diskussionen aufkommen, dann sage ich: Der Professor Simon hat gesagt ...
 Das ist ein Beispiel dafür, dass Glauben bei den Teilnehmern ein wichtiger Faktor ist.
 Allerdings hat sich auch viel seit dem ersten Lehrgang verändert. Die Teilnehmer sind weit weniger zurückhaltend, wenn es um Kritik geht.

## 12.3 Ausklang

Die Rolle der Deutsch-Chinesischen Akademie für Psychotherapie hat sich in den letzten Jahren stark geändert. Zu Beginn waren alle Mitglieder in ein gemeinsames Projekt involviert. Mit der Ausdifferenzierung änderte sich dies. Aber die Akademie blieb ein Forum des Austausches. Die Rahmenbedingungen und Anforderungen für das Zertifikat, d. h. die geforderte Stundenzahl der Ausbildung, die notwendige Fallarbeit, die vorgeschriebenen Abschlussarbeiten etc., blieben bei allen Schulen in etwa gleich.

Zurzeit werden in allen Therapieschulen neue Konzepte der Kooperation diskutiert. Wenn man von der Anziehungskraft ausländischer Lehrtherapeuten absieht, so wird von den chinesischen Therapeuten gewünscht, gemeinsam verbindliche Curricula zu erarbeiten und sie in einzelne Module umzusetzen. Die deutschen Lehrtherapeuten sollen nur noch zu speziellen Themenbereichen Seminare übernehmen.

Die Akademie ist heute eher zum Dach geworden, unter dem verschiedene deutsch-chinesische Projekte aktiv sind. Sie finden nicht mal mehr alle im Namen der Akademie statt. Neben Ausbildungsprojekten gibt es vermehrt deutsch-chinesische Forschungsprojekte[82].

Es gibt eine chinesische Ausgabe einer deutschen Psychotherapie-Zeitschrift (»Psychotherapie im Dialog«/PID), herausgegeben von Lehrtherapeuten der Zhong De Ban[83], die »Zhongguo Xinli Zheliaoxue Duihua«.

Die Zahl der wissenschaftlichen Projekte ist so groß, dass auf ihre Aufzählung hier verzichtet werden muss. Viele Chinesen waren und sind zu einem wissenschaftlichen Aufenthalt oder zur Promotion in Deutschland. Und erstmals sind unter den Teilnehmern der Zhong De Ban in China auch deutsche und ein amerikanischer Teilnehmer, die in China leben.

Dass die deutschen Dozenten aus Marketinggründen weiter in China arbeiten, wäre eigentlich nur angemessen, wenn die Akademie eine an Marktdurchdringung und Profit orientierte Wirtschaftsorganisation wäre. Doch das ist sie nicht.

Aber was für eine Organisation stellt sie dann eigentlich dar?

Erst die Beantwortung dieser Frage erlaubt es, einigermaßen angemessene Hypothesen über ihre Zukunft und ihr Schicksal zu formulieren. Die Deutsch-Chinesische Akademie ist eine Non-Profit-Organisation, und dieser Nichtprofit bezieht sich darauf, dass die Ausbildungsprogramme in China bis heute keinen Profit abwerfen. Anders als bei den früheren Symposien und Ausbildungen in den 80er- und 90er-Jahren erhalten die deutschen wie auch die chinesischen Dozenten heute ein Honorar. Allerdings entspricht es nicht der üblichen Bezahlung, weder in China noch in Deutschland. Für niedergelassene deutsche Psychotherapeuten bedeutet dies, dass ihre in der Zeit verlorenen Einnahmen nur zum Teil kompensiert werden. Sie wären zu Hause wahrscheinlich nicht bereit, ohne angemessene materielle Entschädigung zu lehren. Also: Warum tun sie es in China? Die Antworten sind wohl in jedem Einzelfall etwas anders gelagert. Aber die Motivation der Dozenten (sei es ihr Narzissmus, Idealismus, Sendungsbewusstsein, ihre persönliche Bereicherung durch die Erfahrungen in China etc.) dürfte nicht reichen, um auf Dauer sicherzustellen, dass sich immer hinreichend viele Dozenten für die Akademie finden. Doch das ist notwendig, um eine Organisation wie die Akademie auf Dauer überlebensfähig zu halten. Erst wenn die Dozentenfunktion auch materiell ausreichend honoriert wird, kann dies gewährleistet werden.

Solange eine Organisation auf die Ausbeutung des Idealismus von Personen gegründet ist, ist sie nicht zukunftsfähig. Denn mit dieser Art des Idealismus oder der Abenteuerlust oder dem individuellen Bedürfnis ist auf Dauer nicht zuverlässig zu rechnen. Sein Know-how zu verschenken, widerspricht der Logik des wirtschaftlichen Kontextes, mit der jeder zu rechnen hat.

Trotzdem bleibt die Frage, warum so viele deutsche Kollegen seit so vielen Jahren immer wieder unter hohem persönlichen Einsatz nach China gehen. Vielleicht ist eine der Antworten die, die Wolfgang Senf in einem Interview mit dem Fernsehsender *Arte* in einer Sendung über Psychoanalyse in China[84] auf die Frage »Was haben Sie von China gelernt?« gab: »Offenheit und Toleranz Menschen gegenüber, die wirklich ein ganz anderes Menschenbild haben, und mich auf die Menschen ohne Brille meiner kulturellen Vorurteile einzulassen. Ich habe gelernt, dass wir mit der westlichen Zivilisation nicht das Maß aller Dinge sind. Gleichzeitig habe ich unsere Kultur und Gesellschaft vermehrt lieben gelernt: Ich bin Europäer und nicht Chinese, auch wenn ich meine chinesischen Freunde liebe.«

Eine andere Antwort ist die von Doris Biedermann auf die Frage, ob sie nach all den Jahren immer noch neugierig auf China ist: »Ja, ich finde es spannend, eine Gesellschaft in einem solchen Wandel mitzubekommen, aus einer Art Miniperspektive. Ich kenne einige Leute sehr lange, ich fahre nicht nur zu Besuch, sondern über die Arbeit bin ich aktuell im Geschehen.«

Auf chinesischer Seite ist der Schritt zur sich selbst tragenden Organisation bzw. zur Unabhängigkeit vom Idealismus Einzelner bereits

## 12.3 Ausklang

vollzogen. Für die chinesischen Mitglieder ist ihre Assoziierung zur Deutsch-Chinesischen Akademie für Psychotherapie als Lehrer der Zhong De Ban bereits heute ein ökonomisch rationaler Faktor, der sich in gesteigerten Einnahmen und größerer Reputation auszahlt.

Sollte der Schritt hin zu einer Organisation, die sich durch ihre Aktivitäten selbst finanzieren kann, nicht vollzogen werden, so dürfte ihre Bedeutung mit den Ausbildungen der Zhong De Ban in China in absehbarer Zeit ein Ende finden (was – nebenbei bemerkt – auch nicht unbedingt tragisch wäre, denn sie hat ohne Zweifel eine zentrale Rolle bei der Einführung der Psychotherapie in China gespielt, und wer sagt, dass solch ein Projekt ewig währen muss).

Die Deutsch-Chinesische Akademie für Psychotherapie hat einen Wissenstransfer gefördert, der in dieser Form nicht mehr notwendig ist. All dies war nicht geplant und hat sich aus den sich ständig ändernden Situationen ergeben. Insofern handelte es sich um einen Prozess, der sehr »chinesisch« war. Aber er war auch sehr »westlich« (bei aller Problematik solcher Schlagworte), weil innerhalb der Nutzung des jeweiligen Situationspotenzials durchaus zielorientiert gehandelt und geplant wurde. Aber es gab nie einen Masterplan, und den gibt es jetzt erst recht nicht. Die beteiligten Akteure hatten sich aufgrund sehr unterschiedlicher persönlicher Motive verführen lassen, sich an diesem Abenteuer zu beteiligen. Ob das in Zukunft auch noch der Fall sein wird, kann niemand vorhersehen. Für die weitere Entwicklung der Psychotherapie in China und die Schaffung bzw. den weiteren Aufbau der dazu nötigen institutionellen Strukturen liegt die Verantwortung bei den chinesischen Kollegen, den politisch Verantwortlichen und den chinesischen Patienten – und die werden die jeweiligen Situationspotenziale weise zu nutzen wissen ...

> »[...] der chinesische Weise entwirft kein Modell, das als Norm für sein Handeln dient, sondern konzentriert seine Aufmerksamkeit auf den Verlauf der Dinge, in den er eingebunden ist, um deren Kohärenz aufzudecken und sich ihre Entwicklung zunutze zu machen. Aus dieser Differenz ließe sich also eine Alternative für das Verhalten ableiten: statt eine ideale Form zu entwerfen, die man auf die Dinge projiziert, sollte man sich darum bemühen, die günstigen Faktoren aufzuspüren; die in ihrer Konfiguration wirksam sind; statt also seinem Handeln ein Ziel zu setzen, sollte man sich von der Neigung leiten lassen; kurz gesagt, statt der Welt einen Plan aufzuzwingen, sollte man sich auf das Situationspotential stützen.«
> François Jullien (1996, S. 32)

# Anhang

## Bisherige Ausbilder der »Zhong De Ban«, 1988–2011

### Systemische Familientherapie

**Deutsche Trainer**

Susanne Altmayer
Prof. Dr. Jürgen Ambruster
Doris Biedermann
Dr. Rolf Breunig
Dipl.-Psych. Andrea Groll-Koppka
Dipl.-Psych. Margarete Haaß-Wiesegart
Dr. Askan Hendrischke
Dr. Klaus Jonasch
Dr. Hans Lieb
Prof. Dr. Friedebert Kröger
Mona Kaufmann
Dr. Rudolf Kaufmann
Prof. Dr. Elisabeth Nicolai
Dipl.-Psych. Helga Pries
Dr. Arnold Retzer
Dipl.-Päd. Mechthild Reinhard
Dr. Rüdiger Retzlaff
Dipl.-Sozialpäd. Elke Rochus
Dipl.-Päd. Ansgar Röhrbein
Dipl.-Psych. Ingeborg Rücker-Emden-Jonasch
Dr. Gunther Schmidt
Dr. Rosemarie Schwarz
Prof. Dr. Jochen Schweitzer-Rothers
Prof. Dr. Fritz B. Simon
Prof. Dr. Dr. Helm Stierlin
Dipl.-Psych. Satuila Stierlin
Dipl.-Soz. Ulla Tröscher-Hüfner
Dr. Gunthard Weber

**Chinesische Trainer**

Prof. Dr. Zhao Xudong
Prof. Dr. Chen Xiangyi
Prof. Dr. Sheng Xiaochun
Prof. Dr. Liu Peiyi
Prof. Dr. Liu Tiebang
Prof. Dr. Liu Dan
Prof. Huo Lijin
Dr. Tang Denghua
Prof. Hou Zhijin
Prof. Dr. Pauline Sung
Prof. Dr. Du Yasong

### Psychodynamische Therapie

**Deutsche Trainer**

Dr. Werner Beck
Prof. Dr. Margarete Berger
Dr. Irmgard Dettbarn
Dipl.-Psych. Ulrich Ertel
Prof. Dr. Mathias Elzer
Dr. med. Dipl.-Soz. Alf Gerlach
Dr. Christine Gerstenfeld
Dr. Antje Haag
Prof. Dr. Stefan Hau
Dr. Britta Heberle
Dr. Andrea Hettlage-Varias
Dr. Klaus Kocher
Dr. Anne Laimboeck
Dr. Friedrich Markert

Dr. Wolfgang Merkle
Dr. Ingeborg Müller
Dr. Tomas Plänkers
Dr. Thomas Pollak
Dr. Joachim Rothaupt
Dr. Angelika Stähle
Prof. Dr. Ulrich Stuhr
Dipl.-Psych. Hanni Scheid-Gerlach
Dr. Hermann Schultz
Dr. Anna Schlösser
Dipl.-Psych. Angelika Stähle
Prof. Dr. Michael Wolf

Dr. Li Xiaosi
Prof. Jia Xiaomin
Dr. Liu Xiaochun
Dr. Shi Qijia
Dr. Su Xiaobo
Dr. Qiu Jianying
Dr. Wu Hemin
Prof. Dr. Xiao Zeping
Dr. Xiong Wei
Dr. Xu Yong
Prof. Dr. Xu Youxin
Prof. Dr. Yang Huayu
Prof. Dr. Yang Yunping
Dr. Zeng Qifeng
Prof. Dr. Zhang Haiying
Dr. Zhang Tianbu

### Chinesische Trainer
Dr. Hong Wei
Dr. Li Mengchao
Prof. Dr. Li Ming

## Verhaltenstherapie (inklusive Hypnotherapie)

### Deutsche Trainer

Prof. hc. Dr. Margit Babel
Dr. Hinrich Bents
Dr. Meinrad Braun
Prof. Dr. Thomas Fydrich
Prof. Dr. Beatrix Gromus
Dipl.-Psych. Margarete Haaß-Wiesegart
Dr. Anette Kämmerer
Dr. Eva Kischkel
Dipl.-Psych. Eva Koppenhöfer
Dr. Jiajing Lee
Dr. Hans Lieb
Dr. Julia Müller
Dr. Volker Roder
Prof. Dr. Babette Renneberg
Prof. Dr. Dirk Revenstorf
Dr. Volker Roder
Dr. Frank Schmidt
Dr. Dieter Schwarz
Dr. Rüdiger Spielberg
Dipl.-Psych. Arnd Tillmann
Dipl.-Psych. Inge Tillmann

### Chinesische Trainer

Dr. Chen Wenhong
Prof. Fang Xin
Prof. Dr. Fang Li
Dr. Li Jijun
Dr. Li Yan Ling
Dr. Liu Xinghua
Prof. Dr. Qian Mingyi
Prof. Dr. Wan Wenpeng
Prof. Dr. Xu Taoyuan
Prof. Xu Xiufeng
Prof. Dr. Yang Yanchun
Prof. Zhang Boyuan
Prof. Dr. Zhang Lan
Prof. Dr. Zhang Ning
Dr. Zheng Ning

## Hypnotherapie

**Deutsche Trainer**
Walter Bongartz
Woltemade Hartman
Stefan Junker
Ortwin Meiss
Bernhard Trenkle

**Chinesische Trainer**
Prof. Fang Xin

### Weitere Referenten und Referentinnen bei Abendveranstaltungen der Zhong De Ban und bei den Kongressen 2001 und 2007

**Deutsche**
Dr. Martina Belz
Dipl.-Psych. Ute Binder
Prof. Willi Butollo
Prof. Dr. Franz Caspar
Pro. Dr. Manfred Cierpka
Dr. Willi Ecker
Prof. Dr. Kurt Fritzsche
Dr. med. Dr. phil. Thomas Heise
Dr. Arne Hofmann
Dipl.-Psych. Ramona Kielmann
Dr. Linda Myoki Lehrhaupt
Dr. med. Walburg Marić-Oehler
Prof. Dr. Johannes Michalak
Dr. Helga Mathieß
Dr. Andrea Möllering
Dipl.-Psych. Rainer Natow
Dr. Ernst Ott
Dr. phil. Dipl.-Psych. Burkhard Peter
Prof. Dr. Karl Pelzer
Dr. phil. Dipl.-Psych. Marianne Rauhwald
Dr. Gunther Schmidt
Prof. Dr. Wolfgang Senf
Prof. Dr. Dr. Manfred Spitzer
Dipl.-Psych. Satuila Stierlin
Prof. Dr. Bernhard Strauss
Dr. Consolata Thiel-Bonney
Dr. Miriam Tusch
Dr. Bertold Ulsamer
Dipl.-Psych. Dörthe Verres
Prof. Dr. Zepf

**Chinesen**
Dr. Bao Lixian
Dr. Can Yang
Dr. Cen Guozhen
Prof. Dr. Chan Cecilia L.W. (HK)
Dr. Chen Hua
Dr. Chen Jue
Dr. Chen Liyun
Dr. Chen Min
Dr. Cheng Qingling
Dr. Dai Yunfei
Dr. Deng Jing
Prof. Dr. Fan Fuming
Dr. Fan Limin
Dr. Fan Qi
Dr. Fang Juan
Dr. Fang Zhang
Dr. Gao Jun
Dr. Gu Minmin (HK)
Dr. Ho Samuel (HK)
Dr. Hu Chiyi
Dr. Hu Jize
Dr. Huang Linyi
Prof. Dr. Huo Datong
Prof. Dr. Ji Jianlin
Dr. Jiang Wenhui
Dr. Jiang Wenqing
Prof. Dr. Leung, Freedom (HK)
Dr. Li Chunbo
Dr. Li Huaimin
Dr. Li Huijie

Dr. Li Jianhua
Dr. Li Jijun
Dr. Li Linying
Dr. Li Mengchao
Li Ming
Dr. Li Xiaolong
Prof. Li Xintian
Dr. Li Zhengyun
Dr. Li Zixun
Prof. Dr. Lin Jie
Dr. Liu Jian
Prof. Dr. Liu Tianjun
Dr. Liu Yajing
Dr. Liu Yilan
Dr. Liu Zhening
Dr. Liu Xiaochun
Prof. Dr. Liu Xiehex
Dr. Long Di
Dr. Long Qifei
Prof. Dr. Lu Qiuyun
Dr. Luo Yanli
Dr. Kuang Guifang
Dr. Meng Xianzhang
Dr. Miao Shaojiang
Dr. Ping Yao
Dr. Ren Xiaopeng
Dr. Rong Weiling
Dr. She Jixiang
Prof. Dr. Shen Decan
Dr. Shen Dongyu
Prof. Dr. Shen Heyong
Dr. Shen Yongqian
Dr. Song Jianhong
Dr. Su Xiaobo
Prof. Dr. Joyce L.C. Ma (HK)
Dr. Mei Yiwei
Dr. Tang Weizhen
Dr. Tang Yuci
Dr. Tong Jun
Dr. Wang Biao
Dr. Wang Lanlan
Dr. Wang Liying
Dr. Wang Weidong

Dr. Wang Jun
Dr. Wang Yan
Dr. Wang Yuanshen
Dr. Wang Zeqing
Dr. Wang Zhiyan
Dr. Wang Zucheng
Prof. Wen Quanrun
Dr. Wu Weili
Dr. Wu Wenyuan
Dr. Wu Yanru
Prof. Dr. Xiao Shuiyuan
Prof. Dr. Xu Junmian
Dr. Xu Kaiwen
Dr. Xu Lizhen
Dr. Xu Luning
Dr. Xu Qing
Dr. Xu Wenyuan
Dr. Xu Yang
Prof. Dr. Xu Youxin
Yaan Yanchun
Dr. Yan Han
Prof. Dr. Yan Heqin
Prof. Dr. Yang Derson
Dr. Yang Mei
Dr. Yang Wensheng
Dr. Yang Yanchun
Dr. Yang Yang
Dr. Yang Yuchuan
Dr. Yao Xinshan
Dr. Yu Chanhong
Dr. Yu Junhan
Prof. Dr. Yu Xin
Dr. Zang Dexin
Dr. Zang Hailong
Dr. Zeng Yong
Dr. Zhang Hong
Dr. Zhang Jianxue
Dr. Zhang Kaining
Dr. Zhang Lili
Prof. Dr. Zhang Mingyuan
Dr. Zhang Tianhong
Prof. Zhang Yalin
Dr. Zhang Zhigang

Dr. Zhao Min
Prof. Dr. Zhao Xiaolin
Dr. Zheng Ning

Dr. Zhou Yuan
Dr. Zhou Yunfei
Dr. Zhu Jianjun

**Andere Referenten**

Dr. Maria Aarts
Dr. Eia Asen
Dr. Geoffrey Blowers
Prof. Dr. Giri
Prof. Dr. Christian Guillard
Prof. Dr. Pearl C. Ho-Virgidamo
Prof. Dr. Sudhir Kakar
Dr. Nick Kanas
Elfriede Konas
Dr. Moran K. Krishna
Dr. Lee, Cyrus
Prof. Dr. Loewenberg
Dr. Judy Kuansky

Prof. Dr. Alfred Pritz
Dr. Erylin Aclan Sana
Prof. Dr. Yuj Sasaki
Dr. David E. Scharff
Dr. Jill Scharff
Prof. Dr. Ulrich Schnyder
Dr. Ganesh Shangkar
Prof. Dr. Naotaka Shinfuku
Dr. Zeto Rebecca
Dr. Michael Tophoff
Prof. B.V. Venkateshaiah
Prof. Dr. Fritz Wallner

# Anmerkungen

1 Eine Tagungsstätte der Breuninger Stiftung, Stuttgart, die diese Treffen auch finanziert und zusammen mit dem Institute for Systemic Consulting in Kemptville, NS, Canada, organisiert hat.
2 Wir verwenden hier die in China gebräuchliche Namenskonvention, bei der der Familienname zuerst steht, gefolgt von dem persönlichen Namen, und halten uns in der Regel an die in der Volksrepublik China eingeführte Silbenschrift.
3 Auch wenn unsere eigenen Erlebnisse und Erfahrungen diese Untersuchung zu einem guten Teil prägen, werden wir im Folgenden in der dritten Person von uns sprechen, da es hier nicht um einen persönlichen Bericht, sondern um den Versuch einer Analyse aus der Außenperspektive gehen soll und wir nur Akteure unter vielen anderen waren.
4 Geming Weiyuanhui, kurz Geweihui, war der übergreifende Name für verschieden zusammengesetzte Komitees von Arbeitern, Bauern und Soldaten. Alle alten Verwaltungsstrukturen waren abgeschafft.
5 Von 1968 bis 1978, insgesamt 10 Jahre lang, wurden in China keine Studenten durch Zulassungsprüfungen ausgewählt. Alle Hochschulen waren halb leer und der Betrieb in einem Zustand der Lähmung, was unersetzbaren Schaden und eine unbezahlbare Tragödie für mehrere Generationen bedeutete.
6 Die Academia Sinica ist als Akademie der Wissenschaften (CAS, Zhongguo Kexueyuan) die höchste akademische Institution Chinas und hat in der Entwicklung der Wissenschaften eine Schlüsselrolle inne.
7 Lin Yutang, ein bekannter Schriftsteller (1895–1976), setzt sich in seinem Buch »The Importance Of Living« (1937) kritisch mit Sitten und Gebräuchen in China und im Westen auseinander. Die Fremdheit westlichen Körperkontakts zeigt sich, wenn er schreibt (Neuauflage 2009, S. 271): »... one great difference between oriental and occidental civilizations is that Westerners shake each other's hands, while we shake our own. Of all the ridiculous Western customs, I think that of shaking hands is one of the worst.«
8 Die folgende Skizze der historischen Ereignisse orientiert sich weitgehend an der Darstellung von Chen (1996).
9 Einen guten Einblick in die gesellschaftlichen Verhältnisse in der Zeit nach dem Sturz des Kaiserreichs und in die Lebensbedingungen der reicheren Familien gibt Ba Jins Roman »Die Familie« (1931). Er spielt etwa 1920 und ist der erste Roman, der die Perspektive der Protagonisten einnimmt und ihr Erleben, ihre Wünsche, Sehnsüchte, Konflikte und die Anpassungsforderungen streng hierarchischer familiärer Strukturen schildert.

Anmerkungen

10  Nach der Gründung der Republik 1949 wurde die Yanjing-Universität geschlossen, und ihre Fakultäten wurden teils der Peking-Universität, teils der Qinghua-Universität zugeschlagen.
11  Einer der Chinesen, die im Amerika der 40er-Jahre die Psychoanalyse kennenlernten, war Xia Zhengyi, der spätere Präsident der *Psychiatrischen Klinik* von Shanghai. Als Mentor von Xia Zhengyi hatte Su Zhonghua nach diesem die Psychiatrische Klinik Shanghai, das heutige *Mental Health Center Shanghai*, geleitet. Er wird bis heute als der wichtigste Gründer der Psychiatrie in China angesehen.
12  Quelle: Yan Juns Vortrag bei der 3. Jahrestagung der Chinesichen Psychiatrischen Gesellschaft in Harbin, 25.4.2008.
13  Sie ist von den Psychologen Mathias Petzold und Margarete Haaß-Wiesegart organisiert. Beide begleiten abwechselnd die Reisegruppe. Teilnehmer der Reise sind die Professoren Jing Jichen, Xu Liancan, Liu Fan von der Academia Sinica und Chen Li, der Präsident der Universität von Hangzhou. Der Angriff auf seine wissenschaftliche Arbeit durch den Parteilinken Yao Wenyuan leitete die Kritik an der gesamten Psychologie als Wissenschaft ein.
14  Vorsitzender des Kongresses ist Prof. Pan Shu. Unter den Teilnehmern ist der ehemalige Präsident der *Deutschen Gesellschaft für Psychologie*, Kurt Pawlik.
15  Die im Folgenden immer wieder eingestreuten Interviews sind 2010 auf Wasan Island oder aber 2011 in Deutschland und/oder China geführt worden. Interviewer waren Fritz B. Simon (FBS), Margarete Haaß-Wiesegart (MHW) und Zhao Xudong (ZX).
16  Das ist die Pekinger Universität mit der größten nationalen und internationalen wissenschaftlichen Reputation, chin. *Beijing Daxue*.
17  Diagnostical and Statistical Manual of the American Association of Psychiatry, Version III (DSM-III), bzw. International Classification of Diseases of the World Health Organization, Version 9 (ICD-9).
18  Elisabeth Troje, Wilhelm Leuschner, Bernd Wengler.
19  Koro ist ein kulturgebundenes Syndrom, das in traditionellen Kontexten Südostasiens auftritt. Die Betroffenen glauben, dass ihr Penis schrumpfe.
20  Chen Zhonggeng, der sich eigentlich an der Reise beteiligen soll, fährt aus gesundheitlichen Gründen nicht mit. Als Ersatz für ihn kommt Shen Decan mit nach Deutschland. Er ist ein renommierter Soziologe, hat sich mit Psychoanalyse beschäftigt und übersetzte Freuds Traumdeutung. Er hat aber mit praktischer psychiatrischer oder psychotherapeutischer Arbeit nichts zu tun. Er spielt in der weiteren Entwicklung des Projektes keine prominente Rolle, während Chen Zhonggeng sich aktiv beteiligen wird als einer der wichtigsten Akteure für die Entwicklung der klinischen Psychologie in China, der Institutionalisierung einer Psychotherapiege-

sellschaft und für die chinesisch-deutsche Zusammenarbeit (vgl. Vortrag von Qian Mingyi, Wasan Island 2009).
21 Sie sind – falls das der Fall gewesen sein sollte – hier nicht bewusst unterschlagen worden, sondern aus Mangel an Information. Deswegen wären die Autoren allen dankbar, die uns in der Hinsicht weiterführende Informationen zur Verfügung stellen können – um der Geschichtsschreibung willen.
22 In der Zeit nach Ende der Kulturrevolution beginnen auch der Austausch und die Kooperation mit Psychiatern und Psychologen aus anderen Ländern. Eingefrorene Verbindungen, vor allem mit amerikanischen Kollegen, werden aufgetaut und neue geknüpft. Ende der 70er-Jahre gibt es eine Reise chinesischer Psychiater in die USA. Wieder ist eine Reise Ausgangspunkt für eine neue Phase der Zusammenarbeit. Wir gehen im Blick auf die Entwicklung der Psychotherapie in China hier aber nur auf die deutsch-chinesische Kooperation ein, da sie einen nachhaltigen Einfluss hatte und die Informationen zu anderen Aktivitäten lediglich lückenhaft verfügbar sind.
23 Zwischen den wenigen Stipendiaten des DAAD, die nach China reisten, und der verantwortlichen Sachbearbeiterin für das Programm, Birgit Böhme, zuständig im DAAD für China, Mongolei etc., entwickelten sich freundschaftliche Beziehungen. Frau Böhme ist eine Person, der es gelungen ist, über Jahre ein Netzwerk solcher persönlichen Beziehungen zu deutschen, aber auch den chinesischen Stipendiaten, die in Deutschland studierten, aufzubauen und zu pflegen. Dies machte sie gemeinsam mit den Leitern der Abteilung für China und die Mongolei, Herrn Dr. Stuckenschmidt, Herrn Dr. Hornberger, Dr. Birk, Dr. Albers. Aber auch die Leiter der Außenstelle Peking Dr. Schmitt, Dr. Schmidt-Dörr, Dr. Hase-Bergen begleitete sie über Jahre mit viel Engagement, auch ungewöhnliche Projekte wie die Kooperation von deutschen und chinesischen Psychiatern und Psychologen zum Aufbau einer neuen wissenschaftlichen Disziplin, der Psychotherapie in China.
24 Auch er hatte ein schon vorher bestehendes Interesse an China, was sich unter anderem darin zeigte, dass er 1978 Mitglied der zweiten deutschen Touristengruppe war, der nach dem Tode Maos erlaubt wurde, China zu bereisen.
25 Margit Babel und Margarete Haaß-Wiesegart waren über Birgit Böhme vom DAAD in Kontakt gekommen.
26 *Psychoanalyse:* Xu Youxin, Beijing; Yang Huayu, Beijing.
*Verhaltenstherapie:* Zhang Mingyuan, Shanghai; Wan Wenpeng, Kunming.
*Systemische Familientherapie:* Zuo Chengye, Changsha; Liu Keli, Kunming.
*Gesprächstherapie:* Liu Xiehe, Chengdu.

*Anmerkungen*

27 Dennoch scheitert die Veranstaltung beinahe daran, dass die deutschen Referenten ihren Anschlussflug von Hongkong nach Kunming verpassen. Die Maschine von Frankfurt nach Hongkong hat eine große Verspätung, da aufgrund eines Anschlags auf die amerikanische Botschaft im Iran die Kontrollen am Frankfurter Flughafen extrem verstärkt sind und der Flughafen im Chaos zu versinken droht. Die Hamburger Referenten, deren Landung in Frankfurt sich verschoben hatte, kommen in letzter Sekunde an Bord. Als deutlich wird, dass der Anschlussflug in Hongkong nach Kunming verpasst werden würde, diskutiert Margarete nach Rücksprache mit Fritz B. Simon und Margit Babel die Situation mit dem Bordpersonal der Cathay Pacific. Als chinesische Crew verstehen sie die historische Bedeutung der Veranstaltung. Der Pilot sendet schließlich einen Funkspruch nach Hongkong, um den Abflug der Maschine nach Kunming aufzuhalten. Mit Erfolg: Die Gruppe erreicht – ohne ihr Gepäck, ohne Zoll- oder Passkontrollen – im Laufschritt das kleine Flugzeug nach Kunming, wo ein nervös wartender Pilot sie freudig begrüßt. Noch erleichterter ist Satuila Stierlin, die allein im Flugzeug auf die deutsche Gruppe wartete. Sie war bereits früher nach Hongkong geflogen. Die nächste Maschine – mit dem Gepäck und dem Lehrmaterial – landet erst zwei Tage nach der Eröffnung des Symposiums in Kunming. Im Gepäck sind Unterlagen für das Seminar. Frau Scheerer, die später von Deutschland über die USA fliegt, bekommt erst drei Tage später den letzten Platz in einer Maschine nach Kunming. Als Wan den Teilnehmern diese abenteuerliche Geschichte von den Deutschen erzählt, sind alle sehr berührt.

Dass Ausländer als Gäste nicht üblich sind, zeigt sich auch daran, dass der Hotelier die reservierten Zimmer bereits vergeben hat. Sie werden dann von ihm kurzerhand für die Deutschen geräumt.

Die 80 kg Fachbücher, die Margarete nach einer Sammlung bei Verlagen bereits nach Kunming geschickt hatte, lagerten im Zoll. Als Wan und Margarete dort überraschend auf einen Deutsch sprechenden Zollbeamten trafen, löste sich das Problem auf. Die Bücher konnten der Psychiatrie übergeben werden.

28 In Anlehnung an Zhao (2002, S. 104–114).
29 Unter den Vizepräsidenten sind berühmte Persönlichkeiten wie Wan Wenpeng, Xu Youxin, Zhong Youbing, Zhao Gengyuan.
30 Diskussionsbemerkung Chen Xiangyi; Alle Genannten habe heute prominente Stellungen innerhalb der chinesischen psychiatrischen Hierarchie als Universitätsprofessoren oder in der höheren Gesundheitsverwaltung inne.
31 52 % der Teilnehmer sind älter als 40 Jahre, 44,4 % haben eine Position als Direktor oder höher inne (vgl. die Nachuntersuchung Chen Xiangyi, unveröffentlichter Vortrag: Nachuntersuchung des Kunming-Symposiums 2008, Wasan-Konferenz 2009).

## Anmerkungen

32 Als wissenschaftliche Leiter der Tagung wurden auf chinesischer Seite die Professoren Wan Wenpeng, Lin Wenquan und Fang Liluo bestimmt.
33 Daytop ist ein Behandlungsprogramm für Drogenabhängige, das sich am Konzept der therapeutischen Gemeinschaft orientiert und in den USA entwickelt wurde. *Daytop* unterstützt Zentren weltweit.
34 Die chinesische »Volkswährung« Renminbi, häufig auch als Yuan bezeichnet; 1 Euro entspricht etwas weniger als 10 Yuan [Juni 2011].
35 Universität Peking.
36 Das *Mental of Health Institute at Beijing University* der Beida organisierte in späteren Jahren den 3., 4. und 5. Durchgang der Zhong De Ban für Familientherapie.
37 Ann Kathrin Scheerer veränderte ihren Studienfokus. Sie ist heute Psychoanalytikerin. Seit einigen Jahren beschäftigt sie sich mit frühkindlicher Fremderziehung u. a. auch in China.
38 Kooperationspartner in Hangzhou sind Dr. Yu Xunyi, Direktor des Mental Health Institute der Provinz Zhejiang, und Dr. Zhang Tongyan, ebenfalls vom Mental Health Institute Zhejiang.
39 Deutsche Dozenten sind Antje Haag und Margarete Berger (Psychoanalyse), Margit Babel und Hans Lieb (Verhaltenstherapie), Fritz B. Simon (systemische Familientherapie), Dirk Revenstorf (Hypnotherapie).
40 Brammer, L. M. et al. (1993). Die chinesischen Lehrtherapeuten erhalten noch ein zweites Buch: Corsini, R. J. u. D. Wedding (1989).
41 Yang Mei (1995).
42 Geertz (1983), Luhmann (2000), Baecker (2000).
43 Hall (1959, 1976).
44 Die Darstellung folgt weitgehend den Ausführungen von Rudolph (2005, S. 6 ff.).
45 Haag 2011.
46 Die eigentliche Gründungsversammlung fand 1996 im Rahmen einer dreiwöchigen Reise chinesischer Psychiater und Psychologen statt, bei der nicht nur psychotherapeutische Einrichtungen besucht wurden, sondern auch Vorträge an der Universität Hamburg (von Zhao Xudong, Yang Huayu und Qian Mingyi) gehalten wurden. Begleitet wurde die chinesische Gruppe von den Kollegen vor Ort: Margit Babel in München, Margarete Haaß-Wiesegart in Heidelberg und Göppingen, Fritz B. Simon in Heidelberg, Hans Lieb in Bad Dürkheim, Alf Gerlach in Saarbrücken, Antje Haag, Doris Biedermann, Margarete Berger in Hamburg. Finanziert wurde die Reise vom DAAD. Neben dem gemeinsamen Programm wurde die Gruppe nach Bedarf geteilt, sodass die Kollegen mehrere Tage schulenspezifische Einrichtungen besuchen und Fachgespräche führen konnten.

An der Gründungsversammlung in Hamburg, in den Räumen der Kinder- und Jugendpsychiatrie bei Margarete Berger, nahmen teil: Wan Wenpeng, Xu Taoyuan, Yang Huayu, Zhang Boyuan, Qian Mingyi,

*Anmerkungen*

Zhao Xudong, Margit Babel, Margarete Berger, Doris Biedermann, Antje Haag, Margarete Haaß-Wiesegart, Hans Lieb, Ingrid Jäger-Lieb, Ingeborg Müller, Dirk Revenstorf, Fritz B. Simon. Wan Wenpeng wurde zum Ehrenpräsidenten gewählt, Margarete Haaß-Wiesegart zur Präsidentin, Fritz B. Simon zum Vizepräsidenten. Sitz der Gesellschaft (gemeinnütziger e.V.): Hirschberg (bei Heidelberg) und Peking.
Die Reise endete mit dem Besuch des *Weltkongresses für Psychotherapie*, der vom *World Council for Psychotherapy (WCP)* organisiert wurde, zu dem die chinesische Delegation vom Präsidenten des WCP, Alfred Pritz, eingeladen worden war. Der Kontakt zu Alfred Pritz war über Fritz B. Simon hergestellt worden. Dieser Aufenthalt in Wien wurde von der *Hamburger Stiftung zur Förderung von Wissenschaft und Kultur* gesponsert. Ann Kathrin Scheerer kam mit der Reisegruppe in Wien zusammen. Bei diesem Aufenthalt wurde Qian Mingyi als Vertreterin Chinas in den Vorstand des *World Council for Psychotherapy* gewählt. Sie ist heute Präsidentin der *Asian Branch* des WCP.

47 Verantwortlich für das verhaltenstherapeutische Curriculum waren Dirk Revenstorf, Hans Lieb, Margit Babel, Margarete Haaß-Wiesegart, Qian Mingyi, Xu Taoyuan, Zhang Boyuan. Wan Wenpeng nahm an der Verhaltenstherapie-Ausbildung teil, nahm aber keine Lehrtherapeutenrolle ein.

48 Verantwortlich für das psychoanalytische Curriculum waren Margarete Berger, Antje Haag, Alf Gerlach, Yang Huayu und Li Ming.

49 Verantwortlich für das Curriculum in systemischer Familientherapie waren Fritz B. Simon, Margarete Haaß-Wiesegart und Zhao Xudong.

50 Li Zixun ist heute aufgrund eines mehr als 5 Jahre laufenden CCTV-Programms einer der populärsten Psychotherapeuten in China.

51 Li Ming ist ein renommierter Psychiater, Analytiker, Präsident des Psychiatrischen Krankenhauses in Suzhou. Er fungierte als einer der Lehrtherapeuten der Zhong De Ban.

52 Im Rahmen der Auswertung des Projekts auf Wasan Island 2009 wurde von chinesischen Kollegen die Frage gestellt, warum die deutschen Kollegen so viel Zeit und Mühe in das Projekt investiert hätten und was ihre Motivation dazu gewesen sei. Es konnte keine befriedigende Antwort gegeben werden (wenn man mal von der in verschiedenen Interviews angegebenen »Abenteuerlust« – was immer damit gemeint sein mag – absieht).

53 1999–2001 fand zum Beispiel an der Pekinger Universität eine Ausbildung in Familientherapie in Zusammenarbeit mit Joyce Ma von der *Chinese University of Hongkong* und dem *Minuchin Center* for the Family in New York statt. Salvador Minuchin unterrichtete mit einem Team. Viele Teilnehmer kamen von der Zhong De Ban. Sie lernten so nach dem systemisch-konstruktivistischen Ansatz den strukturellen Ansatz

der Familientherapie kennen. Es entwickelte sich eine enge Zusammenarbeit, die Doktorarbeiten in Hongkong, Workshops und Tagungen umfasste. In diese Zeit gehört auch die familientherapeutische Tätigkeit von Pauline Sung von der *Hongkong Polytechnic University (UHK)*, die für die Entwicklung qualifizierter Sozialarbeit in China mit ihren Ausbildungen viel beigetragen hat. Wir beschränken uns, all dieser Aktivitäten ungeachtet, hier weiterhin auf die Darstellung chinesisch-deutscher Psychotherapieprojekte.

54  Auf der deutschen Seite war Alf Gerlach verantwortlich. Zusammen mit Mathias Elzer engagiert er sich bis heute für die Durchführung der Zhong De Ban in Shanghai. Xiao Zepings Engagement wurde erst in den letzten Jahren zunehmend von Xu Yong und Qiu Jianjun, was die konkrete Organisation betrifft, übernommen. Sie ist bis heute eine der einflussreichsten und engagiertesten Personen für die Entwicklung der Psychotherapie in China.

55  Alf Gerlach gelang es immer wieder, über die DGPT *(Deutsche Gesellschaft für Psychoanalyse, Psychotherapie, Psychosomatik und Tiefenpsychologie e.V.)* und das *Sigmund-Freud-Institut*, die *Deutsch-Chinesische Akademie für Psychotherapie*, den DAAD und die *Stiftung Psychosomatik* einige Flugkosten der Dozenten zu finanzieren.

56  Verantwortlich auf chinesischer Seite waren Qian Mingyi, Fang Xin, Yang Yanchun (Verhaltenstherapie) und Zhao Xudong, Chen Xiangyi, Sheng Xiaochun, Liu Dan (Systemische Familientherapie). Organisatoren und Verantwortliche für die inhaltliche Gestaltung waren auf der deutschen Seite Margit Babel, Eva Koppenhöfer (Verhaltenstherapie), Jochen Schweitzer-Rothers, Askan Hendrischke (Systemische Familientherapie), Margarete Haaß-Wiesegart, Doris Biedermann (Organisation).

57  Die Seminare fanden in Zusammenarbeit mit der *Medizinischen Hochschule Kunming*, dem *Brain Hospital Nanjing*, der *West China University of Medical Science Chengdu* und dem *Mental Health Center Shenzhen* statt. Die finanzielle Situation wurde entlastet durch die Unterstützung der Provinz Yunnan für diese Ausbildungskurse, durch das *Mental Health Center Shenzhen*, die *Deutsch-Chinesische Akademie für Psychotherapie* und den DAAD. Personalkosten wurden zum Teil von den gastgebenden Kliniken übernommen.

58  Organisatorische Leitung: Tang Denghua, Huo Lijin. Inhaltlich verantwortlich: Zhao Xudong, Liu Dan, Chen Xiangyi, Shen Xiaochun. Auf deutscher Seite: Doris Biedermann, Hans Lieb, Ursula Tröscher-Hüfner, Rüdiger Retzlaff mit einem Team des Helm Stierlin Instituts, Heidelberg.

59  Leiter: Zhang Ning. Inhaltlich verantwortlich auf chinesischer Seite: Qian Mingyi, Fang Xin, Yang Yanchun und Zhang Lan; auf deutscher Seite: Jiajing Lee, Thomas Fydrich und Margarete Haaß-Wiesegart.

60 Verantwortlich sind Fang Xin auf der chinesischen Seite und Bernhard Trenkle auf der deutschen Seite. Die Reisekosten wurden von der *Milton Erickson Gesellschaft für Klinische Hypnose* finanziert.
61 Betreut von Shi Qijia und Wolfgang Senf.
62 Organisiert von Qian Mingyi mit Eva Koppenhöfer und Frank Schmidt. Workshops und Supervision in psychodynamischer Therapie bieten u. a. auch Wolfgang Hekele, Hermann Schultz, in Familientherapie Hans Lieb und Ulla Tröscher-Hüfner an.
63 Sie ist durch die Arbeit von Fang Xin nach China gekommen. Inzwischen gibt es eine chinesische EMDR-Traumatherapiegruppe unter Helga Matthes und Arne Hofmann, in der Supervisoren ausgebildet werden. Teilnehmer dieser Weiterbildung, vor allem zu Supervisoren in Traumatherapie, sind meist frühere Teilnehmer der Zhong De Ban.
64 Veranstalterin des Kongresses war die *Deutsch-Chinesische Akademie für Psychotherapie;* für die Organisation vor Ort war Zhao Xudong verantwortlich und auf deutscher Seite Margarete Haaß-Wiesegart. Kooperationspartner war die *Asian Branch* des *World Council for Psychotherapy,* deren Vizepräsidentin Qian Mingyi zu der Zeit war.
65 Vgl. dazu Abschnitt 9.5.4. »Registrierung nach Qualität«.
66 Für alle Kollegen stellvertretend haben ihn Zhao Xudong und Margarete Haaß-Wiesegart entgegengenommen.
67 Gemeinsam mit Alf Gerlach und Matthias Elzer.
68 Einige weitere Personen seien im Folgenden stellvertretend für andere erwähnt:
*a) Aus den psychodynamischen Kursen:*
Zeng Qifeng, Psychiater, Analytiker, ehemaliger Präsident der *Chinesisch-Deutschen Psychologischen Klinik* in Wuhan, ist jetzt freiberuflich tätig. Er hat zusammen mit anderen ein Institut gegründet und führt viele Workshops durch.
Prof. Dr. Cong Zhong ist Psychiater im Institute of Mental Health an der Beijing-Universität.
Su Xiaobo hat als erster Arzt Chinas eine private Praxis für psychoanalytische Therapie eröffnet. Er besitzt eine zweite gutgehende Praxis in Beijing neben der ersten in Harbin.
Zhang Tianbu ist ein bekannter Therapeut in Xi' an.
Prof. Dr. Xiong Wei, renommierte Psychiaterin aus Wuhan, war zuerst familientherapeutisch orientiert, hat dann eine psychodynamische Ausbildung abgeschlossen und sich traumatherapeutisch weitergebildet.
*b) Aus den verhaltenstherapeutischen Kursen:*
Fang Xin ist Psychologin im Psychologischen Beratungszentrum der Klinik an der Beijing-Universität. Sie wird bei Katastrophen vom Erziehungsministerium angesprochen, da ihr gutes Krisenmanagement geschätzt wird. Sie organisiert die Hypnotherapie-Ausbildung.

Prof. Dr. Yan Yanchun ist Psychiaterin im West China Hospital in Chengdu. Sie hat zu den Rettungs- und Rehabilitationsaktionen in den Erdbebengebieten in Sichuan entscheidend beigetragen.

Prof. Liu Tianjun ist Professor für Qigong an der Beijing-Universität für Traditionelle Chinesische Medizin. Er ist ein international gefragter Lehrtherapeut, der seine eigene Theorie und eigene Techniken aufgrund sorgfältiger transkultureller Vergleiche entwickelt hat und gut darstellen kann.

*c) Aus den Kursen der systemischen Familientherapie:*
Prof. Tang Denghua arbeitet am Institute of Mental Health an der Beijing-Universität. Er hat die Organisation des dritten und vierten Kurses für Familientherapie übernommen.

Li Zixun ist der bekannteste Psychotherapeut in den Massenmedien. Er hat als Psychologischer Berater jahrelang eine eigene Talkshow im Fernsehen – China Central Television (CCTV) – gehabt, was ihn zum TV-Star machte.

Prof. Dr. Chen Xiangyi, Psychiater, hat mit Prof. Zuo Chengye die erste wissenschaftliche Forschung zur systemischen Familientherapie in China gemacht und arbeitet seither als Lehrtherapeut bei allen Kursen der Zhong De Ban.

Dr. Hou Zhijing, Psychologin, außerordentlihe Professorin an der Beijing Normal University, ist eine bekannte Expertin für die Berufs- und Karriereberatung Jugendlicher.

Prof. Huo Liqing, Familientherapeutin am Zentrum für Medizinische Psychologie der Universität Beijing, hat dazu beigetragen, dass der Nationale Frauenverein einen neuen Beruf »Berater für Familien und Paare« geschaffen hat.

69 Die leitenden Mitglieder dieser Kommission sind u. a. Prof. Dr. Zhao Xudong, Prof. Dr. Xiao Zeping, Prof. Dr. Qian Mingyi. Prof. Dr. Cong Zhong, Prof. Fang Xin. Fast alle anderen Mitglieder dieser hochrangigen Kommission waren Teilnehmer oder Dozenten der ersten Zhong De Ban.

70 Leitung: Fan Fuming.

71 Kurt Fritzsche, Thomas Fydrich, Alf Gerlach, Margarete Haaß-Wiesegart, Askan Hendrischke, Eva Koppenhöfer, Jiajing Lee, Dirk Lorenz (ehemaliger Psychiatriereferent im Sozialministerium Baden-Württemberg), Tomas Plänkers, Wolfgang Senf. Auf der chinesischen Seite war Xiao Zeping für alle organisatorischen Fragen zuständig.

Leiterin der Delegation war Yan Jun, Direktorin der *Mental Health Division of the Bureau for Disease Prevention and Control of the Ministry of Health (MoH)*. Außerdem bestand die Delegation aus Herrn Li Zhaocheng, Direktor der Division of Health Professionals Management, Personal Department (CMH), Herr Gao Xuecheng, Direktor der Division of General Affairs, Department of Medical Administration (CMH), Frau

*Anmerkungen*

> Wang Chen, Division of Health Professionals Management, Personnel Department (CMH), Zhao Xudong, Qian Mingyi, Frau Qiu Yanmin, Public Relationship Director, Shanghai Pharmaceutical Co., Ltd. Hinzu kam Shi Qijia.
> Die Reise wurde von der Shanghai Pharmaceutical Co., Ltd. gesponsert. Auf der deutschen Seite übernahm die Deutsch-Chinesische Akademie für Psychotherapie die Kosten.

72 Im Laufe der Interviews berichtete Fang Xin über Konflikte mit deutschen Dozenten, die versuchten, in sehr dominanter Weise, den Prozess und die Seminarteilnehmer zu kontrollieren. Doch diese Interviewteile hat sie nicht zur Publikation freigegeben.

73 Zusammen mit Tang Denghua, Huo Lijn und Li Hong.

74 In leitender Funktion: Yan Yanchun.

75 Unter ihnen: Fang Xin.

76 Professorin für Psychiatrie, West China Hospital, Sichuan University, Chengdu, und Lehrtherapeutin der Zhong De Ban für Verhaltenstherapie.

77 Der Trauma-Fragebogen der Universität Essen wurde in Zusammenarbeit von Wolfgang Senf und Shi Qijia übersetzt und in einer vergleichenden Studie von Deutschen und Chinesen verwandt.

78 Stärke 6,9 auf der Richterskala; die offizielle Zahl der Toten ist 2 698, 270 Personen gelten als vermisst, und mehr als 12 135 Menschen waren wegen ihrer Verletzungen in Behandlung.

79 2003 betrug das Jahreseinkommen der Bauern laut China Daily (2.11.2005) 2622,22 Yuan. Das entspricht 316,69 US-$ [218,77 Euro am 3. Juni 2011] (Chen u. Wu 2006, S. 558/559).

80 People's Daily-Online, 30.12.2005.

81 Jiaotong-Universität u. a.

82 Zum Beispiel führte Tomas Plänkers mit einer Gruppe chinesischer Psychotherapeuten Interviews über die individuellen Folgen der Kulturrevolution durch (Plänkers 2010). Ein weiteres Forschungsprojekt von Wolfgang Senf und Shi Qijia umfasst die Traumaverarbeitung in China und Deutschland.

83 Shi Qijia und Wolfgang Senf.

84 Gesendet am 8.7.2008.

# Literatur

Ba Jin (1931): Die Familie. Berlin (Oberbaumverlag), 1980.
Baecker, D. (2000): Wozu Kultur? Berlin (Kadmos).
Brammer, L. M. u. P. J. Abrego, E. L. Shostrom (1993): Therapeutic Counseling and Psychotherapy. London (Prentice-Hall).
Bruch, H. (1974): Learning Psychotherapy Rationale and Ground Rules. Harvard University Press.
Corsini, R. J. u. D. Wedding (1989): Current Psychotherapies. Itasca, Ill. (F. E. Peacock Publishers)
Chang Tung-Sun (1968): Chinesen denken anders. In: G. Schwarz (Hrsg.): Wort und Wirklichkeit. Beiträge zur Allgemeinen Semantik. Darmstadt (Darmstädter Blätter).
Chen Guidi, Wu Chuntao (2006): Zur Lage der chinesischen Bauern. Frankfurt (Zweitausendeins), 2011.
Chen, H. (1996): Kulturschock China. Bielefeld (Peter Rump Verlag).
Chen Xiangyi (2009): Nachuntersuchung Kunmingsymposium 1988. Vortrag auf der Wasan-Konferenz, 2.9.2009.
American Psychiatric Association (1987): Diagnostical and Statistical Manual Metal Disorders (DSM-III-R). Washington, DC (American Association of Psychiatry).
Dybel, P. (2006): Die Grenzen der Identität oder die Identität als Grenze? In: B. Strauß u. M. Geyer (Hrsg.): Psychotherapie in Zeiten der Globalisierung. Göttingen (Vandenhoeck & Ruprecht), S. 103–116.
Geertz, C. (1983): Dichte Beschreibung. Beiträge zum Verstehen kultureller Systeme. Frankfurt (Suhrkamp).
Gerlach, A. (2011): Umbruchsituationen – Das Individuum im Transformationsprozess der chinesischen Gesellschaft. Psyche 65 (6): 508–533.
Granet, M. (1934): Das chinesische Denken. Inhalt, Form, Charakter. Frankfurt (Suhrkamp), 3. Aufl. 1989.
Haag, A. (2011): Versuch über die moderne Seele Chinas. Marburg (Psychosozial).
Haag, A., Zhao Mei (2004): Kollektive Traumatisierung. Chinesische Schicksale im 20. Jahrhundert. *Psyche* 58 (4): 352–366.
Haaß, M. u. S. Feigenbutz (1975): Die Behandlung von psychisch Kranken in China. Diplomarbeit (Freie Universität Berlin).
Haaß-Wiesegart, M. u. J. Schweitzer (2004): Psychotherapie-Ausbildung in China. PiD – Psychotherapie im Dialog 5 (4): 407–413.
Haaß-Wiesegart, M. (2006): Psychotherapie-Transfer nach China. Erfahrungen in einem interkulturellen Experiment. In: B. Strauß u. M. Geyer (Hrsg.): Psychotherapie in Zeiten der Globalisierung. Göttingen (Vandenhoeck & Ruprecht), S. 205–220.

Haaß-Wiesegart, M., Zhao Xudong, Xiao Zeping, Qian Minyi (2007): The Chinese-German Cooperation for the Development of Psychotherapy in China (1976–2007). Reader anlässlich der Chinesisch-Deutschen Konferenz »Changing Societies, Changing People, Psychotherapeutic Answers«, Shanghai.
Hall, E. T. (1959): The Silent Language. New York (Doubleday), 1990.
Hall, E. T. (1976): Beyond Culture. New York (Anchor Books), 1989.
Heinsohn, G. u. O. Steiger (1996): Eigentum, Zins und Geld. Ungelöste Rätsel der Wirtschaftswissenschaft. Marburg (Metropolis), 4. Aufl. 2006.
Jullien, F. (1996): Über die Wirksamkeit. Berlin (Merve), 1999.
Kerimi, L. (2006): Rezeption und Adaption Systemischer Familientherapie in der VR China. Magisterarbeit zur Erlangung des Magistergrades der Philosophie auf der Studienrichtung Sinologie, eingereicht an der Philologisch-Kulturwissenschaftlichen Fakultät der Universität Wien.
Kim, A. (2001): Familie und soziale Netzwerke. Opladen (Leske und Budrich).
Koehn, A. (1943): Kindesehrfurcht in China. Peking (Lotus Court).
Lin Yutang (1937): The Importance Of Living. New York (Harper). [Neuauflage (1996), New York (Morrow); dt. (2004): Weisheit des lächelnden Lebens. Frankfurt a. M. (Insel).]
Luhmann, N. (1984): Soziale Systeme. Frankfurt (Suhrkamp).
Luhmann, N. (1997): Die Gesellschaft der Gesellschaft. Frankfurt (Suhrkamp).
Luhmann, N. (2000): Organisation und Entscheidung. Wiesbaden (Westdeutscher Verlag).
Mao Zedong (1969): Yu Gong versetzt Berge. In: Ausgewählte Werke, Band III. Peking (Verlag für fremdsprachige Literatur), S. 321–325.
Mao Zedong (1968): Woher kommen die richtigen Gedanken? In: Vier philosophische Monographien. Peking (Verlag für Fremdsprachige Literatur), S. 149–151.
Nisbett, R. E. (2003): The Geography of Thought. How Asians and Westerners Think Differently ... and Why. New York (Free Press).
Plänkers, T. (Hrsg.) (2010): Chinesische Seelenlandschaften. Göttingen (Vandenhoeck & Ruprecht).
Qian Mingyi (2009): Prof. Chen Zhong-Geng, Zhong De Ban, and the Branch of Psychotherapy and Counseling of Chinese. The Association for Mental Health. Vortrag, 2. Sept. 2009, Wasan Island Conference, Canada.
Riesman, D. u. R. Denney, N. Glazer (1950): Die einsame Masse. Hamburg (Rowohlt).
Rosa, H. (2002): Zwischen Selbstthematisierungszwang und Artikulationsnot? Situative Identität als Fluchtpunkt von Individualisierung und Beschleunigung. In: Straub, J. u. J. Renn (Hrsg.): Transitorische Identität. Der Prozesscharakter des modernen Selbst. Frankfurt (Campus), S. 267–302.

Rudolph, J.-M. (2005): Wenn China über die Welt kommt ... Die Chinesen, ihre Gesellschaft, Staat, Partei und Wirtschaft. Wiesbaden (Hessische Landeszentrale für politische Bildung).
Shi Hongxia (2003): Kommunikationsprobleme zwischen deutschen Expatriates und Chinesen in der wirtschaftlichen Zusammenarbeit. Empirische Erfahrungen und Analyse der Einflußfaktoren. Inaugural-Dissertation zur Erlangung der Doktorwürde, Philosophische Fakultät II der Julius-Maximilians-Universität, Würzburg.
Siemons, M. (2009): 4. Mai Bewegung. Das Datum aller chinesischen Daten. FAZ vom 9.5.2009.
Simmel, G. (1900): Philosophie des Geldes. Frankfurt (Suhrkamp), 1989.
Simon, F. B. (2007): Einführung in die systemische Organisationstheorie. Heidelberg (Carl-Auer), 3. Aufl. 2011.
Simon, F. B. (2009): Einführung in die systemische Wirtschaftstheorie. Heidelberg (Carl-Auer).
Simon, F. B. (2010): Einführung in die Systemtheorie des Konflikts. Heidelberg (Carl-Auer).
Straub, J. u. J. Renn (Hrsg.) (2002): Transitorische Identität. Der Prozesscharakter des modernen Selbst. Frankfurt (Campus), S. 277.
Watters, E. (2010): Crazy Like Us. The Globalization of the American Psyche. New York (Free Press).
World Health Organization (1976): International Classification of Diseases of the World Health Organization, Version 9 (ICD 9). Geneve (WHO).
World Health Organization (2001): The World Health Report 2001: Mental Health – New Understanding, New Hope.
World Health Organization (2004): The Global Burden of Disease, 2004 update.
World Health Organization (2005): Mental Health Atlas.
Wei Zhang (2005): Sozialwesen in China. In: Belardi, N. (Hrsg.): Chemnitzer Beiträge zur Sozialpädagogik. Bd. 2. Hamburg (Kovac).
Yan Heqin (2005): Confucian Thought: Implications for Psychotherapy. In: W.-S. Tseng u. S. C. Chang, M. Nishizono (eds.): Asian Culture and Psychotherapy. Implications for East and West. Honolulu (University of Hawai), p. 129–141.
Yang, Mei (1995): The questioning techniques of systemic family therapy. Chinese Journal of Mental Health 9 (4): 183–185.
Zhao Xudong (2002): Die Einführung systemischer Familientherapie in China als ein kulturelles Projekt. Berlin (Verlag für Wissenschaft und Bildung).

# Über die Autoren

*Fritz B. Simon*, Dr. med.; Systemischer Organisationsberater, Psychiater, Psychoanalytiker und systemischer Familientherapeut. Mitbegründer der Simon, Weber and Friends, Systemische Organisationsberatung GmbH. Autor bzw. Herausgeber von ca. 240 wissenschaftlichen Fachartikeln und 26 Büchern, die in 13 Sprachen übersetzt sind.

*Margarete Haaß-Wiesegart*, Dipl.-Psych.; Psychologische Psychotherapeutin für Verhaltenstherapie und systemische Paar- und Familientherapie; seit ihrem ersten Studienaufenthalt 1976–1978 aktiv in der Kooperation deutscher und chinesischer Psychiater und Psychologen, Mitbegründerin und langjährige Präsidentin der Deutsch-Chinesischen Akademie e. V. für Psychotherapie.

*Xudong Zhao*, Prof. Dr.; Professor an der Tongji Universität, Chefarzt der Abteilung für Psychosomatische Medizin am Shanghai East Hospital; Präsident der Deutsch-Chinesischen Akademie für Psychotherapie auf chinesischer Seite sowie Vorsitzender des Komitees für Psychotherapie und Beratung der Chinesischen Gesellschaft für Geistesgesundheit. Mitorganisator und Lehrtherapeut des Deutsch-Chinesischen Ausbildungsprojekts für Psychotherapie in China seit 1997.

Ute Clement

# Kon-Fusionen

Über den Umgang mit
interkulturellen Business-Situationen

150 Seiten, 17 Abb., Gb, 2011
ISBN 978-3-89670-767-3

Kulturell geprägte Wertvorstellungen beeinflussen unseren Arbeitsstil und unser Verhalten gegenüber Kollegen, Vorgesetzten und Geschäftspartnern – ob wir wollen oder nicht. Interkulturelle Kompetenz ist deshalb eine der Schlüsselkompetenzen des 21. Jahrhunderts: Wer international erfolgreich arbeiten will, braucht ein Navigationssystem für Umgangsformen, Verhaltensweisen und Kommunikation in der Komplexität anderer Kulturen.

Ute Clement, erfahrene Beraterin für international agierende Unternehmen, stellt in diesem Buch Methoden und Konzepte für kulturübergreifende Arbeitssituationen vor. Anhand zahlreicher Erfahrungsberichte erläutert sie daneben die Grundlagen systemisch-interkultureller Beratung.

Das Buch weckt zum einen die Freude an der Erforschung kultureller Differenzen und fördert eine offene Haltung gegenüber anderen Kulturen. Zum anderen hilft das vermittelte Wissen, ein Gespür für die Arbeit in und zwischen Kulturen zu entwickeln, und eröffnet so neue Handlungsmöglichkeiten für den Arbeitsalltag.

„Die Kombination aus theoretischer Klarheit, anschaulichen Beispielen und nützlichen Tools machen dieses Buch zu einer spannenden und informativen Lektüre für alle, die sich in ihrer Arbeit zwischen den Kulturen bewegen."

Corinna Refsgaard,
Vice President – Head of HR Cassidian Systems,
EADS Deutschland GmbH

 Carl-Auer Verlag • www.carl-auer.de

Thomas Hegemann | Cornelia Oestereich

# Einführung in die interkulturelle systemische Beratung und Therapie

126 Seiten, Kt, 2009
ISBN 978-3-89670-677-5

In einer zunehmend multikulturellen Gesellschaft können auch Berater und Therapeuten immer weniger davon ausgehen, dass ihre Klienten die gleichen Vorstellungen über die Welt oder gleiche kulturelle Werte teilen.

Diese Einführung beschreibt kompakt und übersichtlich die Grundlagen und Besonderheiten der interkulturellen systemischen Arbeit. Politische und gesellschaftliche Rahmenbedingungen, Aspekte der Sozialanthropologie und der Medizinethnologie werden an Beispielen aus der beraterischen bzw. therapeutischen Praxis illustriert.

Die Autoren entfalten ein breites Angebot von Beratungsmethoden für die psychosoziale Arbeit vor einem Migrationshintergrund, von der Überwindung von Sprachbarrieren bis zur Arbeit in emotional belastenden Situationen. Vorschläge für Praxisleitlinien und ausführliche Literaturhinweise runden diese kompakte Einführung ab.

„Dieses sehr schöne Buch lehrt uns, wie sinnvoll es ist, im interkulturellen Kontext einen etwas anderen Umgang mit den gewohnten Therapiemethoden zu pflegen. Es zeigt außerdem, wie man mit einer Mischung aus Behutsamkeit, Neugierde und sorgsam ausgewählter Sprachmittlung die Tür zur Wirklichkeit anderer öffnen kann."
Marie Ganier-Raymond,
alteri interkulturelle Kommunikation

 Carl-Auer Verlag • www.carl-auer.de

Fritz B. Simon

# Einführung in die Systemtheorie des Konflikts

126 Seiten, Kt, 2010
ISBN 978-3-89670-746-8

Was sind Konflikte? Die Definition ist schwieriger, als es auf den ersten Blick scheint. Bereits bei der Lektüre der Tageszeitung begegnet man einer Vielzahl von Konfliktarten. Sie reichen von Kriegen zwischen Nationen oder Völkergruppen über den Streit zwischen Arbeitgebern und Gewerkschaften bei Tarifverhandlungen bis zur persönlichen Auseinandersetzung. Systemtheoretisch betrachtet, ist ein Konflikt nichts anderes als eine bestimmte Art der Kommunikation, die sich als ein eigenes System etabliert hat.

Fritz B. Simon stellt in dieser Einführung Konflikte aller Art aus systemtheoretischer Sicht dar. Er versucht dabei, die Logik anschaulich zu machen, der psychische und soziale Prozesse in Konflikten folgen. Ziel der Einführung ist es, für Konfliktbeteiligte wie für außenstehende Berater oder Schlichter Handlungsanweisungen und Ratschläge zu entwickeln, wie Konflikte bewältigt werden können.

„An dem Namen Fritz B. Simon kommt niemand vorbei, der sich mit systemischen Theorie- oder Beratungskonzepten befasst. Der Band ist in der Reihe Carl-Auer Compact erschienen, und mit seinen 126 Seiten ist das Buch in der Tat erfreulich kompakt. Ich finde diese kurzgefasste ‚Einführung in die Systemtheorie des Konflikts' so hilfreich, dass ich sie gern auf alle Literaturlisten in Supervisions-, Coaching- und Mediationsausbildungen setzen würde. So müssen Einführungen sein: So fundiert, so konzentriert, so praxisrelevant! Das ist Fritz B. Simon mit diesem Band einmal mehr gelungen!"

www.socialnet.de

 Carl-Auer Verlag • www.carl-auer.de

Fritz B. Simon

## Einführung in die systemische Wirtschaftstheorie

125 Seiten, 6 Abb., Kt, 2009
ISBN 978-3-89670-678-2

Spätestens die Bankenkrise und ihre Folgen machen deutlich, dass man als Einzelner selten eine Vorstellung davon hat, welche Regeln wirtschaftlichen Vorgängen zugrunde liegen. Das Wissen darüber wird meist den Experten überlassen.

Mit dieser Einführung in die systemische Wirtschaftstheorie fordert Fritz B. Simon zu einer kritischen Sichtung, Aneignung und Reflexion dieser Regeln auf. Anhand systemtheoretischer Modelle erläutert er die Wechselwirkungen wirtschaftlicher Prozesse. Dabei geht es um individuelle und kollektive Überlebensfunktionen des Wirtschaftens, die Produktion und Verteilung knapper und mehr bzw. weniger austauschbarer Güter, die Wirkung von Geld als Kommunikationsmedium, die Beziehung von Gesellschaft und Wirtschaft und die Auswirkungen auf unser aller tägliches Leben.

Als Leser lernt man, ökonomische Spielregeln von naturgegebenen Gesetzmäßigkeiten zu unterscheiden, und entdeckt, wie sich erstere beeinflussen lassen. Denn wie bei vielen Spielen gilt auch für das große Spiel der Wirtschaft: Man könnte ebensogut nach anderen Regeln spielen!

*„Ein schönes kleines Büchlein über die Wirtschaft und die Weltwirtschaftskrise."*
Forum SOZIAL

 Carl-Auer Verlag • www.carl-auer.de